经济管理类应用型基础课系列规划教材

U0738497

公共关系理论与实务

主　编◎黑启明　韩晓莉

副主编◎王大红　万晓光

编　委◎涂爱仙　续　鸣　胡爱华

ZHEJIANG UNIVERSITY PRESS
浙江大学出版社

图书在版编目(CIP)数据

公共关系理论与实务 / 黑启明,韩晓莉主编. —杭州：浙江大学出版社，2016.4
ISBN 978-7-308-15702-5

Ⅰ.①公… Ⅱ.①黑…②韩… Ⅲ.①公共关系学 Ⅳ.①C912.3

中国版本图书馆 CIP 数据核字（2016）第 058858 号

公共关系理论与实务

黑启明　韩晓莉　主编

责任编辑	葛　娟　吴昌雷
责任校对	吴昌雷
封面设计	北京春天
出版发行	浙江大学出版社
	（杭州市天目山路 148 号　邮政编码 310007）
	（网址：http://www.zjupress.com）
排　　版	杭州林智广告有限公司
印　　刷	临安市曙光印务有限公司
开　　本	787mm×1092mm　1/16
印　　张	16
字　　数	351 千
版 印 次	2016 年 4 月第 1 版　2016 年 4 月第 1 次印刷
书　　号	ISBN 978-7-308-15702-5
定　　价	35.00 元

浙江大学出版社发行中心邮购电话：(0571) 88925591；http://zjdxcbs.tmall.com

CONTENTS 目录

第一章
公共关系概述

☞ **学习目标**

1. 掌握公共关系的定义及内涵
2. 掌握公共关系的职能与原则
3. 掌握公共关系的构成要素
4. 理解公共关系与人际关系、新闻、广告、市场营销的关系
5. 理解公共关系在卫生管理中应用的原则及作用

三十多年来,我国的公共关系事业蒸蒸日上,逐渐从青涩走向了成熟。公共关系理论从观念的启蒙、引进到构建中国特色的公关理论体系,公关实践从单纯模仿到逐渐形成自己的行业规范并走上职业化道路,社会对公关的认识也从误解回归到理性。中国公关已经迎来自己的成熟期,随着中国政治和经济格局的进一步开放,信息技术和传播工具的多元化运用,公共关系势必对未来中国社会的发展产生越来越大的影响。

第一节　公共关系的内涵

自从公共关系成为一门学科以来,人们冠以它各种各样的定义,但到目前为止还没有形成一个统一的定义。无论是对其内涵的理解或定义的表达都是多层次的,公共关系的定义是随着社会实践的拓展而不断发展着的。

"公共关系"这一概念,从不同的角度去理解可以得出不同的表现形式。从静态的角度来看,公共关系表现为一种状态。公共关系是一种客观存在的状态,时刻影响着社会组织的生存与发展。从动态的角度来看,公共关系又表现为一种活动,它是由日常公共关系活动和专门性的公共关系活动构成,形成组织与各类公众的感情联系,产生互动。从理论的角度看,公共关系是一门学科,公共关系的基本原则、模式、方法、公关方案设计程序等在不断完善,更加科学,形成体系。从实践角度看,公共关系是一种职业,自1903年艾维·李

成立宣传事务所,以收费的形式为企业进行公关策划,公关职业便由此产生。

一、公共关系的主要定义

"公共关系"一词的英文为 Public Relations,缩写为 PR,简称公关。public 译为"公众的""公共的""公开的",relations 可译为"关系""交往"。relations 是复数形式,显然,这个"关系"指的是众多的关系。Public Relations,也有学者译作"公众关系",而大部分人使用"公共关系"一词。

那么,什么是公共关系呢? 对于公共关系的定义也五花八门,可以说有多少本公共关系著作,就有多少种公共关系的定义。

"公共关系就是争取对你有用的朋友";

"公共关系就是说服和左右社会公众的技术";

"公共关系即通过建立良好的人际关系来辅助事业的成功";

"公共关系是一门研究如何建立信誉,从而使事业获得成功的学问";

"公共关系就是努力干好,让人知晓";

"公共关系是一个对外争取理解与信任、对内不断自我校对与修正的连续过程";

……

我们把众多的公共关系定义归纳成以下几种类型:

(一) 管理职能说

这种观点将公共关系看作是一种管理职能,认为公共关系是社会组织对社会公众的一种有目的的传播与沟通活动,以此影响公众的行为,以实现组织的目标。这类定义强调了公共关系的目标,认为公共关系是组织实现自己目标的一项重要管理职能。

1. 美国公关学者雷克斯·哈罗博士的定义

公共关系是一种独特的管理职能,它帮助一个组织建立并维持与公众之间双向的交流、理解、认可与合作;它参与处理各种问题与事件;它帮助管理者及时了解公众舆论,并对之做出反应;它明确并强调管理部门为公众利益服务的责任;它作为社会变化趋势的监视系统,帮助管理者及时掌握并有效地利用社会变化,保持与社会变动同步;它运用健全的、正当的传播技能和研究方法作为主要的工具。

2. 美国著名公关学者卡特利普的定义

公共关系是这样一种管理职能,它确定、建立和维持一个组织与决定其成败的各类公众之间的互益关系。

3. 我国学者王乐夫的定义

公共关系是一种内求团结、外求发展的经营管理艺术。它运用合理的原则和方法,通过有计划且持久的努力,协调和改善组织机构的对内、对外关系,使本组织机构的各项政策和活动符合广大公众的需求,以在公众中树立良好形象,谋求公众对本组织机构的了解、信任、好感并达成合作以获得共同利益。

（二）传播沟通说

这种观点侧重于从公共关系的运作过程和特点来界定公共关系,认为公共关系是社会组织与公众间的一种传播沟通方式和活动。这类定义更强调公共关系的手段和过程,认为公共关系离不开传播沟通。

1. 英国公关学者弗兰克·杰夫金斯的定义

公共关系是一个组织为了达到与它的公众之间相互了解的确定目标而有计划地采用一切对内、对外传播方式的总和。

2. 美国公关学者詹姆斯·格鲁尼格的定义

公共关系是一个组织与它的相关公众之间的传播管理。

3. 我国学者居延安的定义

公共关系是一个社会组织为了取得与其特定公众的双向沟通和精诚合作而进行的遵循一定行为规范和准则的传播活动。

（三）组织形象说

这类定义强调公共关系的宗旨在于塑造组织的良好形象。持有这种观点的人多见于国内学者。比如余明阳提出:"公共关系是社会组织为了塑造组织形象,通过传播、沟通手段来影响公众的科学与艺术。"廖为建主张"公共关系即组织在经营管理中运用信息传播沟通媒介,促进组织与相关公众之间的双向了解、理解、信任与合作,为组织机构树立良好的公众形象。"

（四）关系活动说

这种观点从公共关系的状态、对象、效果及影响整个社会的角度来认识公共关系,认为公共关系是社会组织与社会之间的关系,是一种特殊的社会关系。

1. 美国普林斯顿大学资深公共关系教授蔡尔兹的定义

公共关系是我们所从事的各种活动、所发生的各种关系的统称,这些活动与关系都是公众性的,并且都有其社会意义。

2. 英国公共关系协会的定义

公共关系的实施是一种积极的、有计划的以及持久的努力,以建立及维护一个机构与其公众之间的相互了解。这个定义中的"努力",实际上是指一种公共关系活动。

现代社会,组织机构需要通过有效的公共关系活动,改善自己的公共关系状态,达到组织自身顺利发展的目的。总之,我们可以这样理解,公共关系是一个社会组织与其社会公众之间建立的全部关系的总和。公共关系是以社会组织为主体,以社会公众为客体,为树立组织的良好形象,运用传播手段,以实现同公众的双向交流的管理活动与组织行为规范。它发挥着管理职能,开展着传播活动。社会组织通过有效的管理,旨在谋求组织内部的凝聚力与组织对外部公众的吸引力;通过双向的信息沟通,旨在争取社会公众的谅解、支持与爱戴,谋求组织与公众双方的利益得以实现。

二、公共关系的内涵

对公共关系内涵的理解和表述是多层次的,人们普遍认为它既可以被认为是一种状态,也可以被认为是一种活动,还可以被认为是一种观念,更是一种学说和职业。

（一）公共关系意识

公共关系是一种意识、观念,它是现代组织及其人员对公共关系客观状态的自觉认识和理解,是对公共关系活动经验的能动反映和概括。公共关系意识来源于公共关系实践活动,因而对后者有明显的依赖性,公共关系意识一经形成,就具有相对的独立性和能动性,从而对公共关系实践活动具有指导意义。对任何组织来说,要构建良好的公共关系状态,就必须开展有效的公共关系活动,而这些活动又必然是在一定的公共关系意识指导下进行的。反之,没有正确的公共关系意识,就不可能自觉地进行公共关系活动,因而也不会形成良好的公共关系状态。可以说,公共关系意识是自觉构建良好的公共关系状态的思想基础,也是有效开展公共关系活动的行动指南,是现代组织及其人员的必备素质。社会组织及人员有无自觉的、正确的公共关系意识,其行为的确有天壤之别,其结果也大不一样。

现代公共关系代表着理性社会中主流文化向善求真的一种追求。它影响和指导着个人或组织决策与行为的价值取向。公共关系意识包含着丰富的内容,如责任意识、服务意识、沟通意识、诚信意识、形象意识等。

（二）公共关系状态

公共关系是一种相对特殊的社会关系,它本身是一种客观存在。从人类历史上出现社会组织开始,组织与公众的关系也就客观存在了。公众关系不仅对组织的环境、生态有直接的影响,同时也构成整个社会之社会关系的元细胞。换言之,一个和谐的社会状态,必须是由众多个和谐的组织与公众关系状态构成。

公共关系状态包括组织所处的社会关系和社会舆论的状态,即这个组织在公众心目中的现实形象。一般来说,社会组织有四种公共关系状态:一是高知名度、高美誉度,这是组织最为理想的状态;二是低知名度、高美誉度,这是一种较为稳定和安全的状态,说明组织处于发展的阶段,有较好的发展前景;三是低知名度、低美誉度,这是组织的原始状态;四是高知名度、低美誉度,这是最不理想的状态,是组织所处的一种危机状态。

（三）公共关系活动

从动态公共关系的角度来看,公共关系是一种活动或工作。一个组织通过自身的努力来改善公共关系状态时,就是在从事公共关系活动和开展公共关系工作,这是主观见诸客观的一种实践过程。其实,任何一个组织为了生存和发展,为了实现自身的目标和责任,总要处理方方面面的关系,这实际上就是在从事公共关系活动和开展公共关系工作。在这方面同样不存在有与无的差别,只是可以区分为自觉的或自发的、出色的或不力的、有效的或无效的、专门的或兼及的罢了。当然,一个组织只有自觉地、有计划地、创造性地开展有效的公共关系活动,才能积极构建组织良好的公共关系状态。一个组织也只有自觉地、有计划地进行公共关系活动,才能事半功倍。

现代的公共关系活动,是社会组织遵循公共关系意识、理论,通过有效的信息传播与公众密切的联系,改善公众关系,优化组织环境,扩大组织无形资产的工作,也称为"公共关系实务"。通过长期实践,公关活动的内容日渐丰富,已形成较为系统、规范的运作机制和专业化的机构与分工。

(四)公共关系职业

公共关系职业是指社会上专门提供公共关系方面的劳务而获取报酬的职业。公共关系作为一种新型的、专业性很强的职业,发源于19世纪末20世纪初的美国,在发达国家已有近百年的历史。在过去的三十多年中,我国的公共关系事业从无到有、从小到大,取得了长足的发展。从事公关的实体已遍布全国,广泛分布在各种组织机构的公关部、公关公司、科研机构以及高等院校中,中国的公关事业呈现出一派欣欣向荣的景象。随着社会的发展,公共关系职业活动的领域将会越来越大,对公关从业人员的要求也势必越来越高,进入公关行业的门槛也将逐步提高。

为保证公关行业的规范发展,2003年6月,国家职业资格工作委员会、公关专业委员会在原劳动和社会保障部职业技能鉴定中心的指导下,组织专家对公关员国家职业标准方案进行了修订,形成了较为规范的公关员国家职业标准方案(修订稿)。这一职业共设五个等级,分别为初级公关员、中级公关员、高级公关员、公关师和高级公关师。

(五)公共关系学科

公共关系学科是指以公共关系的客观现象和活动规律为研究对象的一门综合性的应用学科,是研究组织与公众之间传播与沟通的行为、规律和方法的一门学科。1923年,美国人爱德华·伯纳斯出版了世界上第一本公关专著《舆论之凝结》,同时在纽约大学开设并主讲公共关系课程,这标志着公共关系学的开端。我国公共关系学的研究起步较晚,1983年9月,深圳大学开设公共关系专业并首次招生。目前,公共关系学的学历教育已经形成了大专、本科、硕士和博士教育的较为完整的教育体系。

公共关系学是一门应用性很强的综合性、交叉性学科,涉及社会学、哲学、政治学、经济学、传播学、管理学、行为科学、营销学、伦理学、心理学等学科,是以传播学和管理学为基础建立起来的新兴学科。主要特点有:

1. 综合性

公共关系学是在大众传播学、经营管理学、市场营销学、社会心理学等其他相关学科的基础上,综合广告、交际、传播等技术手段所形成的一门综合性较强的学科。公共关系学综合运用了相关学科的知识和手段,具有综合性的特点。学习这门课程,应具备必要的传播学、管理学、社会心理学、市场营销学、社会调查原理与方法等学科的知识储备。公共关系学要综合最基础学科,它们包括哲学、经济学、政治学、文化学、文学、历史学、法学、社会学、心理学等,它们为公共关系学提供最基础的理论背景。

2．交叉性

公共关系学科的外延很广,公共关系的本体知识内涵并不多,但与之相关的交叉学科非常多。基础理论相互渗透,说明实际进行公共关系操作时,需要交叉运用各种学科的知识和手段。例如,广告学是研究广告艺术的,它通过广告的宣传、鼓动、劝说、诱导等来完成商品的促销目的,公共关系在一定意义上也可说是一种促销手段。相比之下,广告推销的是商品,公共关系推销的是组织形象,一个是直接促销,另一个是间接促销,二者都为着一个共同目的,组织有了好的形象产品自然有好的销路,所以内容上的交叉是很自然的。又如,公共关系学虽然研究的是组织与公众的关系,但组织也是人的集合体,公众也是组织或人的集合体,再说公共关系的具体实施者也是具体的人,所以公共关系学也要涉及人际关系学的某些内容,二者出现交叉重叠也是必然。

3．实用性

公共关系是一门操作性很强的学科,对从业的公关人员来说,要求"站起来能说,坐下来能写,走出去能干",所以与"说""写""干"相关的知识也便成了公共关系学研究的内容之一,如演讲学、口才学、写作学等有关知识便成了公关人员必备的知识。公关调查、公关策划、公关专题活动、公关文书、公关语言艺术、公关交际与礼仪等都是实用性很强的公关实务。公共关系是一门技术多于理论,操作性、应用性很强的学科。公共关系学引进中国内地三十多年,发展迅速、传播广泛,在各行各业中无处不在。从某种意义上说,这和学科本身有很强的应用性是分不开的。

第二节 公共关系职能与原则

一、公共关系职能

所谓公共关系的职能,是指公共关系在社会组织的行政管理或经营管理过程中应当承担的职责和所发挥的功能。公共关系应当具有哪些职能?这个问题与社会组织公共关系的根本目的有关。社会组织公共关系的根本目的在于通过形象塑造、传播管理、利益协调等方式,寻求相关公众的良好合作与和谐发展,进而促进社会组织实现其经营目标。公共关系的职能复杂而广泛,概括起来主要有采集信息、咨询建议、参与决策、塑造形象、协调沟通等五个方面。

(一) 采集信息

公共关系按其活动的程序而言,一般是从信息的采集开始的。有三类信息是应当特别注意采集的:它们是组织形象信息、产品形象信息和组织运行状态及其发展趋势信息。

1. 组织形象信息

组织形象信息是指公众对组织在运行中所显示的行为特征和精神面貌所产生的印象和评价。公共关系工作的一个重要目标是建立组织的良好形象,因此了解组织在公众中的形象是公共关系活动的基本内容之一,组织形象信息的采集是公共关系活动过程的重要环节。组织形象信息一般包括:

(1)公众对于组织领导机构的评价。如领导能力、创新意识、办事效率、用人眼光、威望与可信任度及机构的完善程度、设置的合理程度等。由于领导机构是组织的指挥中心,因此对领导机构的评价往往在一定程度上反映了人们对整个组织形象的评价态度。

(2)公众对于组织管理水平的评价。如决策是否合乎社会实际情况、生产节奏是否紧凑、内部分工是否合理、对市场变化的反应是否灵敏等等。由于组织管理水平直接影响到产品的质量和组织的竞争力,因此这类信息表明的是公众对组织形象的基本态度。

(3)公众对于组织内部一般工作人员的评价。如他们的工作能力、职业水准、文化程度整体水平如何等。出于组织的运行必须由他们来具体作业,对他们的评价就构成了社会对整个组织形象评价的一个方面。

2. 产品形象信息

产品形象信息一般包括消费公众对产品或服务的价格、性能、质量和用途等主要指标的印象和评价,同时也包括对产品的优点和缺点两个方面的反映和建议。向市场提供产品或服务是组织实现运行目标的最基本的方式,也是组织与消费公众之间发生关系的最根本的原因,产品形象与组织生存、发展直接相关,因此公共关系必须最特别注意这一方面信息的采集。

3. 组织运行状态及其发展趋势信息

组织运行状态及其发展趋势信息包括内外两个方面。就内部来说,主要是指组织自身运行情况及其与组织预定总目标总要求之间的距离,以及可能发展的趋势;就外部而言,包括所有对组织运行及其发展趋势发生或将要发生影响的状况。这类信息反映的是组织运行的现状和将来的发展趋势,对于组织及时调整运行机制极为重要,是组织形象重建的主要依据材料,因此它也是公共关系工作必须优先采集的信息。

信息的采集应当通过多种渠道和运用各种传播媒介来进行。首先应当重视消费公众的舆论,其次是新闻媒介和公众人物或意见领袖的反映,政府有关部门和上级主管部门以及同行的意见也十分重要。此外,内部公众的各种反映同样必须认真听取。只有这样,采集的信息才是比较全面的。同时,对于一个负责任的公共关系人员来说,他不仅要收集公众对组织的赞誉信息,更要注意捕捉各类公众的批评意见,尤其要重视公众对组织的各种切中要害的中肯建议。

(二)咨询建议

公共关系领域内的咨询建议,指公共关系专业人员向组织领导提供有关组织形象和公众动向方面的情况说明和参考意见。为了完成提供咨询建议的任务,公共关系工作人员必须对采集来的信息进行整理、选择、分类、归档等处理工作,建立信息库,这样在提供咨询建议时就能做到条理分明、有根有据。可以说,信息的处理既是信息收集的结尾工作,又是提供咨询建议的前期准备。公共关系专业人员应提供如下三类咨询建议:

1. 关于公众的一般情况的咨询

这类咨询主要提供组织与公众关系状态的一般情况说明,如内部员工的归属感、组织在社会上的口碑、消费公众对组织产品的反映、新闻媒介对组织的社会舆论、同行们对组织的评估等等。其目的是要让组织的领导及时了解和掌握公众的一般情况,以便适时调节组织的运行机制,为实现组织目标创造有利条件。

2. 关于公众的特定情况的咨询

这是指就组织举办的各类专题活动,向有关部门或人员提供情况说明和意见。比如,如果组织要举办关于某个新产品的新闻发布会,公共关系专业人员就可以提供新闻媒介的近期宣传动向、新闻记者对组织的了解程度等情况,还可以建议如何安排邀请出席会议者名单、会场的布置等等。

3. 关于公众心理、行为的动向及发展趋势的咨询

这类咨询是将在长期观察和积累的基础上形成的对公众心理和行为变化、趋势分析的意见,结合组织的中长期规划,向决策层所做的通报和建议。关于公众的一般情况咨询,主要是对公众现状的分析和说明。但是社会环境处于不断变化之中,公众的心理和行为状态也会随之发生变化。公众的心理和行为变化对于组织的运行可以构成不同程度上的影响,甚至决定着组织目标的完成与否。因此,公共关系专业人员必须对公众的心理和行为变化及时进行分析和做出预测,并向组织的决策层报告。这类咨询常能有效地为组织中长期战略规划的制定和变更提供重要根据。提供咨询,实际上是公共关系工作人员有选择有分析地向组织领导层转送关于公众的信息的过程,可以说是公众向组织反馈信息的中间环节,因此从根本上说,它仍是一种信息传播活动。

(三) 参与决策

决策是组织对自身条件和外界环境经过缜密思考和比较之后所做出的决定性选择。由于组织的自身条件和外界环境都包含了公众这一因素,因此在组织的决策过程中,公共关系人员的参与是理所当然的。他们不仅要参与,而且应该保持相对独立的地位。

组织的决策者常常面临组织的客观现状与多种选择目标之间的矛盾。无疑,站在公众立场上审视决策问题,寻找决策途径,往往能使问题更加直观,而且这种独特的“公众立场”是任何别的观察视角所不能替代的。一家企业如果从与自身组织目标直接相关的消费公众的角度来思考问题,那么往往更容易找到问题的本源和解决方法。而且一个企业只有把握好了“公众立场”,才能做出适应公众需要的市场决策。公共关系人员正是这种能站在公众立场上审视组织决策问题的专业人员。

组织在决策中必须考虑公众利益,必须在决策方案中反映公众的利益和需求,从而有效地避免只顾自身利益的片面性倾向。这就要求组织必须建立相应的约束机制,以保证

决策的公正性。约束可以来自两个方面：外部约束（如宏观政策、社会舆论）和内部约束。公共关系人员参与决策，是一种内部约束。他们可以从公众利益角度，向决策层传递公众的呼声和意愿，从而从组织的内部确保决策的公正。组织如果缺乏公共关系职能部门提供的内部约束，而社会舆论等外部约束因素又暂时未能发挥作用时，它就很难保证不犯只顾自身利益的片面性决策的错误。

公共关系人员参与决策，在决策中确立公共关系目标，努力确保组织的各种决策方案不脱离公共关系的战略目标，即建立组织自身的良好形象。对一个职业公共关系人员来说，只有融入了这一战略目标的决策方案，才是真正完整的方案。只有这样，公共关系目标才能进入组织决策方案，组织的总目标才能与公共关系的目标建立相关性，公共关系职能部门的工作也能比较容易地与其他职能部门协调一致。同时，公共关系也只有在决策方案中形成了自己的具体工作目标及具体的完成措施，才能从整体上真正体现出它的意义。

（四）塑造形象

组织形象，是指社会公众对一个社会组织在各种环境下的行为的总体评价，是对组织、组织行为、组织活动成果的评价和认定。良好的形象是组织生存和发展的基础及推动力量。只有塑造良好的组织形象，才能赢得社会公众的支持，才能赢得市场，进而赢得丰厚的利润，并使组织在市场竞争中立于不败之地。

组织形象是组织生存发展的精神资源，外部公众具有辐射和导向功能，它在一定范围内对其他组织乃至整个社会都会产生重大影响。组织形象是组织无形资产的重要组成部分，公众对组织的认知度、美誉度越高，组织形象就越好，其无形资产就越高。

良好的组织形象能有效地优化组织所赖以生存的生态环境，能够吸引公众积极参加组织的各项活动，增强组织的向心力和生命力。良好的组织形象会增强公众购买组织产品和服务的信心，促进产品的销售，培养公众对组织和组织产品的信任感与忠诚度。

（五）协调沟通

协调沟通，是指通过有目的、有计划的双向信息传播，在组织内部以及组织与外部环境之间形成一种良好的互动合作氛围，推动组织各项工作的有效开展。任何组织都是一个开放的系统，都与社会有着千丝万缕的联系。系统内部各要素之间以及系统与外部环境之间，都需要相互沟通、相互协调，这样才能使组织健康发展。

在组织内部，有各种各样的关系，主要包括纵向的上下级关系和横向的平级关系两大类。公共关系首先应该努力协调好上下级关系，发挥承上启下的作用。一方面，公共关系工作人员要经常"代表"组织的下级人员向上级人员做好交流、沟通工作，要积极地向上级管理层面反映下级员工的情绪、意见和要求，并提出如何根据下级员工的实际情况调动他们积极性的建议，从而使上级领导不断地了解和把握下级员工的状态，及时调整自己与下级员工之间的关系。另一方面，公共关系工作人员还要"代表"上级管理层面向下级人员做好交流、沟通工作，要积极做好上情下达的工作，及时向员工介绍传达组织的目标和管理方针对策,解释领导层的意见和决定,消除可能产生的误会,使上级领导的意图和组织的现状、发展方向能随时为下级员工所知晓和理解,从而能使他们自觉地与上级领导进行配合。

同时,对外的协调、沟通是公共关系最经常的工作内容。组织在其运行中,要与许多外部因素发生关系,与各种公众发生联系。公共关系要靠信息分享来沟通关系双方的了解和情感连接,以建立或改善相互信任、相互合作的关系。

在组织运行中,由于各种关系状态的差异,公共关系交流、沟通工作的重点也有所不同。当组织与公众双方关系处于和谐状态时,公共关系人员应通过不断传播来自组织的良好业绩、正面消息,来保持和强化公众心目中已经树立的良好形象。良好的组织声誉,往往能取得事半功倍的效果,不少声誉卓著的组织都深谙此道。

当双方关系处于不和谐状态时,此时交流、沟通的基点应该首先解剖组织自身,反省自己的所作所为,然后才是客观地分析关系状态,并提出改进关系状态的具体意见和措施。损害公众利益,这首先当然要自责,然后根据关系状态的现状,改进自身的运行机制,同时把自己的改进情况尽快向公众做出通报,以期扭转被动局面。外部原因可能是由于公众的误解或他人的陷害而造成了对组织形象的损害,即便如此,组织也应当首先自问哪些工作还有疏漏,然后在弥补疏漏的前提下向公众进行必要的解释,以澄清误会,或对他人的有意陷害加以揭露。

当双方关系处于不明状态时,此时交流、沟通的原则首先是用善意的态度来表达自己的明确主张,竭力使公众消除紧张或戒备等逆向性心理因素,为双方的信息交流创造平衡的心理条件。在此基础上,还应当把双方关系格局中的双方的利益关系交代清楚,使公众对关系状态的实质及趋势有个基本认识,以利往后关系的健康发展,也便于减少关系发生后的摩擦。

交流、沟通是公共关系最具本体意义的职责,公共关系其他职能的实现事实上也是建立在交流、沟通活动有效开展的基础上的,而组织的形象也是在不断的交流、沟通中建立和发展起来的。

二、公共关系工作原则

公共关系的原则就是指社会组织在开展公共关系活动中必须遵循的准则和所要达到的基本要求。公共关系的原则具体表现为五个方面。

(一)实事求是原则

公共关系工作必须以科学的理论和方法为指导,在准确把握事实的基础上,向社会公众如实地传递有关组织的信息,并根据情况的变化,不断调整组织的公共关系策略与行为。

实事求是原则是公共关系工作的第一原则,公共关系工作人员在开展公共关系活动时必须以事实为基础,尊重客观事实,以实事求是的态度从事自己的工作。公共关系是建立信誉、塑造形象的艺术,是以事实为依据的科学,但又不是纯粹的艺术或宣传的技术。公共关系的宣传不能脱离有关的社会事实或信息,事实不存在,那么公共关系所传播的信息就会成为无源之水、无本之木。开展公共关系活动离不开传播媒体,但不能认为仅凭传播技术与宣传技巧就能争取公众、树立形象。公众不仅要看组织的宣传,更要重视组织的行为。组织形象具有客观性的特征,如果只有宣传而没有实际行动,组织形象就不会真正改变。做与说必须互为表里、相辅相成,方能建立良好的公共关系。隐瞒、歪曲、推脱是公共关系的大敌,坦诚、亲切、负责的态度是公共关系成功的要诀。

坚持实事求是原则,就是要在全面客观地把握事实的基础上讲实话,公布事实真相,公共关系的宗旨是建立良好的组织与公众之间的关系,其基础是相互信任、相互尊重、诚实守信。开展公共关系活动,就是要客观、全面地向公众提供信息,在宣传中既要做到真实、客观,又要做到全面、公正。

(二)公众利益至上原则

所谓公众利益至上,就是指在组织利益同公众利益发生冲突时,要注意维护公众利益,将公众利益放在首位,坚持公众利益至上,把能否充分满足公众利益作为衡量公共关系活动效果的重要尺度。坚持公众利益至上原则,组织就必须向社会负责。

社会组织首先要以公众利益为出发点,做到公众利益至上,进而才能实现公众和组织的互惠互利和共同发展,这是最基本的。日本松下公司曾教育员工:"好好留住每一位顾客公众,可能会就此增加许多顾客公众。失去老主顾,就会丧失许多发展的机会。"

社会组织的决策、计划等所有的经营管理行为,所有提供的产品、服务等,要以公众的需求、公众的利益为出发点,注重社会效益。组织要深刻地意识到社会发展、良好的社会环境对组织发展的重要性。一方面,要尽可能地关心社会的公共事业,参与社会服务;另一方面,当局部利益与全局利益发生冲突时,要敢于从社会整体利益出发,实施有益于社会的公关计划,更多地承担企业对国家的义务,这对争取社会舆论、扩大组织影响大有益处。

(三)透明公开原则

透明公开原则,是指公众对组织运作状况,特别是对涉及公众切身利益的决策程序有知晓、参与、评价的权利。组织要遵循透明公开原则,最大限度地保障公众对公共事务应有的知情权、参与权和监督权,是公众对公共关系工作的基本要求。

在不同的发展时期,公共关系的公开性原则均发挥着重要的作用。在常态的发展中,坚持公开性原则,提高透明度,能为组织树立良好的信誉,有效提升组织的公信度。在组织发生危机时,坚持公开性原则更为重要。任何危机都会引发公众的种种猜测和怀疑,有时新闻报道甚至有夸大事实之嫌,若不及时、公开地与公众沟通,真空地带必然会被谣言、误解所填充,使组织陷入更深的危机之中。因此,要想取得公众和新闻界的信任,组织必须开诚布公,掌握舆论的主导权,尽快提供事件的全部情况。组织如果试图隐瞒信息或以虚假信息蒙骗公众,就会降低威信,失去公众的信任,严重时会导致信任危机。

(四)全员公关原则

全员公关原则,是指公关活动需要全体员工有较强的公关意识,围绕组织整体的公关目标,相互协调、相互配合,自觉、积极地共同为公共关系工作做出贡献。这就要求组织的全体成员都要树立公共关系意识,共同关心并积极参与组织公共关系活动,共同推动组织公共关系目标的实现。

只有得到组织最高决策层的支持,组织公共关系活动才能取得真正的动力和良好的效果。这就要求组织最高决策层必须有强烈的公共关系意识,并将公共关系工作纳入领导工作的议事日程,在组织的方针、政策和主要活动中体现出公共关系意识,有计划、有步骤地支持公共关系工作。组织最高决策层要从战略的高度看待公共关系工作,并将公共关系工作同组织的发展战略结合起来,重视对公共关系工作的监督、检查、支持和指导,使之有助于组织战略的实施。可以说,没有最高决策层的支持,组织公共关系活动就很难顺利开展。

塑造组织形象不是哪一个部门的工作,更不是哪一个人的事情,它需要组织全体员工的关心、支持与配合。这就要求全体员工都必须以自己的实际行动来关心、支持、配合公共关系工作,自觉代表组织向外界传播、宣传组织形象,并注意收集有关本组织的信息,然后提供给公关部门。在组织内部培养浓厚的全员公共关系意识是实现全员公关的基础。要使组织的全体成员懂得组织形象是组织的无形资产,维护、提升良好组织的无形资产是每一位成员的责任和义务。

(五)开拓创新原则

开拓创新原则要求公共关系工作人员解放思想、大胆创新,不断地改进公关活动。公共关系活动虽然有其内在的一般科学程序,但由于每个社会组织的性质、规模、生存与发展的时空不同,以及目标公众的背景相异,从而会采取不同的公关活动来达成特定的目标。公共关系工作人员应该在遵循公共关系一般程序的基础上,充分发挥主观能动性,以高度个性化的艺术创造来指导每一个具体的公关工作项目。公共关系活动如果没有新意,内容相似、程序相近,就无法吸引公众。只有与众不同、具有新意的公共关系活动,才能最大限度地表现出组织的创新活力和对公众的吸引力,获得较好的公关效果。

国际公共关系协会的卡罗琳·法齐奥称,"公关界出现了类似广告界的趋势,要么你在30秒内抓住我的注意力,否则我就会转到另一个频道、网站或者杂志。"因此,组织必须为客户迅速、有效、真实地传播简明易懂的信息,不仅做到吸引公众的注意力,而且做到留住公众的注意力。

第三节 公共关系的构成要素

公共关系是由主体、客体和传播三个要素构成的。公共关系的主体是社会组织和公众人物,客体是社会公众,联结主体与客体的中介环节是信息传播。这三个要素构成了公共关系的基本范畴,公共关系的理论研究、实际操作都是围绕这三者的关系层层展开的。

一、公共关系主体——社会组织和公众人物

社会组织是指由一定的社会成员,按照一定的规范,围绕一定的目标聚合而成的社会团体。作为公共关系活动主体的社会组织指的是一个群体,它是人们按照一定的目标、任务和形式建立起来的协调力量和行动的合作系统。人们建立组织、加入组织或从事组织活动,都是为了通过组织成员的共同努力,能更好地获得某种共同的利益和各自的某些需求,而单靠个人的努力,这些目的是无法实现的。人们的这一需求就是社会组织存在的基础。人们组合成为组织必定是为了完成某种共同目标,但目标的存在方式又各不相同,这就决定了社会组织必然具有以下多种类型。

(一)营利性组织

这类组织以其所有者和经营者的利益为目标,组织的利益依靠在与其他组织的竞争中提高效率而获得,如工商企业、金融机构、服务企业等以营利为目的的组织。

(二)服务性组织

这类组织以其特定的服务对象的需求为目标,组织的基本功能是服务,如学校、医院、社会福利机构等非营利性组织。

(三)互益性组织

这类组织重视内部成员的利益和共同目标,重视内部凝聚力和归属感,特定组织成员是其目标的主要受惠者,如党派、俱乐部、工会等。

(四)公益性组织

这类组织以维护社会和公众利益为目标,如政府部门、公安机关、消防队和科研机构。

除了社会组织外,公众人物也可成为公共关系的主体。如在竞选中的候选人、高级国家公务员、组织领导、社会名流等。为了各种不同的目的或特殊利益策划、组织、举办和参加各种公关活动,赢得公众对他们的支持和拥护。

阅 读 资 料

深圳公安局宣传处更名为警察公共关系处

深圳市公安局宣传处改名了。2010 年 8 月 5 日,深圳市公安局警察公共关系处正式揭牌。该处由原公安局宣传处更名为警察公共关系处,并在原有职能的基础上,增加了警察公共关系建设、舆情处置及构建警民和谐关系三项职能。

在揭牌仪式上,深圳市委常委、公安局长李铭说:"随着媒体大众化的趋势日益明显,舆论监督、网络问政的力度越来越大,深圳公安也面临着全新的挑战。"警察公共关系处的成立不仅仅是名称的改变,更重要的是工作理念、工作机制和工作模式的转变。市公安局

警察公共关系处正式挂牌成立,这是深圳警队发展史上的一个里程碑,要进一步加大警务运作的透明度,推动警方与新闻界之间的沟通,增进社会各界对警队的了解和沟通。

新挂牌的警察公共关系处共增设了警察公共关系建设、舆情处置及构建警民和谐关系三项职能,负责策划、组织、指导、协调全局的警察公共关系建设,指导全局警察公共关系联络员队伍开展工作;负责公安机关与相关政府部门、人大、政协、社会组织、群众团体联络,拓展沟通交流平台,积极构建和谐警民关系;组织、协调、指导和管理全市公安机关的新闻发布工作,与各级媒体建立畅通的沟通渠道;完善网络发言人机制,通过现代网络传播手段,拓展网络沟通平台;组织、指导全市公安机关开展警营文化建设等工作。

李铭接受采访时称:"宣传处改名公关处,把我们所站的角度进行转变,这样更加平等,更加亲民,这样的一个姿态,我想,能够有效扭转少数人的一些偏激想法,或者部分不了解情况的群众看法。"

深圳市人大代表杨建昌受邀参加了揭牌仪式,他认为,警察公共关系处的揭牌,标志着深圳公安更加注重警民关系的建立,而这些职能的调整更有利于社会的和谐。其他的深圳政府职能部门也应该参照深圳公安的做法,将过去职能单一的宣传机构转变为建立公共关系的层面来。

(资料来源:http://sznews.oeeee.com/a/20100806/917532.html)

二、公共关系客体——目标公众

目标公众是公共关系传播沟通的对象,是公共关系的客体。所谓公众是指与社会组织的运行发生一定联系的,其成员面临着某种共同问题、共同利益的个人、群体和组织所共同构成的整体。

公共关系中的公众不同于政治学或社会学中所讲的公众,与日常生活中所讲的"人民""群众"不一样。公共关系的公众特指公共关系的工作对象,即那些与公共关系主体有直接或潜在的关系,相互影响的个人或群体。公众是公共关系中最为重要、使用频率最高的概念之一。

公众的形成是因为这类群体遇到了共同的问题,这一共同的问题使他们有着共同的利益关系和共同的目标,因此联结在一起,成了社会组织公关工作的对象。共同的利益关系是维系这类群体的纽带,是形成这类公众的基础。

三、公共关系的中介——传播

传播是指信息、思想或观念的交流过程,是人与人之间、人与社会之间通过语言或非语言文字而进行的思想、感情和信息传递与分享的一种行为,也是主体与客体间的一种联系。公共关系工作从本质上来说就是一种信息传播活动,在公共关系中,传播是社会组织利用各种媒介,把自己的信息或观点有计划地与公众进行沟通,争取理解与信任的活动。

当组织明确了公共关系的目标,确定了目标公众,并有了公共关系活动的设想之后,便要考虑如何运用媒介把目标和设想变成行动。媒介即传播,是连接社会组织与公众的桥梁,是完成沟通的重要环节,也是实现公共关系目标的唯一手段。

传播是一个完整的行动过程,同时也是一种信息的分享过程。公共关系要达到自己的目标,必须借助各种传播手段,包括信息技术、传播媒体等方法来实现。公共关系的传播是一种有着独特规范的信息传播活动,它不仅包括信息传递、接受、交流分享等一系列过程,还包括信息的收集与处理,并且综合运用各种传播方式和传播手段,这是组织传播媒介向公众进行信息或观点的传递,目的是通过双向的交流和沟通,促进公共关系的主体和客体之间的了解、共识、好感和合作。

如图1-1所示,公共关系传播的主体是组织,组织通过传播渠道,借助传播媒介,将公共关系信息传播给公众,公众在接受了组织传来的信息后,对组织所做的反馈便是公共关系传播所取得的结果,这就是信息的循环传播过程。当组织首先将信息传播给公众时,组织是信源,公众是接受者;当公众将接受信息后的结果反馈给组织时,公众就成了信源,组织就成了接受者。整个公共关系的传播过程,也是一个双方不断适应、彼此影响、相互了解与理解的过程。

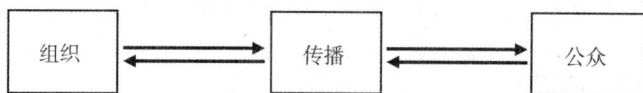

图1-1　组织、传播与公众的关系示意图

第四节　公共关系与相关概念辨析

对同一概念之下的子概念进行比较研究,历来是揭示事物之间的本质特征、界定一事物所常用的研究方法。在关系概念下分析公共关系与人际关系,在传播沟通概念下比较公共关系与新闻、广告活动的关系,在经营管理概念下研究公共关系和市场营销等相关活动的联系与区别,澄清人们在公共关系与这些相关活动方面的模糊认识,不但可以在理论上加深我们对公共关系活动特征的认识,而且对公共关系实践活动也具有现实的指导意义。

一、公共关系与人际关系

人际关系指的是人们在社会实践中所形成的个人与个人之间的心理关系。人际交往是自古就有的最基本的社会行为。公共关系与人际关系有密切的联系,公共关系不仅要借助于人际交往的形式去实现自身的任务,而且其本身就具有人际交往的特点,本质上还是处理人与人之间相互关系的社会活动。

人际传播和沟通是公共关系基本传播方式之一，而且当前我们可以看到公共关系的传播活动更多的是通过整合人际传播与大众传播来达到传播目的。比如微博、微信、网上社区等社会化媒体和即时通信工具不仅是信息时代大众传播的手段，从本质上来讲，它们所体现的仍然是网络化的人际关系。

当然，公共关系与人际关系从主体、客体、手段、内容、产生的背景、基础以及研究范围等方面也存在差异，主要体现在：

（1）公共关系的主体是社会组织、公众人物，客体是公众；人际关系的主体是个人，客体是个人与人群。

（2）公共关系运作内容广，包括传播信息、沟通情感、协调关系、塑造形象、调研咨询、策划活动、管理危机等，其手段需要大规模地借助大众传播媒体和技术；人际关系运作内容主要是自身发展的物质交换和交友的精神需求、感情交流，其主要手段是人际间的直接语言传播。

（3）公共关系是有了社会组织之后才会产生，其产生的基础主要是业缘关系；而人类从形成伊始就有了人际关系，其产生基础是亲缘、地缘、业缘、趣缘等。

（4）公共关系研究社会组织与公众间关系的发展规律以及公共关系职能、技巧、组织、发展的规律，专业化程度高；人际关系研究人与人之间关系的发展规律，专业化程度低。

二、公共关系与新闻

有人认为，公关就是免费的广告。综合和分析大量的信息、捕捉新闻价值、采访、撰写新闻稿，都是公关和新闻从业人员一般性的工作。有的公关人员出身于新闻界，也有的新闻人员兼职公关工作，这些现象导致很多人认为公关和新闻没有太大差异。事实上，这两个领域截然不同，我们可以从范围、目标、对象和渠道等几个方面加以比较和区别。

新闻写作和媒体关系虽然是公关非常重要的工作项目，但这只是公关多元化工作中的两项，例如公关调研与咨询、公关活动策划与执行、公众关系的沟通与协调等，都属于公关而非新闻的范畴。此外，公关人员为了有效地完成各种任务，被要求应具备策略思考、解决问题的能力以及其他的管理技巧，而这些能力和技巧却非新闻人员被要求的重点。

新闻人员收集并选择信息的目的，是要提供新闻和信息给公众，传播活动本身就是他们的目的。虽然公关人员为了提供信息给公众也收集事实和信息，但传播活动只是他们的手段而非目的。换言之，公关的目标不仅仅是传递信息给公众，更重要的是希望透过信息的传递来改变受众的态度和行为，以促进组织目标之达成。因从传递信息的角度看，新闻人员扮演客观的观察者，而公关人员则是某些特定观点（尤其是公关主体）的倡导者。

新闻人员面对的受众就是一般的社会大众。相对于此，公关人员不仅面对多元的公众，更经常将其公众依据人口统计、心理特质、卷入程度等要素加以细分，并针对细分后受众的需求和利益来设计不同的信息重点，以期获得最好的沟通效果。

大部分的新闻人员只透过单一渠道（即其工作的媒体）接触他们的受众。公关人员接触其不同受众的渠道则呈现多元化的情况,他们除了透过大众传播媒体的报纸、杂志、广播、电视、互联网之外,也经常使用直接邮寄手册、海报、商业期刊等载体将信息直接传递给他们的目标公众。

三、公共关系与广告

广告,即广而告之。广义的广告是泛指一切告知公众某种事物的信息传播活动。狭义的广告通常由特定的广告主以付费的方式通过各种传播媒体对产品、劳务或观念等信息的非人员介绍及推广。这里讲的广告是指狭义的广告。

(一)公共关系与广告的联系

(1)公共关系常常要借助广告的形式去实现其传播信息、建立组织形象的职能。特别是那种以宣传企业为中心,旨在推销企业、塑造形象的公共关系广告,其本身就是公共关系传播的一种特殊形式。

(2)公共关系工作能对广告起到指导作用,公共关系可以从全局出发,从战略的角度来指导、确定广告业务,进一步帮助确定广告的主题、对象、传播方式和方法等。有公共关系指导的广告,将更具生命的活力和长期全面的效力。广告也可以借助公共关系去增强它的说服力,因为公共关系往往可以为广告做铺垫,通过形成有利的环境气氛,使广告更快地得到公众的认同。

(3)两者都以传播为主要工作手段,都要借助传播媒体来传递信息才能实现自身的功能。公共关系中涉及广告的知识,而广告也是分很多类别的,其中,公共关系广告只是一种特定的广告宣传模式。

(二)公共关系与广告的区别

(1)目标不同。一般来说,广告是以直接推销产品或品牌为其目标的,而公共关系活动则是以构建组织良好的生存发展环境、塑造组织形象、增进好感为目标的。当广告被设计为影响特定公众对广告主的态度和行为时,它便具有了公关的性质。

(2)传播手法不同。广告可在很短的时间内引人注目,引起受众购买的兴趣,促使购买行为的发生,它允许采用各种奇特想象、各种艺术夸张的手法来达到其目的。公开自我宣扬是这种传播显而易见的特点。而公共关系的传播原则是以事实为依据、用事实来说话,在传播艺术手法上尽量诚挚朴素,不自我标榜。公共关系的传播手法通常是隐蔽的,使人难以直接觉察其公关目的,力求达到的是一种"润物细无声"的效果。

(3)媒体关系不同。广告是客户付费的传播活动,它是传播媒体主要的经济来源之一,大部分媒体是以广告为其维持生存的条件。大众传播媒体有赖于广告,只要不违反法规,广告的传播决定权在客户。公关活动则不同,除了小部分公关广告之外,大部分的传播,如新闻稿、企业有关的经济及技术介绍材料,是否能被传播和怎样被传播,最终决定权掌握在媒体手中。公关工作有赖于媒体的支持,必须维持好与媒体的关系,媒体本身就是公共关系的工作对象之一。

（4）传播效果不同。广告的效果一般侧重于告知，特别是在短期内创造较高的知名度；公共关系的效果一般侧重于建立偏好、提升美誉度，为人们接受一个组织、品牌提供理由，创造价值，建立联系。

广告更长于对简单信息的传达，公共关系优于对复杂信息的传播；广告偏向品牌外在形象的包装，公共关系注重品牌内涵的构建。相对来说，广告的效果一般是直接可见、具体单一，主要起到短期的效果；公共关系的效果一般是较间接、一时不易觉察、不易计算的，起到较为稳定、整体、长期的效果。

（5）在组织机构中所处的地位不同。广告在组织中属于营销推广的范畴，更多的是为具体产品、劳务而服务的，它是实现组织战略目标的一种工具，它的成败不会对组织构成直接的影响；而公共关系则不同，它是属于决策层的职能，是战略性的工作，它的成败会直接影响整个组织的全局，对组织的生存、发展起着决定性作用。

四、公共关系与市场营销

市场营销是企业以市场为导向、以满足顾客需求、实现与企业交换为目的，而分析市场、进入市场和占领市场的一系列战略与策略活动，是企业围绕满足消费者需求展开的一系列活动，包括市场调查、市场预测、营销环境分析、消费者行为研究、新产品开发、价格制订、分销渠道选择、销售促进、售后服务等。

（一）公共关系与市场营销的联系

1. 公共关系与市场营销都是市场经济发展的产物

市场经济是一种以社会分工为基础、以交换为目的、以市场为导向、以消费为结果的社会经济形态。企业只生产产品还不够，还必须实现它们的价值，因为他们这种生产是以交换为目的，只有生产的产品全都卖出去了，才能最终实现这种生产的连续更替，这就催生了市场营销。为了把产品卖出去，为了在同类竞争者中获胜，企业必须得到社会的广泛认同，获得公众的信任和支持。因此，企业必须通过发展各种良好的公众关系，才能更有效地维持市场发展，这就直接促进了公共关系的兴起。

2. 公共关系与市场营销的活动方式和手段往往是交织在一起的

在市场营销理论中是将公共关系作为促销手段之一，借助公共关系与消费者进行感情沟通；同时，公共关系的一些活动形式也要与市场营销的活动结合在一起，如市场营销中营业推广也包含公共关系活动，组织形象的宣传往往与组织生产经营的商品和服务的宣传联系在一起，组织与公众的良好关系往往要通过组织向公众提供优质的商品和服务才能得以实现。市场营销学权威菲利普·科特勒提出的"大市场营销观念"，在原来的4P组合即产品（Product）、价格（Price）、渠道（Place）、促销（Promotion）的基础上，增加两个P，即政治力量（Political Power）和公共关系（Public Relations）。他认为21世纪的公司还必须掌握另外两种技能，一是政治权力，就是说公司必须懂得怎样与其他国家打交道，必须了解其他国家的政治状况,才能有效地向其他国家推销产品。二是公共关系,营销人员必须懂得公共关系,知道如何在公众中树立产品的良好形象。这说明现代社会中公共关系与市场营销的联系更加紧密、深入了。

(二) 公共关系与市场营销的区别

公共关系和市场营销之间有明显的区别,主要表现在以下几个方面:

1. 工作范围不同

市场营销限于组织生产流通领域,主要围绕着产品或服务的设计、研发、定价、销售、管理等环节展开;而公共关系所涉及的是任何一种社会组织与公众的关系。此外,公共关系还涉及政府、学校、医院等各种社会组织,远远超过了经济领域。除促销推广外,公共关系还包括危机管理、议题管理、声誉管理和关系管理等,更具有战略性和宏观性。这需要公共关系比市场营销有更广泛的社会性和更为广阔的学科应用范围。

2. 工作目的不同

市场营销的直接目的是销售产品,它比较关注市场的供需变化,通过提高产品的市场需求,进而扩大赢利,产生组织效益;而公共关系的目的是树立组织形象,它比较关注社会舆论和公众态度的变化,与可能影响组织目标实现的各类公众建立关系,并树立良好的公众信誉,从而使社会组织获得长足的发展。

3. 工作手段不同

市场营销所采用的手段是价格、推销、广告、包装、商标、产品设计、分销等,这些手段都是紧紧围绕着销售产品的目的而展开的;而公共关系所采用的手段是侧重于新闻以及各种专题活动,如记者招待会、社会赞助、典礼仪式、危机处理等活动。

第五节　公共关系在公共卫生管理中的应用

在人类进入信息时代的今天,公共关系作为一种新的经营管理思想和技术,被广泛地应用到社会各个领域,公共卫生事业管理亦不例外。卫生机构作为国家授权的卫生管理和执法机关,既要树立权威,又要在卫生管理执法过程中获得理解、支持和协作,才能把工作做好。把公共关系的管理哲学引入公共卫生管理过程中,使其为提高卫生工作管理决策水平,提高卫生管理的效率,提高为人民身心健康服务的水平,提供更为良好有效的管理理念和思路。

一、公共卫生管理中的公共关系原则

(一) 社会效益第一原则

贯彻"预防为主"的方针,积极开展卫生防病工作,保障人民的身心健康,是卫生防病

机构服务的宗旨,也是公共关系最重要的准则。卫生防病机构开展公共关系工作必须以公众利益和社会整体利益为重,妥善处理各种关系以谋求自身和卫生事业的发展。

(二)珍视信誉和形象原则

卫生防病机构开展公关的目的就是建立和保持其良好的形象和声誉,提高知名度和美誉度。这是卫生事业获得发展的无形财富。卫生机构要以提供优质服务、严格依法管理为基础,加强与公众的沟通联系,增强内部的活力,使公众"知晓"和"了解",留给群众可信赖的形象。

(三)双向沟通原则

公关活动的本质就是组织与其相关公众之间的全方位的信息沟通。公开事实真相,增加透明度,通过双向沟通,一方面汲取民意改善自身,另一方面则有效地对外传播,得到公众的了解和支持。如卫生机构的改革方案、措施要注意听取内外各方面的意见,以进行修正和调整。要在实施前将事情的目的和措施告之公众,以获得公众的信任和支持。

(四)全员公关原则

卫生机构开展公关应是全体职员共同的责任和义务,在卫生管理、卫生执法、疾病防治工作中,全体工作人员的言行举止直接影响卫生管理的质量和自身的形象,故此,要教育和引导全体职员增强公关意识,遵守公关规范,在工作中自觉维护卫生机构的良好公关状态。

二、公共关系在公共卫生事业管理中的作用

(一)采集信息,参与决策

采集和利用信息是公共卫生管理良好的重要标志,也是开展公关的基础。卫生机构的公关人员应运用各种公关调查手段和方法,把有价值的信息提供给管理决策层,及时了解公众舆论以采取相应的对策,并在决策过程中从公共关系角度提出咨询与建议,当好决策参谋。

(二)交往沟通,树立形象

交往沟通是公关的重要职能,是树立卫生机构良好形象、争取公众支持理解的重要手段。公共卫生管理范围大、战线长、涉及面广,与社会各方面的关系密切。卫生机构要针对外部不同的公众进行传播沟通,发展关系,消除误解,争取人和的环境。对内应运用各种传播手段和沟通方式,创造全体职员与组织之间的理解、合作的气氛,增强职员的凝聚力。

(三)协调关系,争取合作

协调关系是内求团结、外求发展的保证,公共关系是组织"润滑剂",通过协调卫生机构内外公众的关系,以保证机构内部的稳定,创造和谐的外部环境。一方面,要预防卫生

机构与公众发生公共关系纠纷;另一方面,一旦发生纠纷,要从公众利益和整体利益出发,及时与公众交换意见,采取妥善的办法予以解决,以达成互相谅解和合作。

(四)组织宣传,创造气氛

公关组织应成为卫生机构的"代言人",要将本组织的信息真实准确、及时有效地传给特定的公众对象,为机构树立形象创造良好的舆论气氛。

(五)监测环境,预测趋势

卫生防病的效果及自身的发展和各项活动都要受到社会环境的制约和影响。运用公共关系手段监测分析社会环境的变化及其趋势,预测公共卫生管理决策可能面临的社会反应,研究对策,以增强卫生机构的适应性。

三、卫生监督管理工作中的卫生公共关系

卫生监督管理工作是社会公益性事业,它从内容到手段都是一项多元化的系统工程。它既运用业务技术,又运用法律手段;它需要社会舆论的支持、相关执法机构的协调、被监督单位的合作和广大人民群众的参与和支持。因此必须利用卫生公共关系与卫生公众之间建立起相互信任、支持、理解和合作的关系,从而使卫生监督管理工作得以不断深入发展和完善。

要做好卫生监督管理工作,应在严格依法监督的同时,还应发挥卫生公共关系的调节机制作用。

1. 运用卫生公共关系传播手段,加强法制监督教育宣传,形成舆论监督,谋求上级领导及职能部门的重视和支持

卫生监督管理工作涉及面广,其管理部门与工作人员应充分利用舆论工具通过多种形式或渠道,展示当前工作中的问题及其在社会经济发展过程中应有的地位,达到与公众之间广泛沟通求得彼此的理解和支持。

2. 建立健全均衡的双向信息交流渠道,收集卫生监督信息,提高决策质量

信息是当今社会活跃因素,人们使用有效的传播手段和信息交流,给领导部门提供有价值的决策信息资料,而这一有价值的信息是通过卫生公共关系活动来获得的。通过公共关系活动,卫生监督组织与被监督单位之间建立起双向交流信息渠道,使卫生监督部门的内部诸方面与社会及被监督部门在工作上是监督和被监督关系,在利益上是互惠互利关系,在人格上是平等、互相尊重关系,从而使彼此间更好地合作,使自身的改革措施为广大卫生公众所理解,以达到增强卫生监督部门自身活力的目的。

3. 树立卫生监督组织良好社会形象,赢得信誉争取卫生公众的理解和合作

卫生监督管理工作是一项综合性科学技术工作,需要适应各种不同工程类型项目的卫生要求,卫生组织要取得卫生公众的信任和支持,既要具备高尚的职业道德和高度的社会责任感,又要坚持原则,依法办事,以研究协商方式解决工作中的问题,以达到我们工作的目的。

四、医院公共关系

医院承担着为广大人民群众提供医疗服务的责任,与人们的日常生活和生命健康息息相关,是构建和谐社会不可或缺的重要环节。近年来,随着公众维权意识增强,信息传递渠道增多,医患纠纷呈逐年增长的趋势。2003年"非典"的爆发,更使各级医疗组织意识到了公共关系危机管理的重要性。21世纪开始,随着我国医疗体制改革的逐步推进,多元化格局逐渐形成,医疗市场竞争激烈,医院的形象塑造意识逐渐增强。公共关系理论开始被真正运用到医院管理实践中,成为医院塑造形象、化解危机、提高医疗服务质量的重要手段。

医院公共关系作为公共关系的一种特殊形式,它既体现了公共关系的一般本质,又有不同于一般公共关系的特殊性。医院公共关系的特殊性表现在医院担负着防治疾病、救死扶伤、保障人民身体健康的神圣职责。

医院作为社会医疗服务组织,在进行医疗服务活动中,必然要与内部及其周围的社会组织和个人发生联系。如何使医院工作与周围环境相协调和适应,求得医院内外公众的了解、支持和合作,更好地满足公众对医疗的需求,使医院工作产生较大的社会效益和经济效益,树立医院在社会上的良好形象,拥有较高的知名度和美誉度? 这一切都需要借助于公共关系这门管理技术来实现。

阅 读 资 料

上海瑞金医院获最佳公共关系案例大赛金奖

在2004年中国国际公共关系大会上,上海瑞金医院申报的"医疗卫生体制改革影响下医院品牌的建设与推广——瑞金医院品牌建设案例"获得金奖,开创了卫生事业单位获此大奖之先例。

正如国际关系学院副院长郭惠民教授在点评中说的那样,"瑞金医院成为首次获得公关金奖的医疗机构,表明该院重视品牌的研究、塑造与维护,重视品牌向社会与公众传播。""由于瑞金医院的获奖,公共关系业内人士看到我国医疗机构也开始关注我国的市场经济建设进程,并积极地参与到了市场竞争中。"

瑞金医院李宏为院长做了"公共关系与医院品牌建设"的主题演讲,介绍了瑞金医院获得第二届"中美21世纪医学论坛"的主承办权后,利用这个平台,搭建了一个公关舞台,精心策划并以公共关系为核心,展开事件营销,充分借助媒体的推广作用,广泛而有效地树立并强化了医院的品牌形象,提升了品牌的知名度和美誉度。他强调了品牌战略中公共关系的作用和地位,即"公共关系能树立品牌"。他指出,以公共关系作为品牌营销的核心,乃是因为公共关系是进行消费者沟通和教育的最佳载体。

之后一个月,瑞金医院普通门诊量比论坛前的一个月激增20%,特需医疗服务的就诊人数与论坛前同比激增15‰,这样的增长幅度和就诊人数都是前所未有的。论坛的成功,成为瑞金医院在市场竞争日益加剧的经营环境下成功策划并运用公关策略和实践营销的范例之一。通过论坛,国外医疗机构和医疗研究机构与瑞金医院达成国际临床医疗合作项目2个,与国内其他医院达成合作项目2个,达成人员出国培养计划项目6个,正在洽谈的国际合作、交流项目以及人才培养计划项目的数量也增加了。显而易见,瑞金医院在承办高规格国际学术论坛时借助公共关系的推介作用,成功地实施了品牌的营销战略。同时,李宏为还指出,医院的形象和医院的社会责任,实际上也是公共关系的范畴。在日趋激烈的医疗市场竞争中,人们首先注意到的是各家医院的市场占有率、份额,继而又看到巨大的市场需求。面对激烈的竞争和巨大的市场,公共关系具有医院品格和形象告知的功能,即通过公关策划,达到以诚信换取人心、以人心换取市场的目的,同时以公关的手段,促进医疗这个特殊的行业行使保障公民健康、维护社会稳定的职责。

综上所述,在竞争对手日益趋多、竞争由低层次向高层次转变、由单一的竞争向多角度和多方位的综合性竞争转变的行业背景中,瑞金医院在国内率先建立医疗市场部并下设公共关系职能,将公共关系作为提升品牌影响力、扩大市场份额、培育顾客忠诚度的手段,达到了很好的传播效果。

(资料来源:华夏医界网 http://bbs.hxyjw.com/thread-16876-1-1.html)

医院公共关系工作在我国才刚刚起步,相当多的医院还没有专门的公共关系机构。随着社会的发展和人们对医疗卫生需求的提高,医院建立专门的公共关系组织机构将成为必然趋势。医院公共关系机构的主要职能有:

(一) 收集信息,监测环境

收集和利用信息是医院开展公共关系活动的基础。及时、准确地捕捉信息,进行市场预测,为决策提供依据,是提高决策水平的前提。当今社会,医院的生存和发展对信息有很大的依赖性,因而充分掌握信息,把握环境的变化情况,自然就成为医院公共关系的首要职能。医院公共关系工作需要收集的信息包括医疗服务市场供求趋势信息,社会公众对医院的评价和希望,医院自身状态和社会环境条件等。

(二) 咨询建议,决策参谋

医院公共关系采集信息的目的是为医院决策提供咨询建议。要求公共关系部门在组织决策时,能向决策层和决策职能部门提供有关公共关系方面的情况和意见,行使决策参谋的职责。当前医院规模日益扩大,专科分工不断细化,整体决策目标常常被分解为各职能部门、各科室的具体决策目标。他们更多的是从本部门工作的角度出发进行决策,而难以从全局的角度、从公众的角度去整体决策。这就要求医院公共关系人员向管理部门提供工作方面的可靠的情况说明和意见,要从公众利益出发,依据公众需求和社会价值修正可能导致不良社会后果的决策目标,协助医院领导考虑复杂的社会因素,从医疗的目标、患者公众和整体环境的角度评价决策的社会影响和社会后果,使组织决策目标既反映组织发展的需求,也反映社会公众的需求。

(三) 平衡利益,协调关系

医院作为一个系统,内部各部门各要素之间,医院与外部公众之间,常常由于各自的利益、各自的着眼点不同而产生矛盾、摩擦,甚至对抗。这种不协调会造成不应有的消耗,甚至导致医院的危机。因此,公共关系的平衡利益、协调关系职能就显得格外重要。这其中包括协调与患者和家属的关系,协调与政府及上级主管部门的关系,协调与社区公众的关系,协调医院内部员工的关系。

(四) 传播沟通,塑造形象

医院公共关系的目标就是通过与公众的双向沟通,树立良好的医院形象,增进公众对医院的了解,扩大医院的知名度、信任度和美誉度,为医院赢得更多的公众支持和良好的舆论基础。所以传播沟通、塑造形象成为公共关系工作的基本职能。

医院形象是医院的行为、实力和特征的外在体现以及被公众认可的程度。良好的医院形象可以为医院赢得更多的支持和资源,增强竞争力,并能使职工产生强烈的自豪感和归属感。医院公共关系机构承担着医院形象的设计、塑造、管理和维护的艰巨任务。医院是服务于社会,实行救死扶伤的公共场所,因此医院与社会、医护人员与患者之间有着非同一般的密切关系。要想在社会公众中树立良好的医院形象,必须在公众与医院之间形成畅通的双向沟通和情感交流。一方面,应及时让公众知道医院的各类信息,使公众了解医院;另一方面,医院要随时了解公众目前对医院持何种态度,为什么会有这种态度,以便不断改进医院的各项工作。

(五) 教育引导,拓展市场

医院公共关系活动的最终目的,就是通过形象塑造,赢得公众对医院的信赖,吸引患者前来就医,以此扩大医院的服务,提高医院的综合效益。这就需要持续地对公众进行教育引导,不断拓展市场。

医院公共关系的教育引导职能主要表现在对内、对外两个方面。对内,医院公共关系的主要职能是进行全员公关教育,传播公关意识,传授公关技巧,不仅对每个员工进行教育引导,更要说服医院领导接受公关思想。通过公关教育,员工能够树立形象塑造意识、尊重公众意识、真诚互惠意识、危机公关意识等。对外,医院公共关系主要是对公众进行教育引导。当前医患纠纷产生的一个重要原因是公众医学知识欠缺而引发误会。医疗属于技术性、专业性极强的行业,部分病患对医学不甚了解,尤其是对医学的局限性认识不够,对医院的期望值过高,过分依赖医生,认为医院能医治百病。对此,医院必须对其进行教育引导,使其能正确对待当前医学在某些领域的无能为力以及病患的个体差异所带来的同病异治和疗效差异等现象,从而有效处理好医患关系。

另外,随着医学科技的发展,新药品、新诊疗技术、新检查治疗仪器设备等出现,需要通过医院公共关系的教育引导来培育市场。公众不可能了解那么多的新产品,需要不断地对其进行适用症、疗效、注意事项等方面的教育和引导,使病患了解并认同此项目,从而拓展医院医疗服务市场。

(六) 科学预警,危机管理

一个组织机构与内部或外部的各种关系引发各种各样的矛盾在所难免,能够妥善处理这些公共关系矛盾,是创造和谐融洽的经营管理环境的关键。任何组织都可能有危机事件的出现,在突发事件的情况下,积极主动的公共关系行为可以及时消除社会公众对医院产生的不良情绪。

医患矛盾是在医院所发生的常见的公共关系纠纷。在经营管理过程中,及时发现问题,运用公共关系原则,让问题在最初发生的时间段里得到解决是最经济、最高效的危机事件处理原则。有些医院在发生患者的投诉事件之后,以为依靠法律手段可以解决一切问题。但是即使通过法律程序证明医院不承担责任,医院在诉讼过程中也要承担巨大的经济、精力的付出,甚至会受到社会的种种非议和指责,这些损失是法庭上的胜诉所不能补偿的。因此,建立医院在社会公众中的美誉度要依靠医院的公共关系。

对于一些医院因在服务过程中出现的问题而引发的医患矛盾,就更应该积极、主动解决。危机事件一旦发生,医院公共关系人员应该迅速行动起来,协助医院领导妥善解决纠纷,通过危机公关的方法和技巧,向政府、媒体、公众提供及时、真实的信息,赢得理解和支持。同时查明原委、表明态度、安抚救助、处理善后,采取有效措施控制事态、引导舆论、消除影响,实现"转危为机",使妥善处理危机事件变成塑造医院良好形象的契机。

总而言之,医院公共关系所起的作用是非常重要的。它对内增强了医院内部的凝聚力,职工同心协力,各部门工作协调发展;对外树立了医院良好的形象,为医院的发展提供了良好的外部条件。这些都依赖于医院公共关系组织机构来完成,随着社会的发展和人们对医疗卫生需求的提高,医院建立专门的公共关系组织机构将成为必然趋势。

阅 读 资 料

2007 年对广州市医院管理中的公共关系状况调查

对广州市不同级别的医院抽取医生、护士、医院管理人员进行了调查和分析,研究了广州市各医院目前的医院公共关系的状况,为推动我国医院的管理与改革工作,提高医院的管理水平提供参考。

调查来自广州市 103 家不同级别的医院的医生、护士、医院管理人员 320 名。发放问卷 320 份,回收 305 份,回收率为 95%。采用自行设计的《广州市医院公共关系的现状调查表》,内容包括医院的基本情况、服务理念、医院公共关系的现状等。

首先,对不同级别的医院公共关系的差异情况进行调查。在对不同级别医院的医院公共关系进行调查时,发现在已设立专门的公共关系部门的医院中,三级医院占72.3%,二级医院占18.8%。在调查邀请上级参与医院活动时,可以看出,三级医院占67.4%,二级医院占22%。在医院参加的义诊活动中,三级医院占70.1%,二级医院占23.4%。在参与疾病宣传的活动中,三级医院占67.3%,二级医院占23.1%。在设立专门的公共关系部门、上级参与医院的活动、医院参加义诊及参与疾病宣传的活动中,不同级别的医院有显著差异。而在医院是否已经设立突发性事件的专线电话的调查中,已经设立了专线电话的三级医院占57%,二级医院占30.9%,一级医院占12.1%。不同级别的医院在设立突发专线上无明显差异,这说明各级医院公共关系的危机管理意识不强,危机公关工作水平有待提高。在调查中发现,医院的等级与医生对待病人的态度、护士对待病人的态度及科室导诊服务工作呈正相关,由此看出,一个医院的级别越高,其公共关系意识越强,服务理念也越好。

从调查中发现:在设置专门的公关部门方面,不同等级医院无差异。这说明不同等级的医院在机构设置方面的意识都比较缺乏。而在上级参与医院活动、义诊、疾病宣传方面有显著差异:在设立突发事件专线方面,不同等级的医院有差异,这说明医院的等级越高,管理水平越高,公共关系意识较强,危机管理意识也较强。对可能转化为危机的事情有预见性,医院的公共关系状态也较好。

其次,对医院设立公共关系部门的情况进行了调查。通过分析发现已经设立了专门的公共关系部门的医院占34.2%,没有设立的医院占65.8%。在调查医院设置专职的人员来拓展业务是否有必要时,77.4%的医务人员认为有必要,只有2%的人认为没有必要。而在调查一些由专门的公关部门担任的工作时发现:接待来访的工作由医院办公室负责的占53.6%,由医务科负责的占21.2%,由党委办公室负责的占5.5%;编印刊物的工作由医院的党委办公室负责的占28.3%,由医院办公室负责的占22%;回应投诉更多是由医务科处理的,占63.4%;投稿报道的工作25.2%是由医院的党委办公室负责的,22.7%的医院是由医院办公室来处理的。

这一调查结果表明,医院公共关系工作在我国才刚刚起步,基本上处于一种松散的组织状态,相当多的医院还没有设置专门的公共关系机构,医院的公共关系分别由医院办公室、医务科等各职能部门分别承担。

(资料来源:谭一笑.广州市医院公共关系状况调查分析[J].中国医院管理,2007(4).)

案例分析

我国进入国家公关时代

2010年10月,在新中国庆祝61岁华诞之际,世界收到一份来自中国的邀请——国家形象宣传片。这是中国第一次以国家公关的名义,如此自信而全面地把镜头对准自己。这或许意味着,以该宣传片的制作和推广为标志,中国正在全面进入国家公关时代。而事实上,如何让世界了解到一个真实的中国,不仅在于他们怎么看和我们怎么说,更在于我们怎么做。

15分30秒向世界展示中国

15分、30秒,这两个短短的时间段,肩负着给世界展示一个多姿多彩中国的使命。今年国庆之后,由国务院新闻办发起制作的国家形象系列宣传片就将揭开神秘面纱,在CNN、BBC等国际媒体上隆重亮相。虽然尚未播出,但是内容已经为中外媒体广泛报道:15分钟专题片(角度篇),以"以人为本、科学发展"的理念为核心,涉及政治、经济、社会、民族等多个领域,多角度、全景式地展示当代中国的建设成就。30秒广告短片(人物篇)则集中了各行各业享有国际盛誉的中国精英,力图展现当代中国生机勃勃的国家形象。这是中国第一次以国家公关的名义把镜头对准自己。

媒体:行动早已开始

在筹拍形象宣传片之前,中国就已经加快了国家公关的步伐。2010年7月,新华社CNC电视台英文频道的开播,为中国媒体向世界发出声音开辟了新天地。而不光是新华社,《人民日报》、中央电视台等中央级媒体也纷纷大力拓展海外业务,抢占海外舆论的桥头堡。2009年12月28日,央视旗下的中国网络电视台(CNTV)正式开播。作为中国国家网络电视播出机构,开播之初,CNTV提出的目标就是建设成为能够充分体现中国国家水平,并且具有重要国际影响力的网络电视台。《人民日报》、央视等还在大力新建海外站点,扩充海外采编队伍。走向国际,与国际媒体巨头同舞,是中央级媒体正在集中发展的方向,同时也是国家公关所需。这在很多发达国家,早就成为共识。

美国之音(VOA)在笼络全球英语学习者时,也将美国的国家理念渗透到每个节目,潜移默化地影响着每一位听众。在日本,带有浓厚国家背景的公共电视台NHK,近来也受政府之意,扩大英文节目制作量。把日本打造成亚洲乃至亚太地区的发言人,是日本国家公关的核心目标之一。

纵观全球,"国家公关,媒体先行"已是惯例。面对新冲进来的中国军团,其他国际媒体给予了高度关注。日本NHK电视台附属研究所的一位研究员就说,他准备录制某一天全天的CNC英文节目,与NHK的英文节目进行彻底比较。

时间:见证国家公关脚步

不仅仅是媒体,文化教育也是国家公关的重要一环。在拓展对外文化教育领域,中国虽然尚处在起步阶段,但是步伐正在不断加快。自2004年11月全球首家孔子学院落户韩国以来,中国已经在全球近百个国家和地区开设了300家孔子学院。而无论是孔子学院的开设、中央级媒体的国际化之路,还是国家形象宣传片的制作,都是中国国家公关的组成部分之一。回顾近10年来中国的国家公关之路,很容易发现,变化早已悄悄发生。

2003 年"非典"肆虐中国,卫生部随后承认了工作上的漏洞。而在此前,中国最高领导层已经规定,必须如实报告"非典"疫情,对瞒报或者延迟报告的官员将进行严肃处理。此后,更是由时任国务院副总理的吴仪出任卫生部部长。疫情信息公开透明,惩处渎职官员雷厉风行,中国政府在非常时期的非常举措有效地控制了"非典"疫情。与此同时,在危急关头的这次行动也挽救了中国卫生医疗系统的国际声誉。

5 年后,奥运会在中国成功举行。此前一年,外交部就宣布放宽海外记者在中国的采访限制。奥运会期间,主办方还专门开设 3 个游行示威地点。2009 年,商务部制作了"中国制造"的宣传片,主题为"中国制造,世界合作"……这些举措都可谓中国国家公关的关键里程碑。

不可否认,中国的国家公关走过弯路,比如手段和方式过于僵硬,缺乏互动,口号多、平实的语言少,不适用于国际语境等等。但是,越来越多的官员和主管部门已经意识到了这种差距,中国的国家形象也正逐步从"被解释、被描绘"变为主动阐释、积极沟通,从单一、平面变得丰富而立体,从神秘、遥远变得真实、可触可摸。

神秘:必须克服的公关障碍

一部宣传片能够立竿见影地改善国家形象吗?网络上,对此次宣传片的怀疑声不难理解。因为公关毕竟是个互动的过程,而非单方的努力就能达到的。形象宣传片的受众在哪里?怎么看中国?了解这些,对把握国家公关的方向很有必要。

2009 年 2 月—2010 年 4 月,中共中央党校国际战略研究所副教授赵磊先后赴加拿大、英国、比利时、科索沃等国家和地区进行有关中国形象的国际调研。从北美到欧洲,赵磊深切感受到了中国形象的复杂性以及提升中国形象的迫切性。"目前,中国国家形象存在的主要问题之一,是中国与世界的认识鸿沟。中国人对自己的看法和世界对中国的看法之间存在巨大差距。在很多情况下,中国认为自己是在行善积德,而国际社会却认为中国是别有用心。比如,中国的维和人员主要部署在条件十分艰苦的非洲,然而国际社会却猜测中国是为了获取石油资源。"赵磊在《对中国形象复杂认知以及应对之策》一文中表示。

如何才能有针对性地做工作、切实提升国家形象?赵磊认为,要做的工作有很多。"比如刷新国家形象,为中国解密。长期以来,中国在对外宣传上,过于强调中国的历史久远、博大精深、神秘古老,这会给外国人造成中国属于另一个世界的印象。神秘化就意味着会被边缘化。"

应该说,中国国家公关依然任重而道远。国家形象宣传片即将播出。这仅仅是解密中国、拉近中国与世界距离的开始。

精英:担纲国家形象

京剧、武术、中医……谁能代表中国形象?这个难题是此次宣传片的制作、拍摄方必须跨越的第一道关卡。"国家形象可以有许多载体,但是如果论最重要,恐怕莫过于人,因为其他一切都必须通过人来承载,都必须通过人去展现。从这一意义上讲,中国人的形象是中国国家形象的根本所在。"学者欧阳君山说。

也正因此,袁隆平、吴敬琏、姚明等50余位在国际舞台闯荡的各界精英入选人物篇阵容。单拿出他们中的每一个人,或许都能拍成一部长篇纪录片。在30秒的人物篇中,他们作为一个集体出现。也许每人露脸的镜头不过零点几秒,但是50多人中,无人拒绝。能作为今日中国形象的代表之一,他们的自豪,用行动体现。

精英之所以能够入选,因为他们每个人身上,都或多或少地融入了当代中国的代表性元素。曾经在申奥会场用笑容和自信感染评委的杨澜,具有当代中国女性成熟端庄的气质;航天英雄杨利伟等人象征着为了科学事业不断进取的敬业与豪迈……

老百姓:有你才完整

精英,可以站出来代表中国,但是无法代表中国的全部。"说实话,角度篇的策划和取材,特别是对打工子弟等底层人群的关注,让我为之一震。"一位驻京外国记者如是感叹。

偌大的京城,哪里才有我的学校我的家?想必,每个打工子弟学校的孩子们都会有类似的感伤。有光,就有影。一个高速发展的城市如此,国家亦如此。长长的影子,自然也是中国的形象之一。可喜的是,在国家形象宣传片中,我们找到了这些影子以及代表这些影子的陌生而又熟悉的面孔:周末去菜市场买菜时,他们就睡在父母的菜摊旁;平时大人上班时,他们朗朗的读书声响彻整个打工子弟学校。城市外来务工者带着他们的孩子在这个社会努力地生活着,他们代表了国家形象中国民勤奋而善良的那个侧面。

"我要告诉世界的,是一个更加完整而真实、复杂多面的中国。"中国国家形象宣传片总策划朱幼光说。为了消除外界对中国的片面看法,朱幼光在拍片前花了长达两年时间做调研。他找到了所有能找到的外国人拍中国的纪录片。"我看这些片子,是为了了解老外看我们的角度有哪些欠缺。我要知道他们是怎么看我们国家的。正面、负面的我都看。"的确,了解受众的想法,才可能有的放矢地向他们展示一个真实全面的中国。

(资料来源:http://szb. northnews. cn/bfxb/html/2010 - 10/13/content_772667. htm,经整理)

结合以上案例,请思考:

1. 国家形象宣传片的制作和推广作为我国国家公关的组成部分之一,其意义和作用是什么?

2. 分析我国进入国家公关时代的历史背景、原因和条件是什么?

☞ **思考与练习**

1. 中外公关界为什么对公共关系有如此多的定义,你比较赞同其中哪一种说法?

2. 你认为怎样才能更好地学习"公共关系"这样的应用性学科?

3. 公共关系活动为什么是以收集信息开始的？公关部门所要收集的信息主要包括哪些内容？

4. 简要叙述沟通协调的职能,公共关系沟通协调对组织和公众有什么意义?

5. "公关之父"艾维·李曾说的"凡是有益于公众的事业,最终必将有益于企业或组织",如何理解这句话?

6. 以你所在组织为例来说明如何做到全员公关。

7. 举例说明公共关系与人际关系的关系。

8. 举例说明公共关系与广告、市场营销的关系。

第二章
公共关系的产生与发展

☞ **学习目标**

1. 了解古代自发的公共关系思想和活动
2. 了解公共关系在美国兴起的历史条件
3. 掌握公共关系在美国发展的历史阶段及其代表人物的主要观点
4. 理解公共关系在世界范围的传播及其趋势
5. 理解公共关系在中国发展的各个历史阶段及趋势

公共关系与任何一门学科或一个研究领域一样,作为一个新兴行业、一门应用型学科,也有一个从诞生到成熟、从低级到高级的发展过程。因此,我们有必要对公共关系的渊源、兴起与发展进行阐述,弄清来龙去脉,并在此基础上寻求它的一般发展规律和发展趋势,用以指导我们的公共关系实践。

第一节　公共关系溯源

公共关系的发展经历了漫长的历史发展阶段。在公共关系学科建立之前,人类的公关活动已经存在。从某种意义上说,现代公共关系的理论和实践是古代公共关系理论和实践的继承和发展。通过对这一时期的考察,一方面有可能为现代社会的公共关系工作提供有益的借鉴和参考,另一方面也有助于探求公共关系的内在发展规律,加深对它的理解,从而更为全面地认识和学习现代公共关系。

一、古代自发的公共关系思想与活动

公共关系是一种协调社会组织或公众人物与公众之间关系的行为,从本质上来讲仍然是一种社会关系。顺乎这一逻辑,古代社会与现代社会虽从社会意识、政治体制、经济形态、生产方式等方面均有很大差异,但作为人类社会的一种内生需要,人类生存本质的

内在需要,良好的社会关系和人际关系是人们始终孜孜以求的。即"公共关系"这个名词几千年前虽没出现,但在当时,作为人类的一种社会实践活动——公共关系思想和活动已经存在,我们可以称之为"自发的公共关系时期"。

公共关系的历史渊源可追溯到古代社会人类文明开始的地方——古埃及、古巴比伦、古罗马和古代中国等。

古希腊存在着大量的公共关系活动和思想。据说整个社会都很推崇沟通技术,一些深谙沟通技术的演说家往往因此而被推选为首领。公元前4世纪,亚里士多德在他所著的《修辞学》中详细论述了修辞的艺术,即如何运用语言来争取和影响听众的思想与行为,被西方一些公共关系学者称为最早的公共关系理论著作。

古罗马时代人们更加重视民意,提出"公众的声音就是上帝的声音"。古罗马的统治者凯撒大帝就是一位沟通技术的精通者。在其担任执政官时设置了官方公告牌,即《每日纪闻》,将国家大事记在上面并摆在公共场所供人们观看,来满足公众的心理需求。面对即将来临的战争,他通过散发各种传单来开展大规模的宣传活动,以便获得民众的支持。在带兵远征高卢和英伦三岛的作战过程中,他把军队的战况写成报告送往罗马,在广场上向人们传诵。为了宣传自己,凯撒大帝甚至还专门写了一本记载他的功绩的纪实性著作《高卢战记》。这本书被西方的公关专家称为"第一流的公共关系著作"。

古代西方为原始民主政体实验的推行,曾在演讲、修辞、逻辑等人文领域有过认真的研究,着眼于如何劝说他人的技巧和方法成为重要的认识课题。例如上文提到的古希腊亚里士多德的《修辞学》,苏格拉底的诡辩术,古罗马西塞罗的演说词,统治者的文告和战记等程序性的仪式都体现了古代西方人在民主政体和人文关系上的认识成果。

在西方,公共关系还被用来为宗教服务。早期基督教的广泛流传在很大程度上依靠了传播的技术和活动。11世纪末,教皇乌尔班二世以异教徒占据了耶路撒冷为由,别有用心地在教徒中进行煽动宣传,呼吁夺回圣地,导致了一场历时近200年的"十字军东征"的侵略战争。马丁·路德为创立基督教新教,于1517年发表《九十五条论纲》,抨击教皇出售"赎罪券"来搜刮民脂民膏的丑行。为了有效地争取教徒,他又多次发表演说,并将《圣经》译成德文,进而得到了信徒的拥护,推动了当时的宗教改革运动。

再来看看中国古代社会的公共关系思想。早在西周末年,有人就针对周厉王施政酷虐而带来的怨声载道、民情鼎沸的不利政情,提出了"防民之口,甚于防川"的观点,认为社会舆论好坏直接关系到政权的稳固与否,强调重视民意、调节施政措施的重要性。

春秋战国时,诸子百家争鸣,他们从各自学派立场出发,就如何处理各种人文关系进行了论述。比如,老子提倡"鸡犬之声相闻,民至老死不相往来"的小国寡民思想;墨子主张"兼爱""非攻"的与人为善的交往原则;法家以"性恶论"为其理论依据,向帝王宣扬"法""术""权""势"的治民之道;兵家认为"攻城为下,攻心为上",推崇"不战而战";纵横家则鼓吹"远交近攻""纵横捭阖"的政治、外交策略等等。

以孔、孟为代表的儒家在维系人文关系方面提出了更为系统、成熟的箴言见解。孔子曾对其宣扬的"仁"做了高度概括："仁者，人也。"他认为"仁"是人际交往的最高道德原则，且是与人际交往俱生的，无交往也就无从言"仁"。孔子还主张"己欲立而立人，己欲达而达人"的忠恕之道，并强调人际交往中必须讲究信谊，认为"人无信不立"。

孟子的"君轻民重"的观点，明确表达了他对民众的重视。他还进一步论证道："桀纣之失天下也，失其民也；失其民者，失其心也"，指出民心向背直接关系到政权的安危。孟子对舆论劝说也很注重，认为"仁言不如仁声之入人深也，善政不如善教之得民也"。

孔孟之后，儒家学说又有发展，至汉武帝"罢黜百家，独尊儒术"，其思想观点更是影响深远。比如魏徵与李世民论及人民与帝王关系时所说的"水能载舟，亦可覆舟"这句传世名言，便是早期"君轻民重"思想的进一步发挥。

从古代公共关系实践来看，秦末时期，刘邦、项羽分兵取关中，刘邦攻入咸阳之后，沉迷于花天酒地，咸阳城内，市井无序，混乱不堪。在樊哙、张良的提醒下，刘邦看清了形势，意识到要想保留和发展自己的实力，首先要获得民众的支持和拥护。于是刘邦召集民众，"与父老约，法三章耳；杀人者死，伤人及盗抵罪"（《史记·高祖本纪》），明确规定：不管是谁，杀人的判处死刑，伤人、抢劫的全部依法治罪。后又派出大量官兵到各乡县去宣传"约法三章"，百姓们热烈拥护，夹道欢迎，带来牛羊酒肉慰劳将士，唯恐刘邦不做大王。

再如春秋时期，郑国百姓乐于聚集在乡间学校里，七嘴八舌地谈论国家官员。对于乡人休闲聚会的乡校，大夫然明主张关闭，丞相子产不同意。子产把乡校作为百姓议论政事、发出呼声的集散地，而且注意根据百姓的意见，调整国家的政策和行为。正因如此，子产执政后，颇得百姓的爱戴，也使郑国很快强盛起来。

二、古代自发的公共关系特点

了解了古代社会人们对公共关系的认识和活动，我们可看到这一时期公共关系具有以下几个特点：

（一）政治色彩强烈

公共关系活动主要局限在政治领域和军事领域，带有强烈的政治功利色彩和军事色彩，较少涉及经济、文化、教育、科技及人们日常生产、生活等领域。当时的公共关系行为、活动并非具有独立、明确的管理职能，而是服从于政权的需要，为政治斗争而服务。受古代高度集中的政治体制的影响，古代的公共关系过度依附于强权政治，其思想和活动往往以追求统治组织利益的最大化为最终目的，而不是增加百姓的公共利益。

（二）系统理论匮乏

没有明显的自觉性和明确的目的性，活动上缺乏总体策划、系统组织，理论上也缺少概括和总结，没有独立的思想体系和系统理论的指导。即使是政府行为，也更多的是以权力者、执行者的个人思考为指导，执行手段也多以个人的出众口才和人格魅力之影响力为主。

（三）传播方式有限

囿于传播媒体的匮乏，古代的传播媒介主要靠的是语言交流和文字记载。公共关系活动的主要形式是人际传播，表现为口口相传、口碑传颂。同时借助舞蹈、诗歌、雕塑、建筑、戏曲等艺术形式以及游说、演讲等人际口头传播为主要手段来实施公共关系活动，信息传递的范围、速度和效果都受到较大的限制。

第二节　公共关系在美国的兴起及其历史条件

现代公共关系作为一个行业或学科的概念，是到了现代公众社会才产生的，它有着必然的时代规定性。公认美国是现代公共关系的发源地："公共关系"一词最早见诸美国，现代意义上的公共关系实践和公共关系知识体系最早形成于美国，一大批在经济、政治、社会活动中的公共关系开拓者和大师最早也产生于美国。

一、巴纳姆时期——现代公共关系的发端

自觉的公共关系时期始于19世纪中叶以后，以农业为主导的美国经济正处于向工业经济转型的起步阶段，集团利益比较简单，人民自给自足，而且相对独立，当时更多的人生活在农场里。正是在这一为资本主义工业经济的发展提供准备的阶段，客观上形成了对公共关系的需求。

19世纪30年代，在美国报刊史上由《纽约太阳报》领头掀起了一场以大众读者为对象，大量印发通俗化报刊的"便士报运动"。由于"便士报"价格低廉、内容新奇刺激，很快风行一时并拥有大量读者。报纸发行量的迅速增长引起了工商企业界的注意，他们开始雇用专门人员来撰写文章，以宣传企业及其产品。为了使自己成为舆论的焦点，他们不惜歪曲捏造事实，编造一些神秘离奇的故事吸引读者。这场报刊宣传运动奉行"凡宣传皆好事"的信条。《纽约太阳报》编辑主任博加特提出了"狗咬人不是新闻，人咬狗才是新闻"的新闻主张。

菲尼斯·巴纳姆是最具代表性人物之一，他之前是一名报纸编辑，非常了解新闻出版并知晓如何通过报纸中的广告来获得编辑的好感，后来，他成为马戏团的老板。他发明了许多标新立异、哗众取宠的宣传方法来吸引传播界及大众的注意，以获取免费宣传的效果。巴纳姆曾经成功制造了一个海斯的"神话"，引起了整个美洲的轰动。他收买了好几家报刊并同时刊登一则新闻：他发现马戏团里有一位161岁的黑人女奴，名叫海斯，曾在100年前养育过美国第一位总统乔治·华盛顿。此新闻一发表立即引起强烈反响，为了取得更大的轰动效应，巴纳姆又以不同的笔名向报纸寄去所谓的"读者来信"，人为地掀起了一场热烈的讨论。爱好新奇的美国人纷纷赶来一睹海斯老太的风采，巴纳姆为此大发横财。海斯老太死后，通过解剖发现她只有八十多岁，骗局揭穿后，巴纳姆却装模作样地

说，"我对此深感震惊"。

在公共关系发展史上，这一时期又被称为"公众被愚弄的时期""反公共关系的时期"。这一时期的公共关系活动已带有一定的组织性和较为明确的目的性。也就是说，公共关系已经不再局限于政治活动和思想宣传活动，而是逐渐与谋利愿望结合起来，它为公共关系在其后的迅猛发展奠定了基础。

另外，1882年，美国律师、文官制度倡导者多尔曼·伊顿在耶鲁大学法学院发表题为《公共关系与法律职业的责任》的演讲。在这篇演讲中，他首次使用了"公共关系"这一概念。1897年，美国铁路协会编写的《铁路文献年鉴》第一次正式使用了"公共关系"这一名词。

二、科学的公共关系时期

（一）艾维·李时期——现代公共关系职业化的开始

19世纪末到20世纪20年代，公共关系活动主要表现在传播工作上，而这种传播具有单向性，强调通过宣传对社会造成影响。代表人物艾维·李在其《共同原则宣言》中提出实事求是、"说真话"的思想，为科学公共关系的产生奠定了理论基础，被后人尊为"现代公共关系之父"。

1903年，艾维·李在纽约创立了一家"宣传顾问事务所"，专门从事公关宣传活动，其宗旨是"进行新闻代理业务，为尽可能多的雇主服务，收取营业所必需的报酬"。这标志着公共关系作为一门职业正式产生。艾维·李公共关系思想的核心是"公众必须被告知——向公众讲真话"。他认为，一个企业或组织要想获得良好的形象和信誉，必须把真实情况公之于众，才能获得公众的支持和信任。一旦披露的真实情况对企业不利，企业应该做的是调整其自身的行为，而不是极力去掩盖事实真相。

19世纪下半叶，美国的资本主义经济由自由竞争向垄断集中，全国3/5的经济命脉都掌握在垄断巨头手中，他们奉行所谓"只要我能发财，让公众利益见鬼去吧"的经营哲学。这些垄断巨头分布在铁路、矿山、石油、金融等领域，为了自己的利益，损害公众的利益，无视社会道德，引起社会公众的强烈不满。各个阶层和集团之间的利益冲突日益尖锐，整个社会充满了对工商巨头的敌意。在此情况下，终于爆发了以揭露工商企业的丑闻和阴暗面为主题的新闻揭丑运动，这一运动在现代新闻史上被称为"揭丑运动"或"扒粪运动"。

在1903—1912近十年的时间里，一些有责任心的记者专门收集、报道工商巨头的丑闻，各种报刊上发表的此类文章达两千多篇，从而使许多大资本家声名狼藉。垄断财团最初试图使用高压手段来平息舆论。起先，他们对新闻界进行恫吓，提出要起诉，说新闻界犯了诽谤罪；继而，又以不在参与揭丑运动的报刊上登广告相威胁；当这些都未奏效时，他们又变换手法，以贿赂为武器，一些大财团和大公司公开启用记者创办自己的报刊，仿效19世纪报刊宣传活动的手法，杜撰有利于自己的神话和"新闻"，遮掩公司和企业中出现的种种问题。结果适得其反，公众对垄断财团的敌意与日俱增。最后，他们终于认识到不能忽视社会公众和社会舆论的力量,开始考虑如何与新闻界和社会公众打交道,如何在报纸上为自己树立良好的形象和信誉。于是,以"说真话""讲实情"来获得公众信任的主张被提了出来,并越来越得到工商界一些开明人士的赞同。他们开始取悦新闻界和社会大众,开始聘请专业人士专门从事改善与新闻媒体的关系的工作,这些人被称为"新闻代理人",他们可以被看作是现代公共关系人员的前身。他们在新闻媒体之间进行游说,经常与报界联系,主动邀请记者到企业参观访问或为公司的政策解释辩护。

比如,1914 年垄断集团洛克菲勒家族在科罗拉多州子公司的工人罢工一案,洛氏开始采取武力镇压,受到舆论界的强力抨击,而后艾维·李受雇处理此事,他采取了以下三项措施:

第一,说服洛克菲勒本人访问这家子公司,并说服其和工人一起用餐、喝酒,一起下矿井,亲临现场关心工人,这样做缓和了工人和洛氏家族的关系。

第二,艾维·李邀请新闻界对洛克菲勒的访问活动进行跟踪报道。洛克菲勒的访问活动频频见报,他活动的照片经常成为新闻报道的主题,所有的报道几乎都把洛克菲勒写成关心工人、与工人打成一片的人。

第三,艾维·李向科罗拉多州州长提呈了一份公司当局处理罢工事件的报告。例如,将事故原因如实公布于众,向社会各方诚恳道歉,向死者家属提供赔偿,为伤者支付治疗费等,这些处理意见得到了州长的支持。

由于艾维·李采取了一系列有效的公共关系行动,很快平息了这场罢工风波。艾维·李为现代公共关系的兴起和发展做出了许多开创性的贡献。他的局限性在于:他的咨询对象主要是垄断企业的资本家,而且主要单向地向公众提供信息,他本人从未进行过系统的公众舆论调查,而是凭多年的新闻工作经验以及直觉展开咨询。他虽然提出过一些开创性的公共关系思想,但却没有进行过系统而科学的阐述。

(二)爱德华·伯纳斯时期——现代公共关系科学化的发展

20 世纪 20 年代以后,公共关系活动有了强烈的"公众导向",即以公众为中心,投公众所好,顺应公众的意志进行舆论传播,并按照公众意愿开展生产经营活动。

美国学者爱德华·伯纳斯以其杰出的研究,成为公共关系学的创始人,使公共关系进入科学化阶段。他与同为公共关系专家的妻子共同经营着一家公共关系咨询公司,为许多大公司、政府机构提供咨询。直到 1965 年,他才退出公共关系咨询工作第一线。

爱德华·伯纳斯十分注重公共关系理论的研究,于 1923 年出版了《公众舆论之形成》,这是第一部研究公共关系理论的专著,因而被视为公共关系发展史上的一个里程碑。在这本书中,他对公共关系的实践进行了系统研究,使之形成一整套理论。他提出了"投公众所好"的根本原则,主张一个企业或组织在决策之前,应首先了解公众喜好什么、需要什么,在确定公众的价值取向以后,再有目的地从事宣传工作,以便迎合公众的需要。爱德华·伯纳斯的思想比艾维·李前进了一步,不仅是在事情发生后去对公众说真话,而且要求企业通过公众调查,根据公众的态度开展公关工作。同时,他将艾维·李的活动与

1897 年美国《铁路文献年鉴》中出现的"公共关系"一词结合起来,使这一词语有了科学的含义,并在社会上流行开来。从此,公共关系正式从新闻领域分离出来,成为一门独立而又系统的管理科学。1928 年,他出版《舆论》一书。1952 年,他又编写了教材《公共关系学》,对公共关系理论进行了更为系统、详尽的阐述。

伯纳斯运用社会科学的成果,从理论上阐述了公众和舆论对于一个组织而言的重要作用,并提出组织对待他们的态度应该是"投公众所好",即遵从公众的要求。它要求组织应根据公众的心理需要来进行有目的有计划的宣传工作,只有这样才能取得公众及舆论的真正理解和支持。这就是公关传播规律的科学总结,也是公关实务的操作依据。他提出的"公关咨询"正是反映了这种主动的、有计划的、投公众所好的思想。所以,公关咨询可以看作是沟通工商业组织和公众利益的桥梁,可以使组织的决策更有利于公众利益,也可以把组织的合理政策及行为向公众解释,以期获得相互的好感和信任。

伴随公关理论的发展,公关实践在这一时期也颇有成就。主要原因有二:一是 1929 年起的经济危机的恐慌,促使人们对信息的渴望;二是世界大战迫使政府利用公关手段。这使该时期的公关实践突出表现在:第一,20 世纪 30 年代在富兰克林·罗斯福总统推行名为"新政"的社会改革活动中,其工作班子实践了良好的公共关系。第二,在美国卷入第二次世界大战中,政府相关部门通过有计划的活动,传播爱国主义来引导舆论,达到鼓舞士气、促进生产、征招新兵、募集捐款和增加民众的支持等目的。

阅 读 资 料

炉 边 谈 话

美国前总统富兰克林·罗斯福堪称公共关系行业里的高手,他亲自"导演"和"主演"的一出出有分量的重头戏,在政府公共关系活动史上留下了不少令人拍案叫绝的杰作。"炉边谈话"即是其中一例。

罗斯福总统入主白宫之日,正是德、日、意法西斯羽翼渐丰之时,他以政治家的敏锐洞察力预感到世界战争阴云即将来临。但是,20 年前美国卷入第一次世界大战的教训像梦魇一样缠绕在美国人的心头,"不介入战争"的孤立主义呼声席卷全国。有鉴于此,罗斯福总统以"炉边谈话"的巧妙形式,开始了有步骤地引导公众舆论的工作。入主白宫的第八天,他就借助广播这个当时最先进且最普及的传媒工具,一改过去播音主持人正襟危坐的"传道"式的刻板风格,以围坐在壁炉边与家人、朋友聊天的形式,用平和轻松的语调及时把政策方针传达给听众。他将"炉边谈话"看作是对美国公众进行宣传的极好形式,看成是潜移默化地实施舆论导向的极佳载体。此后,这一由总统主持的节目一直延续了 12 年,且收听率极高。

欧战爆发的当天晚上,罗斯福即发表了"炉边谈话"。为了安抚国人,他首先说道:"我希望美国将不会介入这场战争,我认为它不会介入。我向你们保证,并再次保证,你们的政府将为实现这个目标做出一切努力。"但在讲话中又委婉地暗示:"美国的安全现在和将来都是同西半球及其邻近海域的安全联系在一起的。总有一天,美国应为受到创伤的人类提供尽可能的帮助。""二战"伊始,德国法西斯入侵势头强劲,法国投降,英国军事力量损失惨重。为了说明战争局势的严重性,总统再次发表"炉边谈话",警告国民英国战事吃紧,美国已难隔岸观火,号召人们丢掉同纳粹和平共处的幻想,准备斗争。总统的呼吁逐渐赢得了公众的支持,并先后两次修改中立法以适应形势需要。

珍珠港事件使美国人彻底清醒,在总统发表了题为《我们将打赢这场战争,我们还将赢得战后的和平》的"炉边谈话"后,"美国参战"成为美国社会的共同呼声。美国上下同仇敌忾,积极投入了反法西斯战争。罗斯福总统的良苦用心终于得到了预期的回报。

除了新政和战争,公关还同时在其他领域展开。不少公关事务所纷纷成立,耶鲁、哈佛、哥伦比亚等大学也成立公关专门学院,开设公关课程,培养出大量的公关专业人才,他们都在"模仿罗斯福的微笑"中试图协调公众关系。

(三)卡特里普时期——现代公共关系理论化的成熟

1945年以后,以卡特里普、森特和布鲁姆三人为主要代表人物,以他们编写的《有效公共关系》一书的出版作为理论成熟的标志,以其提出的"双向平衡"的系统传播模式为理论基础,强调组织与公众相互调整的理念。公共关系理论的系统化和实践的走向成熟为这一时期的特点。

卡特里普等人在20世纪中叶出版了多部公关专著,其中尤以《有效公共关系》最为权威,此书曾被美国学生称为公关领域的"圣经"。在书中,卡特里普运用了信息论、系统论等新兴科学知识,形成系统的公众关系理论。他们认为,公关不仅不能"愚弄公众",也不能一味"投公众所好",而应该强调组织与公众之间通过双向传播来相互影响、相互调整,唯有如此才能达到真正意义的有效公共关系。相应地,公关实务操作也应有一个完整的系统程序,这就是包括界定问题、制定计划、采取行动和评估结果四个步骤的活动系统,所谓"公关四步法"。这种系统理论影响和规范了在这之后的几乎所有的公关实践。

"相互调整"理念的提出,除了得益于系统论等新兴科学成果之外,还是对战后时代的公关实践活动的总结。战争中公共关系很好地展示了它在增加平民对政府的支持中的有效作用,还有种种新的传播方式和技巧。战后美国的经济和社会又面临新的问题和挑战,还由于"凡能渡过那场经济危机的组织,皆因其公共关系的良好"的说法,增加了对公共关系的要求,加上电视这一权威传播媒介的出现,公共关系开始蓬勃发展,逐渐走向成熟。它表现在:

第一,公关机构稳定发展,公关主体的多样化。机构类型包括了组织内的公关部门、独立的公关公司和地方或全国性的公关协会,同时不仅是类似产业界的营利性组织成为公关的主体,但凡与公众有着密切联系者,都在这期间加入了公关主体的行列。它们包括政府、学校、医院、教会、慈善机构、军事组织和各种社会团体等,甚至还涉及某些组织的个人代表。这表明对公共关系的意识,已从传统的帮助获取经济利益转为更广泛的协调公众关系。

第二,公关教育和理论研究迅速扩展,公关实践逐步规范。涉及公关内容的学院、学院课程和学生的数量不断增长;公关的著作、文章和杂志繁多;研究公关实践的理论的广度和深度都在扩展。公关理论的系统化促使公关活动也走向职业规范化,这时对公关活动的范围、对象、原则、程序及职业道德都做出了具体的规范要求。

第三,公关实践的全球化进展。当代公关实践全球化的直接推动力是全球化信息时代的到来,人类的全球性的密切联系和全球性的多媒体传播工具使公关全球化有了需要,也提供了可能。但达到公关全球化却是一个艰难的过程,其间,公众关系将变得更加重要和更为复杂。

(四)格鲁尼格时期——现代公共关系卓越传播时期

20世纪80年代中期,著名的公共关系学者、美国马里兰大学新闻传播学院教授詹姆士·格鲁尼格历时数年研究,提出了"卓越公共关系"的新见解。这一思想的提出将公共关系学提升到了一个新的高度,也使格鲁尼格教授成为美国公共关系界的领军人物。

他认为公共关系工作应成为组织战略规划的一部分。组织的公共关系人员应参加组织的战略管理,帮助组织了解影响组织目与任务的环境。公共关系人员在组织的决策层中有发言权或向组织最高管理者报告的权利。高级公共关系人员应属于拥有实权的决策层或可以随时接近这个群体。公共关系工作须由专门的管理人员来承担,而不是由技术人员来担当。

公共关系部门应具有独立性,不应从属于其他管理部门之下,只有明确其独立性,才能发挥其支持其他部门工作的作用。公共关系部门应具有将组织营销整合的协调职能,使该组织的运转更具效率。

卓越公共关系强调平衡性,这是卓越公共关系最突出的特点。公共关系工作应建立在调查的基础上,社会组织要与公众平等沟通,不断增进彼此了解,它不仅要改变公众的行为,而且也要改变组织的行为,这使卓越公共关系最终超越了公共关系历史上新闻代理、公共信息、双向非平衡三种模式,形成了双向平衡的第四种模式。在1984年他出版的《公共关系管理》一书中,提出了公共关系实践的四种模式,这四种模式分别为:(1)新闻代理型模式,这种模式旨在通过新闻宣传制造轰动效应,以吸引公众的注意力,传播性质为单向;(2)公共信息型模式,它偏重于经常性地对外发布信息,传播组织的真实情况,以便公众了解组织,传播性质也为单向;(3)双向非对称型模式,这种模式的目的在于通过科学方法,诱导和劝服公众接受组织的有关观点,并进而支持组织的行为方式,此模式传播性质虽为双向,但其在组织和公众之间的效果并不平衡,相对来说只有利于组织,公共关系工作人员作为信息提供者,吸收公众的反馈意见仅为提高诱导、劝服公众的有效性;(4)双向对称型模式,它强调对话,注重坦诚、完整、准确的双向交流,目的是促进相互理解,其传播性质是双向性的,且在组织和公众之间的传播效果是平衡的。

三、公共关系形成的历史条件

从某种意义上说,公共关系的产生是历史的必然,这种必然性隐藏在社会本身的发展之中。现代公共关系是现代社会的产物,即现代的社会组织、现代的公众、现代的公众关系和现代的社会目标造就了现代公共关系。但其最深刻的最直接的原因是公众的变化,即当独立的、自主的和理性的公众的社会地位和重要性的大大提高,足以影响组织的生存和发展时,现代公共关系应运而生。总之,公共关系产生于重视公众的历史背景,而这种条件是社会诸方面相互影响的产物,具体包括以下几方面:

(一)民主政治

政治生活的民主化,极大地提高了公众的地位、作用和自主意识,为公共关系的产生提出了需要,也提供了实践的舞台和条件。

社会政治生活并不仅仅关乎某些政治风云人物,它几乎涉及所有的民众,它的影响因而广泛而深刻。民主政治是我们时代的主题,它强调人人平等,较之君主政体的森严等级,民众的社会地位大大提高。民主政体下的总统与其公民基本上是平等的关系,全民选举产生总统,公民可以弹劾总统。政府的公众关系决定了其自身的生死存亡。而面对具有一定自主意识的独立的公民,挥舞大棒或其他强制行为皆行不通,唯有喋喋不休地说服才是上策。由此,研究和运用说服公众的传播技术,开展有效的公共关系活动成为一种需要。

民主政治同时也提供了公共关系的重要的实践条件。在各种形式的民主政治活动中,比如在总统竞选活动中,在政府的政策制定和告知公众的过程中,人们都在一定程度上实践着对公众的传播说服技术。于是,把有效的说服公众的需求付诸传播实践,从实践中总结出一般的理论,公共关系在政治舞台上获得了形成的必要的条件,又在一定程度上展示了自己的力量。更重要的是,在公众的民主政治参与过程中,普通民众的社会地位和社会作用都大大提高,公众的自主意识和能力也得到加强,它反过来又会促进政治民主化的发展。总体而言,现代政治生活的民主化通过影响社会的人与人之间的地位和相互关系,进而迫使相互关系的目标和协调手段发生变化,成为以有效传播作为主要手段、追求公众理解为目标的公共关系的形成的直接的社会条件。

(二)市场经济

与社会政治民主化进程同时进行的是社会生产方式的变化和经济水平的提高。现代的工业化大生产不同于自然经济,它在经济结构和经济体制上发生了根本的变化。这反映在人与人之间的关系上,如费孝通先生所言:“现代城市的特点之一就是不熟识的人要在一起生活。”即人和人之间的关系不再是传统的血缘或地缘的等级关系,而是平等交换的关系,在这种关系中,组织和公众相互对立又彼此依赖。伴随着生产力的提高,商品经济的发展和市场体制的完善的过程,同步进行着组织对于公众的依赖日益增强,这迫使组织关注并致力于良好的公众关系。现代公共关系因此在经济领域也有了产生的需要和条件。

经济领域的深刻变化,从两个角度影响了公众关系。其一是造就了公众自身的完善。在现代的经济方式之下,公众眼界开阔,受教育程度普遍提高,因而他们的独立自主意识和整体的知识、能力水平较以往时代有了极大的提高。这就使组织在缓解与公众的紧张关系时,必须选择公众能接受的非强制性的即公关的手段。所以,公共关系是某种意义上的被迫。其二是公众对于组织而言的重要性不断加强,公众人数众多,布局分散。商品经济的发展,使资本走向集中,垄断的经济组织体现较强的整体性。同时,经济的发展改变了商品的短缺现象,从而使卖方市场转而变成了买方市场。处于买方的社会公众对于整体的组织所形成的信誉形象的了解、理解和支持,直接决定了该组织的生死存亡。这意味着公众对于组织而言的重要性不断加强,公众主导时代到来。以往资本的极端利己主义无法继续生存,20世纪30年代的世界经济危机就是最好的清醒剂。同时,资本在世界领域的扩展,组织面临的公众人数众多、布局分散,使公众关系的调整表现出一定的困难,迫切需要有专门的人员用专门的技术完成这一任务。如果从经济全球化的趋势来看,这种需求更为迫切。

如果说政治民主仅仅造就政府和民众的公共关系的话,经济发展所形成的公共关系就涉及更多的公众。经济组织不仅要考虑内部员工和消费者、顾客的需要,还要考虑与媒介、社区、政府,包括同行公众的关系。来自任何一方的批评都不能置若罔闻,谁忽视公众,公众必将抛弃它。

(三) 人性关怀

美国文化体系中有三个突出的特性,即个人主义、英雄主义和理性主义。个人主义使美国人富于自由浪漫的色彩;英雄主义使美国人崇拜巨头伟人,富于竞争的精神;理性主义使美国人注重严密的法规,崇尚教条、数据和实效。科学管理的鼻祖泰罗的思想、制度便是理性主义的典型代表。泰罗制的核心是通过"时间和动作分析",强调对一切作业活动的计量定额,强调严格的操作程序,甚至连手足动作幅度、次数等都要计算限定,"人是机器"是这一时期最典型的代表性口号。这种制度将人视为机器的一部分,颠倒了人和机器的关系,使手段异化为目的。这种机械唯理主义的管理,虽然短期内取得了显赫的高效率,但同时也促使阶级矛盾与劳资矛盾日趋尖锐激化,孕育着社会危机与动荡不安,也孕育着社会文化意识的嬗变。在严峻的现实面前,人们逐渐意识到纯理性文化的局限,人文主义重新抬头,在管理中注重人性、注重个人的文化观念迅速获得人们的认同。

20世纪20年代,哈佛大学教授梅耶在著名的"霍桑实验"中提出的"人群关系理论",便是人性文化逐渐抬头的有力体现。此外,大众传播的发展和社会化大生产的发展,也对尊重个人隐私但又互不相关的这种过于狭隘的美国传统文化形成冲击,使社会生活、社会交往更趋开明化、开放化。这种尊重人性的、人文的、开放的文化,正是公共关系得以萌生及成长的土壤。

（四）科技变革

科技的发展是双刃剑，它既为提供完善公众关系的先进的理论和传播手段做准备，又在某种意义上影响限制了人们的交往，从而加强了沟通的需要，是公共关系产生和发展的必备条件。

从公关的物质手段而言，科技提供了先进的传播手段，尤其是大众传播手段。科技从而成了公共关系的直接条件和推动力。现代科技理论的物化，产生了从电话、电报到印刷、广播、电视，以至计算机、因特网等传播手段，这些工具的广泛使用，为公共关系超越个体传播的狭隘范围奠定了坚实的基础。没有这些有力的群体和大众传播媒介的支撑，要设想对庞大的公众进行沟通几乎是不可能的。

第三节　公共关系在世界范围内的发展及趋势

20世纪20年代末，公共关系首先在美国继而在世界范围得到迅速发展。随着世界科技的进步和商品经济的发展，公共关系作为一种现代经营思想迅速传播开来。第二次世界大战以后，公共关系随着商品经济的发展、社会分工和专业化的推进，日益成为一种现代管理方法和专门职业。现代公共关系思想和公共关系实践进入中国，应以20世纪60年代公共关系登陆我国香港、台湾地区为开端，而内地则到20世纪80年代初才开始引进。

一、公共关系在世界范围的传播及其趋势

20世纪20年代，公共关系开始传入英国。1940年，公共关系传入加拿大。第二次世界大战后，公共关系被推广至欧洲与亚洲。20世纪40—50年代，欧洲的几个主要资本主义国家先后成立了全国性的公共关系组织。其中最大的是1948年在伦敦成立的英国公共关系协会（IPR），它拥有英联邦的50多个国家和地区的2500多名会员。1955年，国际公共关系协会（IPRA）在伦敦成立，当时拥有20多名会员，发行了《国际公共关系协会通讯》和《国际公共关系评论》两本杂志。随着会员的不断增加，它变成了世界上最大的公共关系协会。现在，这一组织已经在全球60多个国家或地区拥有1000多名会员，具有世界性的影响力。1946年，公共关系在法国崭露头角。法国在发展公共关系时，一开始就将公共关系视为一门学科，在大专院校设立公共关系专业，培养高素质的公关人才。1955年，法国公共关系协会成立后，现代公共关系在法国得到迅速发展。同时，德国、意大利、荷兰、挪威等欧洲国家的公共关系也迅速地发展起来。到了20世纪70年代中期，各种公共关系机构在英国大约有5400多个。1959年，比利时成立了由比利时、英国、希腊、荷兰、德国等国参加的欧洲公共关系联盟（CEPR），它在目前欧洲公关组织中拥有142个以上的集体会员和数百名个人会员。

公共关系在亚洲的发展是从日本开始的。1947年,公共关系传入日本,作为一种独立的行业在日本发展起来。日本的公共关系专业机构在日本产品占领国际市场的竞争中发挥了重要作用。

20世纪50年代以后,公共关系的思想和实践开始传入第三世界国家,在东南亚、拉美和非洲各国生根开花。50年代初,中国香港地区政府设立了公共关系部,一些企业纷纷效法,使公共关系成为企业经营过程中的重要管理方式。在中国,公共关系随着我国改革开放步伐的加快而萌芽、兴起和稳步发展,50年代末至60年代初,中国台湾地区就开始全面推行公关管理,1956年,各级县政府建立公共关系部,并通过了《公共关系管理原则》。20世纪60—70年代,中国香港、台湾两地区的公共关系已进入职业化阶段。20世纪50年代以来,公共关系的理论研究与实践结合日益密切并日趋成熟,经过广泛传播,公共关系学开始走向世界并成为一种全球现象。

美国人在进行国际公关实践的同时,也把公共关系作为一种职业、一门学科带给相关的世界各国。但由于世界各国的社会背景不同,每个国家都拥有自己的政治、经济条件和特殊的公众关系,又依赖着本国的文化传统,因而现代公共关系在各国的引入、展开状况是不平衡的。每一个国家的公共关系都体现出独特性,具有独特的公关内容、方式和服务范围。我们可以肯定的是:作为一种外来的观念和实践,公共关系在各国的展开都打上了本国国情的烙印;公共关系的内涵也因为与本国文化的相互融合而具有了民族或国家特色。

随着世界范围新技术革命的兴起以及经济、政治、文化生活一体化程度的不断提高,公共关系从20世纪60年代起有了世界性的大发展。概括起来讲,公共关系在这一发展过程中大致呈现如下几种趋势:

(一)职业化程度日益提高

自1903年艾维·李创办世界上第一个公共关系事务所以来,公共关系作为一种全新而独特的社会职业已得到很大发展。公共关系在社会各个行业和领域中发挥着越来越重要的作用,并逐渐从其他经营管理职能和行业中分化出来,成为一种越来越受人们尊重和向往的独立的社会职业。据一项调查报告显示,美国的公共关系从业人员认为,自己的职业地位不低于物理学家、律师、工程师和大学教授,而且还高于飞机驾驶员、新闻记者、广告设计师和商品推销员,这表明公共关系职业已成为具有社会公认的实践技术、技巧和范围的独立领域,因而越来越成为一种不可缺少的独立的职业,成为社会必不可少的重要职能部门。

(二)国际化趋势日益增强

随着世界政治、经济和科学文化一体化趋势的日益加剧,不同国家和民族相互之间在政治、经济和文化等各个领域中的沟通和联系也不断加强,这也促进了国际公共关系事业的蓬勃发展。国际性的公共关系公司和国际性的公共关系协会纷纷建立,国际公共关系业务往来也在不断增多,公共关系在各种国际事务中发挥着越来越重要的作用。随着全球化的信息交流,跨国公司持续发展,公共关系活动范围不断扩大,开展全球化的公共关系趋势已渐成气候。

(三)技术手段日益现代化

随着现代科学技术的迅速发展,公共关系作为一种智力密集型职业,其工作手段也不断现代化。尤其在一些发达国家,公共关系工作人员竞相运用电子技术、通信卫星等现代化大众传播媒体和信息传播手段,使用计算机储存、分析调查资料,进行市场和环境预测,从而大大提高了公关工作的科学性和有效性。

(四)社会管理功能多元化

公共关系作为一种专门的职业最早产生于美国的工商企业界,并最先在经济领域发挥其重要的管理功能。随着公共关系自身的发展以及社会对其客观需求的不断增长,它已在越来越多的社会组织中发挥着广泛而具体的管理作用。如今,公共关系已不再局限于工商企业等各种形式的营利性社会组织,它已经在社会的其他领域和各种非营利性组织中发挥着重要的作用。因此,现在不仅有企业公共关系和服务行业公共关系,而且还有政府公共关系、宗教公共关系、科技公共关系、教育公共关系以及国际公共关系等等。这一切不仅增强了公共关系活动的针对性和有效性,而且也使公共关系在整个社会中发挥的作用愈加普遍和广泛。

(五)理论的科学化和系统化

自从伯纳斯开辟公共关系的理论化和科学化道路以来,在半个多世纪的历史发展过程中,公共关系理论已日臻成熟和完善。这主要表现在:一方面,公共关系理论在吸收其他各门具体科学成果的基础上逐渐实现自身的科学化,尤其是各门具体社会科学和人文科学的相关知识与理论为公共关系理论奠定了坚实的思想基础,诸如社会学、心理学、人类学、民族学、经济学、传播学、管理学和哲学等,都是现代公共关系理论赖以形成的科学基础;另一方面,公共关系理论在吸收其他科学理论的同时,已逐渐形成了一个较为完整的理论体系,从而使自身的多学科性、交叉性和边缘性建立在整体系统性的基础之上,这一切最终都增强了公共关系理论的实际指导作用。

(六)民族化和公共关系意识的普及化

任何理论只有为人们所掌握,才能转变成巨大的物质力量,而一种理论要为人们所掌握,就必须具有能为特定对象所接受的理论内涵和形式。由于每个民族都有其独特的文化传统、价值观念、风俗习惯以及特殊的社会心理,因此,公共关系理论只有汲取不同的民族文化精华并构建与此相应的理论形式,才能最终发挥其对实践的指导作用。事实证明,公共关系作为一种思想理论,之所以能在世界范围发挥重要的作用,就是因为它在与不同民族的思想文化发生相互作用的过程中能够实现民族化。与此同时,由于公共关系理论民族化趋势的增强,公共关系思想和理论为人们所接受的范围也在扩大,因而公共关系意识也出现了普及化的趋势。没有公共关系理论的民族化,就不可能使公共关系意识普及化,更谈不上公共关系理论对人们的各种社会行为进行实际指导。公共关系事业和公共关系理论的发展,有赖于公共关系的民族化和公共关系意识的普及化。

(七) 规模日趋扩大,影响进一步加深

在二十多年的时间里,公共关系活动和事业的规模都在不断扩大。由于公共关系事业的发展,对公共关系工作人员的能力和素质的要求越来越高,因而公共关系工作人员的培养和教育事业也得到长足发展。20 世纪 80 年代初,美国的公共关系公司就有近 2000 家。美国政府不惜工本,每年雇用公共关系人员 12000 多人,经费开支近 10 亿美元。与此同时,欧美其他各国及第三世界的许多发展中国家也都纷纷掀起了公共关系的热潮。公共关系不仅在工商企业界,而且在诸如工会、大学、宗教组织、政府机构乃至立法和司法机关等,都得到了广泛的关注和应用。

除了上述的大趋势,从公共关系实务上来讲:公共关系以职业化为基础,复杂的竞争对公共关系从业者提出了更高的要求,必然促使公共关系主体的品牌化;互联网的迅速发展及其应用的创新与普及,使网络媒介与传统媒介相比有巨大的优势,公关业务的网络化成为大势所趋;公共关系应用领域宽广,面对不同类型组织的需求,必须整合信息、市场、政府、媒体、人力等各类资源,同时综合运用多种传播手段,实现公共关系整合化运作将是又一大历史趋势。

二、公共关系在中国的传播与发展

公共关系是 20 世纪 80 年代初伴随着我国的对外开放而进入中国大陆的。但早在 20 世纪 60 年代,我国台湾和香港地区经济迅速发展时期,现代公共关系便已经传入台湾和香港并得到较快的发展。特别是在香港地区,一些跨国公司在其分公司内部设立公共关系机构,聘用受过专业训练的人员从事公共关系工作,他们开展的公共关系活动一般具有比较高的水平。此后,各个企业、酒店和宾馆纷纷设立了自己的公共关系部门,社会上涌现出一批公共关系专业公司,公共关系从业人员迅速增加,公共关系以其独特的社会作用在香港产生了良好的影响。

公共关系在港台地区的健康发展,为其传入中国大陆创造了良好条件。公共关系传入大陆后,呈现出由沿海向内地、由城市向村镇、由外资企业向国有企业、由服务行业向工业企业、由企事业组织向政府各部门逐步发展的格局。公共关系在中国大陆的发展,大致经历了以下三个发展阶段:

(一) 引进、探索时期: 20 世纪 80 年代初—1991 年

公共关系在中国大陆的引进时期是 20 世纪 80 年代初期至中期。1980 年,深圳、珠海、汕头、厦门被划为经济特区。公共关系作为一种经营管理技术,首先在这些开放城市的合资企业中出现。深圳、广州、佛山、北京等地的一批中外合资企业和外商独资企业按

照海外母公司的管理模式,设立公共关系部。这些企业的公共关系部经理多数由在海外受过公共关系专业训练的人员担任。广东电视台以当时的公共关系活动为背景拍摄了电视连续剧《公关小姐》。该剧在全国的上映,对于普及公共关系知识、扩大公共关系影响起到了重要作用。1984 年 9 月,广州白云山制药厂率先设立公共关系部,在开展公共关系实务方面进行了大胆而有益的尝试。《经济日报》为此专门刊发的通讯和社论还引起了几十家报刊讨论,促使公关在国企纷纷上马。1984 年 10 月,跨国公共关系公司希尔·诺顿公司在北京设立了办事处。新闻媒介的报道对于人们正确地认识、了解和接受公共关系以及公共关系在中国的传播也起到了积极的作用。

公共关系在中国的迅速兴起是在 20 世纪 80 年代的中后期。当时,随着我国改革开放的逐渐深入和社会主义市场经济的迅速发展,公共关系在我国呈现出蓬勃兴起的局面。

公共关系在中国的迅速兴起主要体现在公共关系公司、公共关系协会的成立,公共关系教育培训的起步,公共关系理论研究的开始以及公共关系实践活动的广泛开展等几个方面。

随着改革开放的步伐在 80 年代中期进一步加快,1985 年,世界上影响最大的两家公共关系公司——伟达公司和博雅公司先后进入我国。同年 8 月,博雅公关与中国新华社所属的中国新闻发展公司签订协议,共同为在我国从事贸易的外国机构提供公共关系服务。中国新闻发展公司为此成立了中国环球公共关系公司,这是我国第一家公共关系公司。1986 年 1 月,中山大学在广州成立了我国第一个公共关系研究会;同年 11 月,我国第一个省级公共关系协会——上海市公共关系协会成立;1987 年 5 月,全国权威性的公共关系社团组织——中国公共关系协会在北京正式成立。此后,全国各大中城市相继成立地方性的公共关系群众社团和学术组织,这些学术团体积极开展公共关系的研究活动。1991 年,中国国际公关协会成立,协会成立后,联络国际性、地区性、全国性的公关组织以及学术团体,通过学术交流增进彼此间的相互沟通、了解与合作,为推进中国公关事业的发展做出了重要贡献。同年,《中国公共关系职业道德准则》正式颁布,这两个里程碑式的事件是国内公关业走向职业化和规范化的关键一步。

由于公关实践的迫切需要,相关译著、教材和专业报刊在 80 年代中后期纷纷亮相,公关职业教育也从讲习班逐渐登上各大高等院校的讲坛。1985 年 1 月,深圳市总工会率先创办了公共关系培训班,开我国公共关系教育之先河。同年 6 月,北京大学研究生院举办公共关系讲座。全国各地的大专院校、企业和社会团体,也相继在不同的地区和范围内开办了各种形式的公共关系培训班。1985 年 9 月,深圳大学首先增设了公共关系专业。此后,中山大学、国际关系学院等近百所大学相继开设公共关系课程,从而使公共关系这种全新的思想观念和理论知识在高等学校得到迅速传播和普及。

80 年代后期,一批有识之士开始结合中国政治、经济、文化的特点探索中国公共关系的理论问题。1986 年 11 月,中国社会科学院新闻研究所公共关系课题组编著的《公共关系学概论》率先问世；英国著名公共关系专家弗兰克·杰夫金斯的著作《公共关系学》被译成中文出版。1988 年 1 月，中国第一家公共关系专业报纸——《公共关系报》在杭州创刊；1989 年 1 月，中国第一份公共关系杂志——《公共关系》在西安创刊，向国内外公开发行，在我国理论界掀起了一股研究公共关系的热潮。据不完全统计，从 1986 年底到 1989 年底，在这短短 3 年的时间里，我国正式出版发行的各种公共关系教材、专著、译著达到100 多种。

在公共关系的迅速兴起时期，由于具有中国特色、适合中国国情的公共关系理论尚未建立起来，而引进的国外的公共关系理论又不能有针对性地指导中国的公共关系实践，这种由于理论落后于实践而导致的偏差与误解，使得公共关系领域出现了机械模仿、良莠不齐、鱼龙混杂等现象。这些问题不同程度地影响了公共关系事业在我国的正常发展。但同时也应该看到，这一时期在理论研究方面取得的成绩和进展，在实践领域的经验和教训，都将成为公共关系在我国稳步发展的基础和前提。

（二）发展、调整阶段：1992 年—1999 年

1992 年，邓小平南方谈话、中共十四大明确了建立社会主义市场经济体制的经济体制改革总目标，在体制松绑与行业积累的双重作用下，公共关系在我国进入了稳步发展时期，主要表现在公关实践活动取得明显成效，学术活动有序开展，理论研究贴近现实，专业教育和职业教育稳步推进等几个方面。

1. **实践活动和行业发展取得明显成效**

从 1992 年开始，以奥美、凯旋先驱、宣伟等公司为代表的一批外资公关企业瞄准了中国的发展机遇，纷纷以各种合作方式抢滩中国市场。1996 年，中国本土公关新生代的代表——蓝色光标公关公司在京诞生。整个 20 世纪 90 年代中期后，IT 产业的发展带动和催生了一批本土公关公司，除蓝色光标外，还有宣亚、迪思、灵思、海天网联等。正是由于这一代本土公关公司的成长，之后中国公关市场的中外实力竞争发生了变化，新的市场格局得以形成。

公共关系实践活动最早出现在宾馆、商场、饭店等服务性组织，接着扩展到生产性的企业，现在已经延伸到政府机关、事业团体、军事单位、宗教部门、慈善机构等各类社会组织，我国的公共关系实践活动已经遍及国际上公认的三大应用领域——政界、经济实业界、非营利性组织。

公关业的勃发在 20 世纪 90 年代初的中国社会曾经掀起过一股热潮。首先是中国公关协会在 1991 年、1993 年先后召开"全国十年杰出企业公关评优大会"和"中国最佳公共关系案例大赛"，定期表彰、研讨成功案例，对规范和提高公关人员的实际操作水平具有深远意义。开展公共关系活动的方式已从片面强调"轰动效应"、"出奇制胜"、只考虑近期影响等表面形式过渡到按科学程序办事、注重长期效果、具有科学理论指导、能够体现中国特色、经得起实践检验等特征，在不同领域的公共关系活动的成功案例在不断涌现。

2. 理论研究贴近现实，学术活动有序开展

公共关系蓬勃的行业发展带动了理论研究和学术活动热情。比如，1990年7月，中国公共关系协会学术委员会召开第一届全国公共关系理论研讨会，会议以"公共关系与社会发展"为主题。1997年8月下旬，中国公关协会在苏州召开了学术委员会四届一次（扩大）会议，会议以研讨中国公共关系基本理论问题为主题。以上会议都分别出版了论文集，记录了相关研究成果。产业的发展呼唤着中国公关的职业化。中国国际公共关系协会于1998年起开始了一年一度的公关行业市场调查，并于次年发布调查报告。1997年两家国家级公关协会——中国国际公共关系协会和中国公共关系协会联手启动了中国公关职业的论证工作。经过近两年的努力，于1999年诞生了为当时国家劳动和社会保障部正式认定的公共关系职业定义和标准，这无疑成了产业发展的助推器。职业化的基础是市场、产业，反过来职业化的进程又推动了产业的发展。

虽然，公共关系学作为交叉性学科，引进和构建的初期基本是原样移植、套用，但经过较长一段时间的消化吸收、分化整合，我国公共关系的研究已经形成适合我国现实情况、体现我国文化特色、具有独特研究对象的公共关系理论体系，主要体现在：注重理论与实践相结合、借鉴与创新相结合，突出特色、开拓领域，贴近现实、富有新意。

3. 专业教育与职业培训稳步发展

在我国，公共关系专业人才的培养有普通教育和成人教育两种方式，有专科、本科、研究生三个层次。就普通教育来看，1994年经国家教委批准，以中山大学公共关系专业为本科试点，授予公共关系学士学位，该专业的毕业生颇受社会欢迎。从成人教育的自学考试来看，1999年，国家教委将自学考试开考的400多个专业压缩到224个专业，并将其中适应性强、覆盖面广的66个专业列为全国统一计划、统一命题的专业。公共关系专业不但被保留下来，而且列为全国统考专业，从2002年开始完全执行新的考试计划。这些事实说明，我国政府已经开始重视高层专业公关人才的培养，这将有利于我国公关事业的正常发展。

（三）职业化、突破期：1999年至今

1999年国家劳动和社会保障部将"公关员"列入《中华人民共和国职业分类大典》为标志，中国公关业正式进入职业化阶段，公共关系的职业化在我国也取得了突破性的进展。职业地位得到确认后，行业规范问题日益受到重视，2004年颁布的《中国公共关系顾问服务规范》促使中国公关业朝规范化的方向迈进。

2003年1月1日，由中国国际公共关系协会制定的《会员行为准则》正式实施，这是中国首部较为完善并付诸实施的职业行为准则。同年，中国国际公共关系协会新成立的公关公司委员会起草制定了它的第一个文件——《公关咨询业服务规范》（指导意见），它对于规范公关服务市场和从业人员行为以及促进行业持续、健康发展具有重大的历史意义。2006年9月3日，中国国际公共关系协会公关公司工作委员会又审议通过了《行业自律公约》，该准则涉及信息传播、客户关系、媒介关系、商业保密、同业竞争、人才流动、共

同利益等七项行业基本原则。

同时,中国政府把公关理念和运作方式运用到政府形象建构和国际关系等领域中,政府公关成为这一阶段的重要特征。此外,国际公关、危机公关、网络公关的发展也促进了中国公关市场的扩大与成熟。

政府公关的全面启动是这一阶段的主旋律。过去,中国政府的公关意识并不强烈,直到香港、澳门回归,博鳌亚洲论坛召开,尤其是北京申奥成功和上海获得 2010 世博会主办权等一系列重大事件的发生,使中国政府意识到政府公关对国际沟通和政府形象传播的深远意义。2000 年以后,政府越来越重视国家机关工作人员的公关意识普及,多次邀请著名高校和公关公司的高级顾问为中央及各省市党政机关人员企事业单位人员进行讲座,并把公关培训课程设立为公务员培训的常规项目。伴随着互联网技术的高速发展,中国政府建设电子政务也是这一阶段政府公关的重要内容。从最早处理政府内部公关的"政府上网工程"到 2006 年中央政府门户网站正式开通,中国政府网站的框架体系基本完成,政府与公民的联系得到有效加强。2007 年,国内专家引入旨在提升国家形象、传播中国文化的"国家软实力"的新概念,此后北京奥运会和上海世博会的顺利举办,正是中国政府在运用公共关系提升国家软实力方面的成功探索,也为公关在中国的发展拓宽了空间。

危机公关也是这一阶段的主题之一,其出现源于一次公共卫生危机。2003 年春,广东爆发"非典"疫情并旋即向全国其他地区传播。由于政府当时没有及时向公众发布真相,导致谣言四起,社会恐慌。直到当年 4 月政府意识到隐瞒真相延误了处理危机的最好时机,才通过卫生部召开新闻发布会向公众发布最新疫情,成为中国政府在处理危机问题上从严密封锁到开诚布公的转折。此后,中国政府开始重视建立突发事件应急机制,政府新闻发言人制度也是从此时真正得到重视。"非典"过后,危机公关也被企业提到组织管理的高度来认识,尤其是宝洁、肯德基等国际知名品牌接连遭遇危机,这使企业深刻意识到企业的竞争力不只是经济实力而更多的是管理实力,建立突发危机管理机制遂成为当前企业公关的重要课题。

这一阶段还值得注意的是,公关业的快速发展和国际化程度提高并促进了公关市场体系的健康发育。一方面,新一批国际公关公司在 2002 年进入中国,并针对中国的需求实施本土化战略;另一方面,早前依靠承接 IT 界业务成长起来的本土公司也向日常消费品、耐用消费品的公关业务转型。此外,本土中小型公关公司也像雨后春笋般在全国范围内涌现,从一线城市向二三线城市推进寻求生机。2010 年 2 月 26 日,中国公关业的领军企业——中资本土公关公司蓝色光标作为中国公关业界第一股成功在深交所创业板上市,2012 年该公司年报显示当年公司营业收入已达 21.75 亿元人民币之多,其中公关业务的营业收入达 11.87 亿元人民币,其营业额和收入已远超在华任何一家外资公关公司。根据全球权威公关行业资讯机构《霍尔姆斯报告》(The Holmes Report)2013 年发布的年度调查数据,亚太市场引领全球公关市场增长,中国本土公关公司——蓝色光标则在全球公关公司榜单中,跃升至第 19 位,进入全球 20 强,继续蝉联亚洲最大的公关公司,同时以公关业务 38.9％的增长率在 20 强中继续排名第一,成为增长最强劲的公关公司。

职业化进程同样带动了公关教育的正规发展。在这一阶段,公关教育逐渐形成学历和非学历并存的局面,从业余培训、大学本科教育到研究生培养,为社会输送了大量不同层次和类型的公关专业人才。

截至 2013 年全国设置有公共关系学本科专业的高校为 18 所,其中 211 高校(含 985 高校)8 所。招收公关专业硕士研究生的高校有 4 所,设置公关方向招收硕士研究生的高校有 8 所,招收公关方向博士研究生的高校有 4 所,建立了本、硕、博层次完整的人才培养体系。公共关系学专业学生就业率高,2013 年浙江传媒学院、大理学院、华东师范大学、上海外国语大学等院校,公共关系学专业学生就业率位居本校前三名。此外,高校中最为普遍的公共关系教育方式是开展公共关系课程教育,即众多高校更乐于把公共关系教育定位为素质教育范畴,希望通过开设公共关系方面的必修或选修课程,可以帮助提高大学生的沟通协调、活动策划、形象管理能力。

除了上述公共关系学本科专业教育、研究生层次公共关系教育以外,还有公共关系本科方向教育、公共关系学第二学士学位教育、公共关系专科专业教育、高等教育自学考试、公共关系专题培训(面向公务员和企事业管理人员)、公共关系职业培训(面向公共关系从业人员和潜在从业人员)等等多种公共关系教育类型。

阅 读 资 料

2013 年中国公共关系行业发展分析

2013 年,中国公共关系市场继续保持稳定增长。据调查估算,整个市场的年营业规模约为 341 亿元人民币,年增长率为 12.5％左右。调查显示,TOP25 公司的年营业额增长达到 10.3％,略低于行业平均增长速度。相比上一年度,行业增长速度有所放缓,这表明公共关系行业也受到了整体经济增长放缓的影响。随着新媒体时代的来临,公共关系业务正在发生结构性变化。传统公关形态业务增速放缓,而新兴公关业务(诸如数字化传播、新媒体营销等)出现了迅猛发展的势头。总体而言,作为新兴产业的公共关系行业,行业的成长速度仍然要高于整体经济发展的增速。

一、行业保持稳定增长态势,但增速有所放缓。通过对提交问卷的 80 家公司数据分析,2013 年无论是在营业额还是营业收入方面,都有一定增长。但相比上一年度,增速有所放缓,这与整体经济环境有密切关系。根据调查数据测算,2013 年度全行业营业额达到 341 亿元人民币,增幅约为 12.5％。

二、调查显示,2013 年度中国公共关系服务市场的前四位为汽车、快速消费品、制造业、房地产,市场份额分别为 25％、15.5％、7.5％、6.9％。与 2012 年相比,制造业、房地产市场,首次在本年度位列服务市场前四位;IT、金融和政府及非营利机构业务呈现明显的下降趋势,分别由 8.2％、6.8％、4％下降到 6.3％、3.1％、2.2％;通讯、医疗保健、互联网等其他行业均呈现稳步增长趋势。由此可见,2013年度中国公共关系服务市场服务范围越来越广,继续呈现出行业扩散化趋势。

三、汽车行业份额在经历大幅下滑后恢复快速增长。数据显示,2013年度中国公共关系服务市场中,汽车行业一扫2012年度的颓势,市场份额迅速增长,从2012年的19%增加到2013年的25%,尽管这个数字还没有达到2011年的32.9%,但依然占据整个行业市场份额的1/4。这表明,汽车行业在经历中日关系低潮影响后,开始恢复增长。

四、2013年公共关系市场业务分布较为均衡。数据显示,通讯、医疗保健、互联网等其他行业均呈现稳步增长趋势。尽管IT、金融和政府及非营利机构业务呈下降趋势,但依然占据了一定的市场份额。这表明,中国公共关系市场业务呈现均衡分布格局。

五、新媒体环境对公共关系市场产生明显影响。随着数字化时代的到来,传统公关业务增长放缓,个别公司此类业务甚至出现停滞或负增长的现象;而快速整合传统公关和数字传播的新型业务则保持了迅猛的增长势头,部分公司此类营业收入比重甚至占到了一半。这表明,公共关系市场与传播环境的关系越来越紧密,公关公司必须适应传播环境的变化,实现转型并寻找新的机会。

六、国际公关公司继续加大在华战略布局。随着中国经济占全球比重的不断增加,2013年国际公关公司继续加大在华拓展力度,它们继续在一线和二线城市尝试开展业务。调查显示,本次参与调查的国际公司的营业成本控制较好,个人平均绩效很高。另外,这些公司的年签约客户数及连续签约客户数非常稳定,均在40家以上。这表明,国际公关公司在客户资源和专业化服务水平有其独到的优势,国际公司和本土公司互相竞争的趋势也将更加明显。

七、中国公关行业面临的挑战与机遇。首先,人才问题仍然是影响行业发展的瓶颈。由于行业整体稳定增长带来的人才需求,与2012年相比,中国公关市场人才专业化问题并没有得到缓解。人才频繁流动、无序流动、供需脱节等问题依然困扰着公关行业。调查显示,公关行业人力资源成本上升较快,也影响了公关公司的营业收入和业务拓展。除人才外,资金也是制约从业公司做大做强的因素之一。第二,把握公关行业的趋势。目前的公关行业开始呈现一些新的趋势,如公关与广告的边界开始消失,业务出现竞争。另外,大数据时代来临,业务模式会发生相应的变化。因此公关行业在业务模式、管理方式、新媒体应用等方面,都需要不断地进行创新,进一步提升行业的整体水平。第三,随着行业逐步走向成熟,行业集中度的趋势开始进一步显现。行业强势公司依靠资金优势和规模优势,市场份额进一步加大,体现了强者恒强的竞争格局。行业的兼并整合趋势,未来将会进一步加强。第四,展望2014年,公共关系行业仍将保持稳定增长势头。调查显示,80%的公司看好2014年的公关市场。未来的房地产、通讯、医疗保健、互联网,特别是城市的公共关系服务需求将成为新的增长点。为了更加积极地推动中国公共关系行业的可持续和健康发展,中国国际公共关系协会将继续推进公共关系行业的专业化、规范化和国际化建设；继续加大力度，提升行业的社会影响，改变社会对公共关系行业的负面认知；继续与政府相关部门沟通，让政府更加重视公共关系的作用，并使行业获得应有的地位；继续推进公共关系的业务整合和资本运作，推动更多的优秀公关公司做强做精；鼓励它们在通过创新模式、兼并收购等手段发展壮大的同时，承担更多的行业责任和社会责任。

（资料来源：中国国际公共关系协会. 中国公共关系业 2013 年度行业调查报告[J].国际公关，2014(3)）

中国的公共关系是前三十多年改革开放——包括政治、经济、文化的产物，新一轮中国全面深化的改革，必将对中国公共关系产生重大影响。面对国际国内经济市场发生的变化和中国社会进一步变革的需求，中国公关业进入一个结构调整期。中国公共关系如何从经济市场领域走向更广泛的社会治理建设领域，如何从企业服务领域走向公共服务领域，如何在政府公关、民意沟通、危机管理以及国家软实力建设、公共外交等领域发挥更大的作用，尚有巨大空间和潜力。

互联网技术的更新换代，已令当今的 IT(Information Technology)信息技术时代，走向未来的 DT(Data Technology)数据技术时代。未来十年，信息技术数字化、数据化将对公共关系行业产生深远影响。整合运用传播手段和优化控制新媒体技术将是公共关系成功传播的主旋律。以移动电话、平板电脑为代表的移动个人终端成为公关运作的新媒介，它们的普及应用势必会把公关业带入又一个新时代。

2008 北京奥运会的成功举办，2010 上海世博会在上海的举行，都以世界级的国际公共关系理念和实践大大推动了中国公共关系实现跨越式的发展。伴随着中国经济的持续高速增长，在国际经济市场上的地位逐渐提升，其对世界经济的贡献正日益增大。越来越多的中国企业和品牌走出去，公共关系能发挥怎样的作用，中国公关市场如何与国际市场接轨，这都需要公共关系业界和学界进行前瞻性的思考和测量。

案 例 分 析

《三国演义》中的公共关系

《三国演义》作为古典文学名著，在中国文学史上占有重要的地位，其恢宏的战争场面描写，读来令人荡气回肠；栩栩如生的人物形象，几百年来家喻户晓，妇孺皆知。然而《三国演义》不仅是一部文学名著，也是一部公关参考书，它积存着丰厚的公关遗产，在今天仍然值得我们认真地学习和研究。

一、重民望，得人心，树立良好形象

在《三国演义》中，曹操、刘备都非常重视自己形象的塑造。可以说曹操事业上的成功，与他注重塑造曹氏集团的形象密不可分。《三国演义》第十六回中，刘备被吕布所逼，投往曹操,谋士荀彧、程昱建议杀掉刘备,曹操认为:"方今正用英雄之时,不可杀一人而失天下之心。"第二十三回中,祢衡赤身大骂曹操,曹操受辱却没有杀他,原因是"此人素有虚名,远近所闻。今日杀之,天下必谓我不能容物"。

组织形象问题是公共关系理论的核心问题。归根结底是为了塑造组织形象。

二、讲真诚,重信义,处好人际关系

在《三国演义》的描写中,人际关系最好的,要数刘备了。按说,论文武之道,临阵决战,刘备不及孙权;论谋略文才,刘备赶不上曹操,但他却能割据称雄一方,究其原因,"桃园精神"是刘备集团生存和发展的基础。所谓的"桃园精神",也就是以诚为本,讲究信义,同生死、共患难的精诚团结。

第四十二回中,曹刘交兵至新野,刘备的军队被曹兵杀得七零八落,赵云为救两嫂夫人和皇侄阿斗,在曹军中杀进杀出,血染战袍,最后保护阿斗到刘备面前。刘备接过阿斗,掷之于地,"为汝这孺子,几损我一员大将"。感动得赵云忙从地下抱起阿斗,泣拜曰:"云虽肝脑涂地,不能报也。"刘备的真诚于此可见一斑。以诚待人、礼贤下士是刘备的一项特长。刘备的以诚为本,换来了关羽、张飞、诸葛亮等人的精诚团结,患难与共。关羽的讲究信义,树立了自己良好的形象,被历代人所称颂。任何一个组织的生存和发展,都应遵守以诚为本,讲究信义的公关原则,为自己创造一个良好的内外部环境。

三、审时势,互惠利,注意横向联合

在《三国演义》中,作者描写了许多成功的公关策划,仅写诸葛亮的就有三分天下的"隆中对",赤壁之战的"孙刘联盟,共破曹军",七擒孟获时的"攻心为上,攻城为下;心战为上,兵战为下"等,这些成功的策划,全是建立在调查研究的基础之上,通过审时度势的分析而得出的。如果说"隆中对"是诸葛亮审时度势的结果,那么"七擒孟获""联吴抗曹"则是互惠互利、横向联合的典型事例。孟获是西南少数民族的首领,在当地夷汉人民中颇有威望。第一次交兵,诸葛亮就活捉了孟获,当孟获表示不服时,诸葛亮就放了他。这样六捉六放,当第七次生擒孟获时,孟获便彻底被感动了,他心悦诚服,垂泪言曰:"七擒七纵,自古未尝有也。""丞相天威,南人不复反矣!"自此南中平定。诸葛亮不灭孟获,使南中的夷汉百姓能够躲避刀兵之灾而平安生活,而南中又很快成为蜀汉政权巩固的后方基地,双方各得其所。而当曹操率百万之师南征,刘备、孙权都不足与之抗衡,在双方生存都遭到严重威胁的情况下,诸葛亮实施"联吴抗曹"之计,共同的利益使孙刘结成了联盟。在双方的共同合作下,赤壁之战大败曹兵,使曹操短期内无力再进兵江南,为三国鼎立奠定了基础。

(资料来源:http://kingsanjiao.blog.163.com/blog/static/11103519020115205228696)

结合以上案例,请思考:

1. 古代的公共关系活动的特点和局限是什么?

2. 历史和时代的变迁如何体现在公共关系思想和活动之中?

☞ **思考与练习**

1. 近代以来人类社会和关系发生了哪些根本变化,这些变化对现代行为方式有什么影响?

2. 列举中外历史上人们为调整关系所常用的方法和手段。

3. 现代公共关系为什么会首先出现于 19 世纪末 20 世纪初的美国?

4. 公共关系的产生和发展经历了哪几个阶段?各阶段的代表人物及主要观点是什么?

5. 三十多年来中国公关事业经历了怎样的发展过程?

6. 你认为中国公关事业今后的发展应主要解决哪些问题?

第三章
公共关系主体

☞ **学习目标**

1. 掌握社会组织和公众人物的概念和特征
2. 理解各类社会组织和公众人物的分类
3. 运用所学公众概念和理论观察、分析现实公共关系问题

公共关系包括主体、客体和传播三个基本要素。这三个要素相互依赖、相互制约、相互作用,是支撑公共关系的基本点。公共关系的一切活动都是由一定的社会组织引起、运行和操作的,因此,公共关系机构和公共关系人员便构成公共关系的主体。本章从社会组织的内涵、分类、公共关系机构和人员几个方面对公共关系主体进行了综合的阐述。

第一节 社会组织

一、社会组织的内涵

(一) 社会组织的概念

社会组织是人们有计划、有组织地建立起来的一种社会机构,它有领导、有目标,成员间又有明确的分工和职责范围,还有资源配置和一整套工作制度。

社会组织本身又是因社会分工的需要而建立起来的,社会组织所要完成的社会分工的任务就构成了社会组织的工作目的,比如工厂的目标就是生产和推销产品,学校的目标就是培养人才,贸易公司的目标就是搞贸易……目标是相对过程而言的,社会组织完成工作目标的过程就是通常所说的社会组织的运行,社会组织只有通过运行才能达到工作目标。比如工厂只有通过有组织、有计划的劳动等具体运行程序,产品才能生产出来;学校只有通过按教学大纲而组织的课堂教学、课外辅导等具体运行活动,才能培养出人才来等等。所以说,运行是社会组织的本质属性。

(二) 社会组织的特征

(1) 它是相对稳定的社会实体。不管组织中的人事如何变动,甚至高层管理人员如何更替,只要整个组织存在理由没有消失,组织将继续存在和运行。这种相对的稳定性,使人们有可能预测组织的活动和趋势。

(2) 组织的形成依据目标取向。任何一个社会组织的存在,都是为一定的存在需求,必然为实现一定的目的和目标。无目的和目标的组织是不存在的,不管这种目的是否有意义、是否是正确的。因此,组织的各项活动无不是围绕组织的目的和目标进行的。组织的总目标确定以后,组织内部的各部门为实现总目标而各自确定自己的分目标。这些分目标可能是有交叉的,但都是为组织的总目标服务的,同时组织的目标要适应环境的变化。如企业组织在其不同的发展阶段就有不同的目标,有的时期追求的是量,有的时期追求的是市场份额,有的时期更看中企业的形象。

(3) 它们都有一定程度的专业化的分工。为了达到组织的目标,通常要求使用具有一定专业化的技能,特别是在基础组织中,技术、劳动组织中高度专业化技能尤为重要,如国家的质量监察部门。

(4) 它们都有一套规范的章程和具有权威的领导体系以及合理的组织结构、制度和规则将组织中的人们的各种各样的活动结合起来,使之有序地、高效地发挥作用。

(5) 它们都具有一定的物质基础和技术设备,以维持组织的存在和发展。

二、社会组织的运行及其环境

社会组织是人们为实现某种目标而有计划、有组织地建立起来的一种社会机构。在社会机构内部,成员间有明确的分工和职责范围,有相应的工作制度。而这一切都是围绕着某种目标的实现而设置的。

目标是相对过程而言的。社会组织实现其工作目标的过程就是社会组织的运行,社会组织只有通过运行才能达到既定的工作目标。为实现一定的目标而采取的实践活动是组织存在发展的条件,没有一个共同的目标,组织就没有存在的必要性。如工厂的目标就是生产和推销产品,满足社会的需要;学校的目标就是为社会培养合格人才;商业企业的目标就是组织好商品流通,更好地为消费者服务。社会组织在实现自己的目标和满足社会需求的同时也就促使了本组织发展,相反的,一个组织如果失去或无法实现其确定的目标,那么它就不能在原来的意义上继续存在。如果一个企业的产品不能销售出去,资金不能周转,生产不能正常运转,那么它就会发生亏损,长期这样,这个企业就没有存在的意义,就要关闭或转产。

社会组织的运行是在一定的客观环境中进行的,它必然要涉及多方面的因素,而且其运行过程也必然是它与环境诸多因素不断发生关系的过程。事实上,每个社会组织都是环境的产物,环境可以提供的物资资源、人力资源和信息资源在很大程度上规定着组织的性质和范围,制约着组织工作目标的确定;社会组织运行的正常与否,往往取决于对客观环境的认识和把握。

要使社会组织的运行在一个良好的环境中进行,必须注意解决好环境的不确定性。环境不确定的实质,是社会组织的决策者对于环境信息的感知的不确定,因而缺乏关于影响组织决策的环境内容的信息。如果决策者获得的关于环境的信息是虚假的,就很难保证其决策不失误。如在"非典"初期,正是对信息把握的不准确使领导层在决策时没有做到及时化。

造成环境不确定性的原因是多方面的,就其本身而言,一是环境的动态性,二是影响因素的复杂性。所以,决策者要掌握准确的环境信息,就要多方收集,善于运用外脑,不能靠想象、靠估计来探索环境的变化。

社会组织是环境的产物,两者是相互影响、相互制约的。它们只有保持一种良好的动态平衡才能长久地存在下去。

三、社会组织的分类

社会组织是非常复杂的,因而对社会组织的分类也是复杂的。对社会组织类型的划分,有着不同的方法。有从社会组织的不同社会功能来划分的,有从社会组织的目标与受益人关系的不同来划分的,有从社会组织对其成员的不同控制方式来划分的,有从社会组织人数的多少来划分的,有从社会组织对环境的不同适应情况来划分的。

(一) 根据组织的目标及其活动内容划分

根据组织的目标及其活动内容把社会组织划分为经济组织、政治组织、文化组织、群众组织、宗教组织等五种类型。以我国为例分述如下:

1. 经济组织

经济组织是最基本的社会组织,它担负着向人们提供衣、食、住、行等物质生活资料的任务,它要实现其所有者和经营者的经济利益。

从经济形式看,经济组织包括国有经济组织、集体经济组织、个体经济组织、中外合资、外商独资以及各种股份制的经济组织;从不同的社会功能看,经济组织又可分为生产组织、商业组织、金融组织、交通运输组织、服务性组织等。无论从哪一个角度上划分出的经济组织,其所要承担的公共关系任务在总目标上是一致的,那就是要建立一个良好的组织形象,争取更多消费者、公众的支持,以便在市场经济的活动中能不断得到发展壮大。

2. 政治组织

政治组织包括政党组织、国家政权组织、国家武装力量组织和国家司法机关等。它代表着占统治地位的阶级的利益,为其提出奋斗目标,制定方针政策,组织社会经济文化建设,保卫国家政权,处理与他国的关系。

在我国,政党组织包括中国共产党和其他各民主党派团体;国家政权组织主要是各级人民代表大会、中央和地方各级国家政权机关;武装力量组织包括中国人民解放军、武警和公安;国家司法机关包括人民法院和人民检察院。政治组织所要履行的公共关系任务是,力争在全国人民心目中树立一个良好的领导者、管理者、保卫者和服务者的形象,以便得到广大民众的拥护、理解和支持,完成其政治职能。

3. 文化组织

文化组织以满足人们的文化需求为目标,以从事文化活动为其基本任务。所有的文化艺术团体、教育科研单位、医疗卫生部门都属于文化组织的范畴。文化组织的公共关系任务与经济组织不同。它不以为组织谋取经济利益为主要目的。它的主要任务在于,塑造优秀的精神文明建设者和文化教育事业服务者的形象,争取社会尽可能多的人民群众的支持关心和参与。但不能就片面地认为,文化组织就不能有经济行为,就不能有收益,这种经济行为是组织能长期存在的物质保证,但不是组织存在的目的。

4. 群众组织

群众组织的任务是广泛团结社会各阶层、各领域的人民群众,代表他们的利益,了解他们的意愿,反映他们的需求,组织他们开展多种社会活动。工会、共青团、妇联、文联、科协以及各种事业协会、学会等都属于群众组织的范畴。群众组织的公共关系任务是,在群众心目中树立自己是社会利益和群众利益的忠实捍卫者的形象,求得社会各方的支持,日益扩大群众组织活动的规模和范围,有利于社会的和谐发展。

5. 宗教组织

宗教组织是以某种宗教信仰为宗旨而形成的组织。宗教组织的任务是依据宪法,贯彻宗教信仰自由的政策,帮助信教群众和宗教界人士提高爱国主义精神和社会责任感,代表宗教界的合法权益,办好正常的教务活动和宗教活动。宗教组织的公共关系任务是,在信教群众和宗教界人士心目中树立一个宽和的组织者的形象,与不同的信仰和平共处,争取得到广大信教群众和宗教界人士的拥护和爱戴。

对上述五种类型的社会组织还可以进一步细分,如对经济组织来说,还可以根据其生产经营的特点,划分为重工业、轻工业、商业企业、服务企业、公共事业单位。

(二) 根据营利性的高低与竞争性的高低两个维度进行划分

根据营利性的高低与竞争性的高低两个维度进行划分,可将组织分为四种类型。

1. 竞争性营利组织

这主要指工商企业,如工厂、商店。这类组织为了获得经济利益,抢占市场,争取顾客,都有较强的公共意识和自觉的公共行为,主动地争取公众的支持。但是,它们的营利性质十分明显,偏重于与市场活动相关的公众。

2. 竞争性非营利组织

这主要指教卫系统,如学校、医院。这类组织应不以经济动机为宗旨,然而,因需要在竞争中赢得公众的理解和舆论的支持,它们也会十分重视公共关系工作。

3. 独占性非营利组织

这主要指行政部门,如政府、社区。由于它们既无利益驱动,又缺少竞争压力,极易脱离公众,公众意识相对淡薄。不过,按新公共管理理念,现在许多政府机构、部门,服务意识与公共意识也在逐步形成和加强。

4. 独占性营利组织

这主要指公用事业单位,如水、电、煤等主管部门。因它们对产品或服务具有独占性,又有营利动机,所以极易产生违反公众利益的行为,容易陷入公众舆论的压力之中。为了改变这种局面,对此类行业也应引进竞争机制。

(三)按组织公关活动主体的身份作为标准来分

可以划分为企业公共关系、政府公共关系、事业团体公共关系、公用事业单位和公共关系、传媒产业公共关系。

第二节 公共关系机构

公共关系的组织机构是专门执行公关任务,实现公关功能的行为主体,是公共关系工作的专业职能机构。公共关系的组织机构包括组织内设的公共关系部、专业的公共关系公司和独立的公共关系社团。

一、公共关系部

公共关系部是组织内部设立的、专门从事公共关系活动的职能部门。组织内设公关机构的名称和形式多种多样,主要有公共关系部、公共事务部、公共信息部、传播沟通部、公关与广告部、公关策划部、传播企划部、市场推广部、新闻处等等。

(一)公共关系部的主要任务

1. 收集和处理信息

我们生活在信息爆炸的时代,信息对组织来说至关重要。公共关系部的重要职能就是收集、处理有效信息。收集信息的主要内容有:组织形象信息、产品质量信息、消费趋势信息、内部公众信息、外部公众信息、国际形势信息、市场变化信息、时尚潮流信息、社会网络信息、科技发展信息等。通过对所收集和捕捉到的信息进行系统全面的汇总、整理和归类分析,达到有效的监测组织环境(组织环境包括组织所处的区域环境、自然环境、社会环境、舆论环境等),促使组织在良好的环境中发展的目的。

2. 新闻传播

对组织而言,舆论是包含正负两方面的,有些舆论有利于组织的发展,而有些舆论可能不利于组织的发展,公共关系部要为组织建立良好的舆论氛围,利用舆论、分析舆论、引导舆论,同时又要在组织面临舆论危机时,控制舆论、纠正舆论、完善舆论,为组织良好形象的树立创造舆论气氛。要做好积极、有效的传播工作,在周密、细致地设计、制作传播计划的基础上,运用专业的公关传播技术和沟通技巧真实、准确地把组织的有关信息传播给相关公众,以赢得公众的信赖与好感,并促使组织自身的发展。

3. 协调关系、内外沟通

对组织外部,公共关系部要通过公共关系活动来建立广泛的正常的关系网络,寻找合作伙伴,广交朋友、广结良缘。对组织内部,公共关系部的职能是协调上下级之间、部门与部门之间的关系,通过沟通的方式,促使组织内部管理者、领导者与全体成员之间理解、信任与合作,增强组织的凝聚力、战斗力。

(二) 公共关系部的特点

在公共关系的具体操作中,公共关系部具有如下的特点:

1. 专业性

公共关系部是贯彻组织公共关系思想、实现公共关系目标的专业机构。因此,必须从组织上和工作内容上保证其专业化的特点。它必须由公共关系意识明确,受过专业训练,具有开拓进取精神的公共关系人员组成。它必须集中去做与实现组织公共关系目标有关的事务,而不能将公共关系部当作秘书处、宣传科。如果单位组织不能保证公共关系部的专业性,那公共关系部就形同虚设,发挥不了它应有的作用。

同时公共关系部的专业性保证了工作效率,能招之即来,来之能战,尤其在对付突发事件时效率更高。较之组织外的公关机构在成本上也较低。

2. 协调性

在组建公共关系部时,要着眼于公共关系工作的协调性。为了实现组织的公共关系目标,只靠公共关系部是不行的。就一个组织内部而言,由于各部门所处的位置不同、各自的分目标不同,往往会从各自本身的利益和立场出发处理问题,这会导致个体部分效能相互抵消,从而影响整体效能。公共关系部可以与其他部门密切合作,起到沟通、协调、组织的作用,从而提高组织的整体效能。

3. 自主性

自主性是就公共关系部在组织内的独立的地位而言的。公共关系部有一定的权限范围,可以自由地开展工作,这是由其地位决定的。公共关系部作为组织的"参谋部",其作用地位是其他职能部门不能替代的。在通常情况下,它不仅应是常设机构,也应具有一定的自主权,有一定的灵活性,使其能够在变化的环境中去主动处理问题,否则无法实现公共关系目标,也无法发挥其应有的职能。当然,这种自主性是以实现组织的总目标为前提的。

4. 服务性

公共关系部不是领导部门,不是生产部门,它是咨询服务部门。在组建公共关系部时,首先应确定它的咨询服务的特点。它是一个具有服务性的高层次的管理部门。

5. 因受组织内部因素的制约,较难做到公正客观

组织内公关部门的成员本身是组织中的人员,相比社会公共关系公司,在工作中比较

容易受到来自组织内的各方影响,在传播与协调中很难做到完全公正客观。

(三)公共关系部的一般模式

按不同标准分类,公共关系部有不同的模式。按公共关系部在组织内部的隶属关系分类,包括最高领导直属型、部门所属型、部门并列型(分别见图3-1、3-2、3-3)。

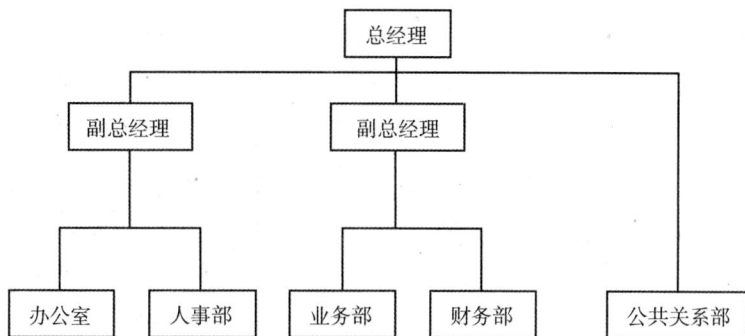

图 3-1 最高领导直属型

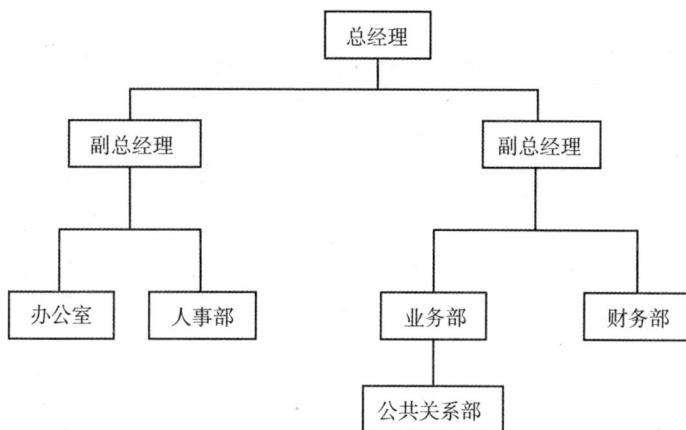

图 3-2 部门所属型

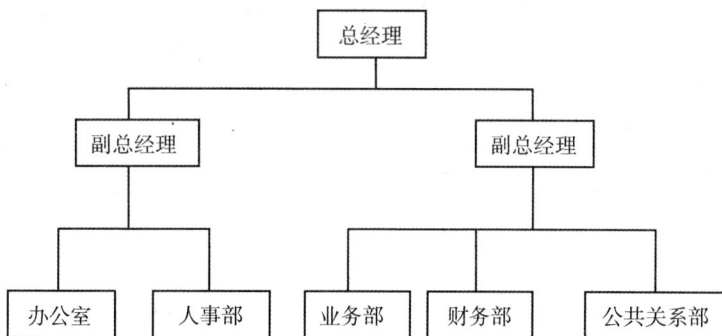

图 3-3 部门并列型

按机构的规模分类,可分为大型、中型和小型公共关系部。按公共关系的工作特点分类包括技术公共关系型、对象设置公共关系型和区域公共关系型等。

二、公共关系公司

公共关系公司,又称公共关系咨询公司、公共关系顾问公司,属于独立的企业法人实体。它是由各具专长的公共关系专家组成,运用专门知识、技能和经验,受客户委托,专门从事公共关系活动和咨询的服务性机构。

世界上第一家公共关系公司是艾维·李创立的公共关系事务所。目前美国有 2000 多家公共关系公司,总部在纽约的博雅公司是全球最大的公共关系公司。1986 年,在北京成立中国首家公共关系公司——中国环球公共关系公司。

(一) 公共关系公司的主要工作内容

确立目标,调查研究。根据客户所要实现的公共关系目标,通过市场调查、民意测验等手段,调查研究影响公共关系目标实现的因素,分析现状,提出解决问题的方法。在确立目标、找出问题之后,帮助客户制定出有效的公共关系计划并逐项落实实施。针对客户的要求,有针对性地提出咨询服务,为决策提供依据,向委托单位提出解决问题的具体方案。为客户进行公关策划,代理公共关系业务,帮助客户树立信誉,塑造形象。协助客户编制公共关系预算。协助客户评估公共关系及实施的结果。

(二) 公共关系公司的特点

1. 观察分析问题具有客观性

公关公司在观察和分析问题时,作为旁观者,一般不受那种因长期处在一个企业中而形成的思维惯性或定势的影响,因而,他们的观察和分析更客观,能更敏锐地发现组织的问题,而且也敢于尖锐地提出而不必瞻前顾后。

2. 提出的建议和方案具有权威性

因为公关公司都是由学有专长的专家组成,他们具有明显的智力优势和经验优势,这对经验依赖性很强的公共关系实务活动相当重要。因此,往往公共关系公司提供的建议方案更合理、更权威,效果更佳,其创造的效益也更大。

3. 沟通渠道的网络性和公关公司形象的扩散性

某个具体的公司如急需同某些单位或某些公众沟通意见,取得他们的理解或支持,而平时又未与他们有过联系,而公共关系公司因跨行业、跨地区甚至跨国家进行工作,早已与这些单位或这部分公众有过联系,甚至还有很好的关系。于是某具体的公司就可委托它作为本公司的对外联系人去同他们联络沟通,会取得较好的结果,便于解决问题。

而有的知名公关公司本身就具有宣传效应。知名公司会在无形中提高客户形象。一旦成为那些国际知名公共关系公司的客户,组织就能充分地共享该公关公司的形象资源,借机扩大知名度,提高美誉度。

(三) 公共关系公司的种类

公共关系公司的结构模式是多种多样的,从不同的角度观察,可划分为不同的类型。

从工作范围划分,公共关系公司有跨地区、跨国度经营的大公司,也有局限于一个地区、小范围的小公司。从业务内容区分,有可以承办数项乃至数十项业务的公司,也有承办单项业务的公司。从服务对象区分,有为各行业服务的综合性公司,也有为特定行业服务的专业公司等等。

三、公共关系社团

(一)公共关系社团组织概述

公共关系社团,泛指为实现组织目标而组织起来、非营利性的从事公共关系理论研究和开展公共关系实务活动的群众组织或社会团体。主要包括公共关系协会、公共关系学会、公共关系研究会、公共关系专业委员会等。

世界上最早的公共关系协会是1915年在美国芝加哥成立的金融公共关系协会。到目前为止,在所有的公共关系协会中,总部设在伦敦的国际公共关系协会是最具影响力的。在我国,最早的公共关系协会是1986年底成立的上海公共关系协会。次年5月,全国性公共关系专业组织——中国公共关系协会成立,到目前为止,该协会已有成员2000多名。

为了适应公共关系事业的发展需要,近年来,中国大量的公共关系社团纷纷宣告成立,公共关系社团遍布全国各地,它们普及公共关系理论知识,推动有中国特色的公共关系理论的探讨,开展各种各样的公共关系实务活动。如中国公共关系协会,1991年5月和1993年4月两次召开全国公共关系工作会议,自1990年以来,每年都举办一次全国性的公共关系理论研讨会,对全国公共关系沿着正确的方向发展产生了重要的影响。中国国际公共关系协会成立以来,着重开展外向型、高层次的公共关系活动,先后邀请国际公关界著名人士来华讲学访问,也派人员出国参加学术交流活动,举办中外公关界、企业界的交流活动,支持地方和企业发展经济,在开展学术研讨和培训国际公共关系人才方面做了许多工作。

(二)公共关系社团的特点

公共关系社团组织作为群众性组织和社会团体,其自身具有一些明显的特点:

1. 成员的广泛性

公共关系社团的成员,来自各行各业、四面八方,有党政军方面的人员,也有企业、新闻、科研、文教、法律等方面的人士,具有行业分布的广泛性、职业的差异性和人员构成多层次等特点。他们由于热衷于公共关系事业,自愿组合到一起来。通过公共关系社团组织的活动,可以沟通信息,广交朋友,密切合作,形成四通八达、纵横交错的信息网络。

2. 结构的松散性

公共关系社团组织不像一般单位组织有一定的系统性和隶属性关系,社团与社团之间没有必然的联系,而有相对的独立性。其成员按照自身的需要灵活设置,组织的活动方式、活动内容可以根据实际需要予以调整。

3. 内容的服务性

由于公共关系社团聚集了一批有理论修养、有实践经验的专家和实际工作者,利用这个优势,可以为社会提供服务。应该说,为社会公众提供服务是公共关系社团的宗旨,通过提供及时、实用、优质、高效的服务,既可满足社会公众对公共关系的需求,又可提高社团的知名度和美誉度及权威性。所以,公共关系社团活动的服务性,是一个重要的性质特点。

4. 目标的非营利性

公共关系社团本身不是一个经济实体,它不能直接从事经济或商贸活动,它本身的性质决定了它是一个非营利性的组织,所以它的工作目标着重于社会效益而不是经济效益,否则就会损害自身的形象。当然,作为一个组织是需要一定的活动经费的,像主管部门可给予少量的活动经费,会员可交纳会费,所属经济实体的收入可收部分作为活动经费,社会各界的资助也可作为活动经费。但许多社团都没有获得以上这些经费渠道的可能性,开展活动,就会碰到经费不足的困难。在这种情况下,社团可以利用其联系面广、信息源多、人才济济等优势,承担人员培训、咨询服务、智力开发等服务项目,在国家法律和政策允许的范围内,收取一定的费用,以弥补活动经费的不足。

(三) 公共关系社团组织的类型

公共关系社团有多种多样的类型,根据我国的实际情况,可以概括为以下几种:

1. 综合型社团

综合型社团主要指不同地域范围的公共关系协会,如中国公共关系协会,中国国际公共关系协会,北京、上海、陕西、安徽公共关系协会等。"协会"的含义是指为促进某种共同事业的发展而组成的社会团体。公共关系协会是公共关系社团中最广泛、最常用的一种形式,凡是对公关有兴趣的个人和团体均可参加。由于公共关系涉及各行各业,在社会活动的各个层面,都有它的踪迹,也有一批它的追随者、"鼓吹者"和活动者。因此,公共关系协会既有区域性的,也有行业性的,甚至有纯职业性的。早期的公关工作者尽管没有打出"公共关系协会"的招牌,但相应的社团组织早已出现在公共关系活动中,如美国国会1929 年成立的"宗教公共关系理事会"等,已初具这种综合型社团的雏形。1948 年美国公共关系协会(PRSA)成立后,世界各地的公共关系协会如雨后春笋般涌现。1986 年 11月,上海市公共关系协会成立;1987 年 6 月,中国公共关系协会在北京成立,以后我国各省市、各行业的不同层次的公共关系协会相继成立。这类社团多为自筹经费活动,有的是民办由政府部门赞助,其职能多是服务、指导、协调、监督。

2. 学术型社团

学术型社团是指专业性较强、层次较高的组织形态,主要包括公共关系学会、研究会所等学术团体。它与公关协会的区别在于一个是学术性团体,一个是综合性团体。学会与研究会、研究所虽然名称不同,但内容和成分大体是一致的。倘若严格定义的话,这种学术型团体的参加者,应该是从事公共关系理论及其学术研究的人士,中心工作是从公共关系理论及学术的角度去探索公共关系的意义及其运行的理论机制,阐述公共关系的模式和作用机制。还可以通过举办理论研讨会、学术交流会,总结公共关系经验,研究公共关系的动态和理论问题,对公共关系实践进行理论指导,把握公共关系事业的发展方向。

3. 行业型社团

行业型社团是一种行业公共关系组织。由于行业的不同,公共关系工作的特点也有所不同,因此,公共关系活动和组织的行业化在国际上已成为一种发展趋势。如 1935 年成立的美国公立学校公共关系协会(NSPRA),1939 年成立的美国图书馆公共关系理事会(LPRC),1946 年成立的美国妇女公共关系主管人协会(WERP),1952 年成立的美国铁路公共关系协会(RPRA)等。目前我国的一些部门、行业也成立了类似的组织,如煤炭公共关系专业委员会、安徽省商业公共关系协会、浙江省新闻界公共关系学会等。行业型社团在组织上保证了公共关系事业能在某一行业深入发展,是一种有潜力、有前途的组织形式。

4. 联谊型社团

联谊型社团,这种类型的公共关系社团的形式比较松散,一般没有固定的活动方式,没有严密的组织机构,没有严格的会员条例,组织名称各不相同,如公共关系俱乐部,公共关系联谊会,PR 同学会等,主要的作用是在成员之间沟通信息、联络感情、建立良好的人际关系。广东地区公共关系俱乐部是我国第一个联谊型的公共关系社团。

5. 媒介型社团

媒介型社团是通过办报纸、杂志等传播媒介,并以此为依托建立起来的公共关系社团。这种类型的社团直接利用传播媒介,宣传、普及公共关系知识,探讨公共关系理论,交流公共关系经验,传播公共关系信息,树立公共关系形象。由于有传播媒介的特点,它们影响社会公众的广度和深度都是无法预测的。一个国家或地区的公共关系发展的程度如何,与它们有很大的关系,像我国陕西西安《公共关系》的创办和河北石家庄《公关世界》的创办,为我国公共关系的发展起到了很大的推动作用。

第三节 公共关系工作人员

公共关系人员从狭义上理解是指从事公共关系职业的专职人员。从广义上理解,公关人员泛指组织内部和外部从事直接的公关工作、公关理论研究和公关教学的人员,以及在公关协会等公关组织机构工作的人员。人力资源与社会保障部为公共关系人员下的定义是:专门从事组织机构公众信息传播、关系协调与形象管理事务的调查、咨询、策划和实施的人员。

一、公共关系人员的基本素质

（一）与公关工作相适应的知识结构

1. 公关专业知识

公共关系专业理论知识包括：公共关系学概论、公共关系心理学、传播学、公共关系实务等相关知识。

2. 公关相关知识

公关相关知识是指与公共关系活动相关的一些理论或实践知识，如新闻学、管理学、社会学、广告学、市场学、经济学、法律学、统计学等有关知识。

3. 操作技能知识

操作技能知识主要指写作、摄影、演讲、谈判、编辑、礼仪、外语等有关知识。

4. 与本组织有关的业务知识

对于组织内部的公共关系部的人员必须了解、掌握本组织的相关业务知识，如产品性能、生产工艺等。对本组织的了解越全面、越细致，对开展公关活动越有利。

（二）自觉的公关意识

1. 公关意识的概念

公关意识就是公关机理、公关原则内化的习惯和行为规范。它一旦形成，将作用于言行，从而使你的言行符合公关的要求。一个人的行为是否符合公关的要求，在某种程度上与这个人的公关意识有关。也就是说，在强烈的公关意识支配下，他能在别人看来很平常的事物中发现具有公关价值的东西；能自觉地按照公共关系原理的要求去发现问题、分析问题、解决问题。一个优秀的公关人员应具备自觉的公关意识。

公关意识包括如下几层含义：第一，公共意识是公关机理、公关原则的反映，也就是说，公共意识的形成是将公关机理、公关原则等知识通过学习、理解，使之长为自己思维的一部分，成为知道自己行动的一种内在思维动力。第二，公关意识是后天获得的，需要在学习掌握基本理论的基础上逐步培养。第三，公关意识是一种思维习惯和行为规范，它一旦形成便有意无意地影响你的思维方式，支配着你的行动。

2. 公关意识的构成

形象意识是公关意识的核心。公关活动的总体目标是塑造和宣传组织形象，离开了这个目标，公共关系也就失去了支柱。所以作为公关人员首先必须有一个十分坚定而明确的形象意识。处理日常公关事务、进行公关活动或公关策划时，要始终不忘塑造组织形象这一目标。具有形象意识的人员十分明白知名度、美誉度对组织生命的价值，他们每时每刻都能抓住机会，想方设法让别人了解和喜欢自己的组织，他们能及时发现并解决常人看来无所谓的有损组织形象的事情。公关意识主要由公众意识、互惠意识、长远意识、真诚意识和沟通意识等构成。

（三）健康的心理素质

世界卫生组织是这样界定健康定义的："健康是指人的体魄、心理、社会生活正常，健康这一状况，不仅仅是未患疾病这一点。"

心理素质指的是健全的人格、良好的心态、健康的心理，这是公关人员做好公关工作的必要条件。心理素质是职业素质的基础，根据公关工作的特点，公关人员应该具有开放的心理、自信的心理、热情的心理。总之，公关人员最佳的心理表现为：乐于并善于与人交往，心气平和，充满自信而不自负，待人友善热情而不失天真，以魅力吸引公众，展示公关人员的良好形象，以利于公关工作的开展。

（四）公共关系从业人员的基本技能

知识是能力的基础，但不等于能力。能力直接影响活动效率，能力是可以胜任某项工作的主观条件。任何活动能否顺利完成，在很大程度上受制于能力因素。公共关系是一项实际操作能力很强的工作。我们结合公关活动的特点来讨论公关人员的能力问题：

1. 表达和接受能力

包括书面表达能力和口头表达能力，"能说会写"是公共关系从业人员的基本能力。公关人员担负着对内外传播的任务，要撰写新闻稿件、演讲稿、咨询方案，起草活动方案，编写刊物，这些都要求具有一定的文字功底。口头表达方式是最便捷的沟通手段，从事公共关系工作，要与各类公众打交道，要求公关人员能清晰无误地传播信息，和公众进行言语沟通。

公关人员除了要具备较强的表达能力外，还必须具备较强的接受能力。因为沟通是一个双向的过程。在公众中，表达方式不恰当者大有人在。特别是面对公众的过激要善于控制音调及音量。在不同的情境、表达不同的信息时，音调及音量的控制直接影响到意思的传达。公关人员应根据不同的情况把握自己的音调及音量，使之更为准确地传达自己的意图、打算，并有利于气氛的融洽与和谐。

2. 社会交往能力

社会交往能力主要包括角色扮演能力与移情能力两部分内容。

首先要具备角色表演能力。生活是个大舞台，每个人都在其中扮演角色。一个没有进入角色的演员是不称职的演员，一个在生活中扮演不好自身角色的人就不能很好地适应社会生活。况且，与一出戏中的演员不同，人们在生活中是不断变换角色的。移情能力，所谓"移情能力"是指感受他人的思想、情绪，能够用他人的思想方法进行思考的能力。培养和实施"移情"特别要注意设身处地，即把自己放在别人所处的地位或环境中考虑问题。设身处地的先决条件是对方向你敞开心扉，使你得以窥探他内心的奥秘。欲做到这一点，你先得敞开自己的心扉，让他觉得你是"自己人"，愿意接纳你，这才有可能洞悉对方的心态。理解他人并不是迁就他人，"移情"并不是无条件顺从他人的观点、情感。其本质是要求公关人员不为偏见左右，少受主观性影响。

3. 交际能力

交际能力是指通过人际交往传递信息、增加了解、强化感情的能力。缺乏人际交往能力的人，往往在工作和生活中诸事不顺、困难重重。公共关系人员是社会组织的代言人，是组织形象的体现者，肩负着沟通公众、树立形象的重任，只有具备一定的社交能力，才能立于不败之地。社交能力是各方面能力的综合体现，如推销本组织的能力、与人相处的能力、吸引、改变、影响他人的能力，还包括通晓并遵守社交场合的礼仪规范能力。

4. 组织能力

组织能力是指有计划、有步骤、有目的地开展和完成某项具体活动的能力。一个活动的完成包括调查、策划、组织人力、物力以及进程把握等环节，这是对公共关系人员组织能力的检验。公共关系活动往往和组织活动分不开，如各类庆典活动、组织新闻发布会、新产品推广等。公关人员要自始至终合理统筹、合理安排，圆满完成组织活动的任务。

5. 应变能力

应变能力是指应付突发情况的能力。世界上任何事物都处在千变万化之中，公关工作莫不如此。公共关系人员会经常遇到一些突发事件，公关人员必须在突发事件中处乱不惊，紧急应变，这就要求公关人员必须具有驾驭环境、坦然应变的能力。

6. 创新能力

创新能力是指公关人员在公共关系工作中要具有创新的思维，工作内容创新，手段创新。任何一种公共关系工作都要求公关人员充分发挥思维创造能力，设计出具有新意的公共关系活动，吸引公众，激发公众的兴趣，使公关工作富有新意。

二、公共关系人员的培养

(一) 公共关系人员的培养目标

根据公共关系工作的实际需要，对不同的公共关系人员应该有不同的培养目标。一般认为，公共关系人员的培养应该朝着两个方向着手：一是培养通才式的公共关系人才。就是知识面广，有较合理的知识结构，有良好的心理素质和综合能力素质，在工作中能独当一面，较好地处理复杂问题的公关领导人或专职管理人员。二是培养专才式的公共关系人才。就是比较精通于某方面的公关技术技能，如写作、设计创意、市场调查、绘画摄影等。

(二) 公共关系人员的培养途径

公共关系人员的培养途径主要有以下几种形式：大学本科教育、大专培训班、函授教育、公共关系培训班、全员公共关系培训等。此外，还有见习培训，聘请专家、学者指导等形式。

(三) 公共关系人员培训的内容

公共关系培训的内容，可分为课程设置和职业道德教育两个部分。

公共关系人员在工作中应遵守下列道德规范：公正、正派、对社会负责、真实、保密。

案 例 分 析

对13亿中国消费者来说，在世纪之交一系列令人费解的事情发生以前，"日本制造"四个字犹如一块金字的招牌，让人对日本产品无论是质量还是服务都不会有丝毫的怀疑，它几乎成了"高档商品"的代名词，中国消费者非常信任它。然而，三菱帕杰罗 V31、V33 越野车严重质量事件却着实让中国消费者大吃一惊。三菱公司明知自己的产品有严重质量问题却故意隐瞒，并且继续向中国大量出口，置中国消费者的生命财产损失于不顾，被揭露后又以"个别现象""中国路况不好"为由百般推诿责任，其做法不仅违背了诚实、信用为本的企业经营之道，更违反了积极、诚恳的危机公关的基本原则。2001 年 2 月 9 日，中国国家出入境检验检疫局已发布紧急公告：从即日起，吊销日本三菱帕杰罗 V31、V33 越野车的进口商品安全质量许可证书，禁止其进口。随着两款帕杰罗出事后，其他三菱车出现滞销。三菱公司自己酿造的这杯苦酒最终要由它自己吞下。由此，我们不能说三菱公司的产品都有问题，更不能说所有日本产品都有问题。然而联系 2000 年发生的东芝笔记本电脑事件以及后来发生的日航事件，中国消费者不禁要问：为什么一向以质量著称的日本产品，也有这么多的"假冒伪劣"？为什么会有这么多的纠纷在中国发生？

通过三菱帕杰罗事件，你认为日本企业应该吸取什么教训？

☞ **思考与练习**

1. 举例说明公共关系机构的作用。
2. 试比较内设公共关系部门与公共关系公司的优缺点。
3. 试说明公共关系人员应具备的基本素质及能力有哪些。
4. 结合某个具体组织的实际状况，提出内设公共关系机构的方案。

第四章
公共关系客体

☞ **学习目标**

1. 了解公众的概念、特征及与公众行为关系密切的若干心理现象
2. 掌握公众心理分析及对目标公众的处理方法和技巧
3. 运用公众概念和理论,观察和分析现实公共关系问题

公众是公共关系的客体,也是公关工作的主要对象。公众对某一组织的态度和行为反映着这个组织的公关工作状态,是检验公关工作的重要标准。公共关系管理理论把公众利益作为最高准则,公共关系管理中的传播沟通、关系协调、信息管理、形象管理等各种职能,无不是主要面向公众展开的。因此,分析、了解并正确认识组织所要面对的各类公众,通过有效沟通与之建立良好关系,是每一个社会组织有针对性地开展以及有效地做好公关工作的重要前提。

第一节　公众及其分类

一、公众的含义与特征

(一) 公众的含义

公众(public)是公共关系学中一个十分重要与特殊的概念,正确理解这个概念是开展公共关系工作的基本前提。

公共关系学领域的"公众"是个专门术语,不同于一般意义的"民众""群众""人民大众"。公共关系活动中公众是具体的、明确的,是以具体社会组织为依托,与具体组织之间存在着某种利益关系或利害关系,公共关系工作可以明确地分析研究这种关系,并对这种关系施加影响。因此,公共关系学中的公众是指与特定的公共关系主体相互联系和相互影响的个人、群体或组织的总和。

可见，公众首先是一个集合概念，是个体、群体或组织的总和。其次，公众与组织相互联系、相互影响，是以具体社会组织为中心集聚而成的人的群体或组织的集合。一个企业的公众不是社会上所有的人或广大民众，而是具体的与该企业有明确利益关系的社会群体或社会组织的集合，包括产品或服务的消费者群、原料供应商、产品经销商、员工、政府管理机构等。

（二）公众的特征

1. 共同性

公众是由共同利益、共同问题联结起来的个人、群体或组织。公众的共同性表现为他们有共同的目的、共同的利益、共同的需求、共同的兴趣，或面临共同的问题等等。这些共同点使一群人或一些群体、组织产生了相同或类似的态度和行为，构成组织所要面临的一类公众。比如，一群本来互无关系的消费者因购买了同一厂家生产的某一型号有质量问题的产品之后，他们的态度和行为便有了内在的联系，不约而同地或者有组织地针对该厂家采取某种共同的行为，从而对该厂家构成一定的公众压力和舆论压力。因此，通过同质性分析了解公众，找出其中的内在联系，抓住问题的关键，才能有的放矢地做好公关工作。

2. 相关性

公众相对于一定的公共关系主体而存在。作为公关对象的公众与特定组织相互关联，相互影响，相互制约。公众的观点、意见、态度和行为对组织的发展和目标实现具有实际或潜在的影响力、制约力，以致决定组织的成败；反之，组织的目标、决策和行为对公众的利益、需求、期望等同样具有实际或潜在的影响力、制约力。这种相关性是组织与公众形成公共关系主客体的关键。

3. 多样性

公众的多样性主要体现为公众的构成及其存在形式是复杂多样的。公众仅是一个统称，它涵盖了所有与特定公共关系主体利益相关并且相互影响的个人、群体、团体或组织。因此，公众的构成往往复杂多样。即便是同一类公众，其存在形式也多种多样。公众形式的多样性决定了沟通方式和传播媒介的多样性，公共关系主体在开展公关活动之前应充分分析、了解公众对象，分别制定不同的公关策略。

4. 变化性

对任何一个社会组织来说，公众都不是封闭僵化、一成不变的，而是始终处于不断变化发展之中。一方面，客观环境以及公众自身的变化会影响某一特定组织公众的构成、态度和行为等的稳定性。另一方面，组织的变化也会导致公众对象的构成、态度、行为等发生改变，例如组织的经营目标、策略的改变，经营范围的变动，产品的变化等，都会导致该组织的公众的结构、数量、态度、行为等产生变化。这种变化反过来又可能对组织产生影响、制约作用，使得组织与公众之间的关系不断变化。

二、公众的分类

(一) 公众分类的意义

对公众施加影响,在组织与公众之间建立起牢固的合作关系,这是公关工作的重要任务。但是,公众的构成成分复杂,不同的公众有不同的特性,对组织的作用也不同。因此,要想有针对性地对公众施加影响,必须充分地研究和认识公众。对公众进行类别的划分是研究和认识公众的有效方法,也是开展公关工作的前提条件。科学的公众分类是公关工作中合理地安排时间、人力、资金投放重点和工作的优先顺序的要求,是制定公共关系政策、设计公共关系方案并选择有效工作方法的需要,是传播沟通过程中选择媒介的需要,是公共关系活动组织和运行的基础。

(二) 公众的分类

公众的分类方法多种多样,常见的公众类型划分主要有以下几种:

1. 按归属关系划分

按照公众与社会组织的归属关系不同,可划分为内部公众与外部公众。

(1) 内部公众。指社会组织内部的所有成员,包括组织内部的所有从业人员,在股份制企业中,还包括全体股东。这类公众与组织有着直接而密切的联系,是与组织关联性最强的一类公众对象。内部公众的态度、情感、行为等对组织的生存与发展有着直接的影响,同时组织的状况也直接决定着他们的利益,他们与组织休戚与共、唇齿相依。因此,协调与内部公众的关系是公共关系工作中最重要的环节之一。

(2) 外部公众。是组织之外与组织存在某种联系的公众,是组织公共关系的外部沟通对象。例如对于一家企业来说,消费者、供应商、新闻媒介、社区、政府等均是外部公众。外部公众构成了组织的外部社会环境,对于组织的生存和发展起着至关重要的作用。正确处理与外部公众的关系,争取到尽可能多的外部公众的支持与信任,创造良好的外部环境,是组织实现发展目标的重要保证。

2. 按相关程度划分

按照公众与组织关系的相关程度不同,可划分为非公众、潜在公众、知晓公众和行动公众四类。

(1) 非公众。也称非组织公众。是指在一定的时空条件下,不受某一特定组织的任何影响,也对该组织不产生任何影响的公众,即与组织无关的公众。在公关工作中,了解和区分非公众可以减少工作的盲目性。但非公众并非固定不变,随着环境的发展和变化,非公众也有可能转化为公众。

(2) 潜在公众。潜在公众指那些已经与组织发生某种联系、面临共同问题,但自身尚未知晓或意识的公众。例如,那些已经被某个厂家的商品广告说服,但尚未真正购买该种商品的消费者即该厂家的潜在公众。公共关系部门应及早发现潜在公众,并着手进行有针对性的公关活动。

（3）知晓公众。知晓公众是潜在公众逻辑发展的结果，指不仅与组织发生了某种联系，而且本身也意识到了这种联系，但尚未采取行动的公众。知晓公众已明确意识到所面临的问题与特定的组织有关，但尚在等待事态的发展以决定自身的行动。因此他们对一切与问题有关的信息都很感兴趣。此时，组织应选择最合适的传播渠道，及时沟通，尽快向公众提供一切他们想急切了解的信息，主动控制舆论，引导知晓公众。

（4）行动公众。行动公众是知晓公众发展的结果，指已经意识到与组织的联系并准备采取行动或正在采取行动的公众。对于行动公众，无论其行为是积极的还是消极的，组织都必须相应展开有针对性的公共关系行为。

3. 按公众的重要程度划分

按公众对组织的重要程度划分，可划分为首要公众和次要公众。

（1）首要公众。首要公众是指对组织的生存和发展具有重要影响力和决定性作用的公众。这类公众关系到组织生死存亡，决定着组织成败，因而公关工作要投入组织大量的人力、物力、财力，维持和改善同首要公众的关系。

（2）次要公众。次要公众是指对组织的生存和发展具有一定的影响力，但不具有决定性作用的公众。由于这类公众对组织的生存和发展的影响程度要远小于首要公众，组织通常把公关工作的重点放在首要公众上。但首要公众和次要公众的划分是相对的，在一定的条件下，他们之间可以互相转化。因此对于次要公众也应当给予必要的重视，在保证首要公众的同时，努力处理好与次要公众的关系。

4. 按组织对公众的态度划分

按组织对公众的不同态度，可划分为受欢迎的公众、被追求的公众和不受欢迎的公众。

（1）受欢迎的公众。受欢迎的公众是指与组织的目标和利益一致并乐意与组织合作的公众。他们主动地对组织表示感兴趣，接近组织并支持组织，如慕名而来的客户、自愿的赞助者等。组织与这类公众有一致的利益关系，双方沟通的结果是互利互惠的，因此公关工作的任务是维持与加强这种合作关系。

（2）被追求的公众。被追求的公众是指符合组织的利益和需要，但对组织不感兴趣或缺乏交往意愿的公众。由于这类公众能为组织带来利益，组织热切希望与这类公众建立联系，如意向尚不明朗的投资者、大客户、著名新闻媒介、社会名流等。组织希望与他们建立关系来扩大影响，但往往并不容易。因此，需要组织主动追求，想方设法建立与他们的沟通渠道，形成良好关系。

（3）不受欢迎的公众。不受欢迎的公众是指违背组织的利益和意愿，对组织构成潜在或现实威胁的公众。不受欢迎的公众对组织表示出一种不太友好的意向和交往行为，或者是对组织抱有过分要求从而造成组织的负担。组织害怕受其困扰或被其损害利益，而力图躲避这类公众。

5. 按公众对组织的态度划分

按公众对组织的态度划分,可划分为顺意公众、逆意公众、独立公众。

(1)顺意公众。顺义公众是指对组织的政策、行为和产品持赞成意向和支持态度的公众。这类公众对组织生存和发展具有重要的意义。因此,组织应当积极争取顺意公众的支持,保持并且强化与顺意公众的良好关系。

(2)逆意公众。逆意公众是指对组织的政策、行为或产品持否定意向和反对态度的公众。组织应当认真分析研究逆意公众产生的原因,有针对性地开展公共关系工作,转化其对立心态,并最大程度减少逆意公众对组织产生的负面影响。

(3)独立公众。独立公众是指对组织持中间态度,观点和意向不明朗的公众。独立公众既可能转化为顺意公众,也可能转变为逆意公众。因此,他们是组织应当积极争取的公关对象,抑制其逆意倾向,引导其转变为顺意公众,是公关工作的重要内容。

以上我们共介绍了五种划分公众的方法,当然还可以根据公众的其他特点及其与组织关系,进行其他类型的划分。在实际工作中,究竟采取哪一种划分方式,要根据组织在不同时期的不同目标和具体的公关项目,从客观实际出发选择划分公众的类型,从而有针对性地开展公关工作,以提高组织公关工作的成效。

第二节　公众心理定势分析

公众心理又称大众心理,是社会生活中普遍存在的一种群体心理现象,随时随地影响着社会的公共活动。公众心理定势是公众心理的重要内容之一,它揭示了公众在对象相同或相似的情境中所表现出来的共同的心理特点及其规律性。因此,把握公众心理定势及其基本特征是社会组织与公众建立良好心理关系的必要前提。

一、公众心理定势的含义

"心理定势"一词最早是在 1889 年由德国心理学家缪勒和舒曼提出,指心理上的"定向趋势"或"固定趋势",是由一定的心理活动所形成的准备状态,对以后的感知、记忆、思维等心理活动和行为活动起正向或反向的推动作用。公众心理定势,是指在一定社会条件下,人与环境相互作用而出现的公众对某一对象(包括人、事、物等)的共同心理状态与一致性的行为倾向。这种心理状态和行为倾向在人的认知和情绪活动中起着决定性的作用,会影响人们的信息接收、态度变化及行为举止,使人不自觉地沿着一定方向或模式去感知事物、思考问题和解决问题。心理定势既是人心理活动的定向标,又是一种心理动力。

心理定势和心理特征、心理倾向既有联系又有区别。其联系在于:具体对象的心理倾向必然表现为具体的心理活动和具体的行为过程,而心理定势恰好藏在心理活动的过程中,影响人的行为过程。其区别在于:心理特征是通过人的行为所反映出来的心理特点,如我们常讲的有的人性格外向,有的人性格内敛,主要指的是心理特征。心理倾向是和人的行为相联系的兴趣、需要、价值观、自我意识、决策倾向、行为特征等心理活动的范畴,是对人的行为心理进行的抽象概括。心理定势是影响人的心理活动和行为活动的"前心理活动",是人心理活动的准备状态和前后连续的基础状态。

二、公众心理定势形成的原因

任何心理现象都是人的生理特点和社会环境交互作用的结果,心理定势也不例外。它并非人的先天特征,而是人们在一定的社会环境中获得的各种社会经验的积累和凝聚的产物。

首先,由于一定社会团体中的人对某种对象(人或物)的观点、体验和意向等总是相互影响的,这种相互影响和相互作用,就会使人自发地在观念和行为上趋于一致。这就是心理与行为的趋同现象。社会心理学家谢里夫曾做过一个实验:让被试者在一间暗室里判断烛光移动的距离。在不改变烛光远近而只作平移或静止的一种情况下,当每个被试者单独观察时,他们各自对烛光移动距离的判断各不相同;而当他们一起讨论时,他们的判断就大体接近了。由此谢里夫发现,任何团体都有一个趋同团体均数,偏离团体均数愈远,偏离的人也就越少。实质上,这一切都是由人在团体中产生的心理、观念和行为的趋同现象导致的。

第二,公众心理定势的产生和形成还受"团体参照"因素的制约和影响。所谓"团体参照",是指人在其社会交往所形成的共同体里,往往会产生一种按照某一共同体的目标、行为、准则、伦理观念、理想和愿望等进行社会交往和要求自己的社会心理现象。

第三,虽然心理定势普遍存在于人的各种关系中,但它并不是可以脱离具体的公众类型而独立存在的抽象物。其具体特性以公众类型心理特征而定。比如,农民公众心理定势、知识分子公众心理定势、女性公众心理定势、国民心理定势(国民性)等就是以公众类型来划分的,因而它们之间就必然存在某种差异性和特殊性。

总之,公众心理定势是人们生活于其中的各种关系的综合产物,既有外界环境的影响,也有主观因素的作用,应当综合分析。

三、公众心理定势的作用

在日常生活中,心理定势主要通过三个方面对人的行为活动产生影响:第一,它通过人的知觉习惯起作用,即当人们遇到问题的时候,人们往往根据自己已有的记忆、感觉、知觉来判断目前事物,得出"这种事情肯定是……"的结论,从而对当前问题做出迅速的反应。第二,它以先入为主的观念影响人,即人们总是以一种习惯模式、一种自以为符合逻辑顺序的方式在思考。以这种原有观念和模式进行思考的时候,人们往往会不自觉地歪曲客观信息,发生认知偏差,如"智子疑邻"就是如此。第三,它通过情绪和心境来制约人的心理和行为。特定的情绪和心境不仅能使情绪主体产生特定的自我体验,而且还会通过他的心理活动和行为投射到与其发生关系的人或事上。这种情绪和心境一旦与环境相适应,还会继续产生,从而使人的活动带上一种主观情绪色彩。

心理定势是一种不可避免的心理活动状态,是人们认识问题、解决问题及行为活动的动力,它既能产生令人满意的客观效果,对人们心理活动起到积极的推动作用,促使人们快速反应,直接达到一种行为结果;但同时也会对人们的行为产生反作用,以一种先入为主的观念、知觉和情绪来判断问题,从而给人们正确认识事物造成障碍,产生不良的消极影响。例如人们对某件事物的印象一旦形成,就很难改变。所以,心理定势是一种固定化的心理状态,公共关系活动必须顺应公众心理定势的指向并因势利导,诱导并利用正当的心理定势,把握和制约不正常的心理现象的产生,从而收到良好效果。

四、公众心理定势的基本特征

虽然公众类型及社会环境因素会使公众心理状态或心理定势表现出极大的复杂性、多样性和特殊性,但它们仍具有某种内在联系,存在着某种共同的和普遍的特征,具体表现在:

(一)潜伏性

公众心理定势是一种内在的心理倾向,它主要通过人们对某种对象的价值评价、情感认同和意向选择等心理活动方式来表现和起作用。因此,它不易直接把握,具有内潜性。但是,公众心理定势的产生又有其社会客观环境因素以及外显行为的具体表现方式,因此它是可观察的,还能通过运用各种现代科学手段(记录、统计、实验、分析等),把它转化为某种外显的经验事实,从而去认知和驾驭它。这给公共关系人员的素质提出了更高的要求和标准。

(二)自发性

公众心理定势是在特定情境中公众之间相互作用的直接产物,具有自发性的特征。实际上,任何一种公众心理定势的形成及它在特定情境中对公众行为的驱动作用,都不是人们事先组织策划的,而是公众对特定情境的适应性的反应,是人们心理活动和行为活动的一种不自觉的"产物"。但是,如果人们把握了公众心理定势的这一特征及其形成变化的内在规律,就有可能引导、诱发和强化公众的某种心理状态并进而引发其行为,而达到预期的目的。如广告宣传就是利用人们的这种心理反应特质来达到树立组织及其商品信誉这一目的的一种自觉公共关系活动。

(三)规范性

公众心理定势还是人们对某一自然现象或社会现象的共同反应方式、原则与策略的规范和标准,它规范与决定着公众社会行为的性质和方式。由于它是人在整个社会环境中共同生活所获得的类似性经验的心理凝聚和升华,所以这种心理状态就会在社会认同中不断得到强化,并使人们形成某种特定的心理习惯。这种心理习惯一经产生就会在人的心理活动中占据一定的位置,发挥一定的作用,并且能够得到社会舆论和评价的"奖赏"。所以这种心理上、情感上的自我平衡和满足也就成为一种自我"报偿",结果也就必然对人的具体行为产生某种规范作用。比如,"尊师重教""尊老爱幼"等,是我国传统社会文化,具有普遍的约束力,规范着人们的心理和行为。

(四)综合性

公众心理定势是人们多种心理成分的综合,是人的认知、情感、意志等综合作用的结果,并不是认识领域独有的现象。"一朝被蛇咬,十年怕井绳"既反映了人们认识上的心理定势,又有强烈的情感色彩,同时还反映着人们的意志品质。人们在购买活动中,对某种产品的认同或讨厌,都包含这些因素在内。因此,心理定势是一种综合效应,它综合反映人的经验、知识、文化素养和意志品质。

总之,公众心理定势的潜伏性、自发性、规范性和综合性的特点,使它不同于其他心理活动。它不仅直接影响每个具体公众的心理与行为,而且也对组织心理环境的形成、变化和发展起着重要的作用。因此,认清和把握公众心理活动的内在素质和基本特征,合理地利用和引导公众的心理定势,克服自身盲目的心理定势,是现代公关活动的主要任务,也是公关心理学研究的重要内容。

五、公众心理定势的基本形态

公众心理定势的特征决定了公众心理定势不只是一种个体心理现象,也是一种群体心理现象;它不仅表现为人的社会认知,而且还表现为人的认知、情感、意志、行为的综合统一。根据心理定势的性质可以将其分为个体心理定势、公众群体心理定势、流行心理定势三大类。

(一)公众个体心理定势

公众个体心理定势,也就是普通心理学所研究的心理定势。它是个体在长期生活过程中形成的,通过具体事件表现出来的综合反映其心理特征和心理素养的一种稳固心理状态和心理活动方式。其特点是易受暗示,情感性强,理智往往被情感所抑制。它对个体今后的心理活动和行为活动会产生重要影响。常见的个体心理定势有首因效应、近因效应、晕轮效应、经验效应和情感效应。

1. 首因效应

首因效应又叫第一印象,它是指当人们第一次与某物或某人接触时会留下深刻印象,这种给人留下的最先印象往往有强烈的作用,左右着人们对事物的整体判断,以及对事物以后发展的长期看法,成为一种难以改变的心理定势,影响人们今后的心理和行为。为什么第一印象会如此强烈呢?因为人在和从未接触过的人和事打交道时,总是会给予更多的注意,并留下深刻印象;以后再接触时,他就会以第一印象为主,有意无意地用这种印象去评判和分析对象。一般地说,第一印象较好,人就会对对象产生认同感而不会产生反感情绪;第一印象不好,对方以后的良好行为也会相形失色,因为人们这种心理定势一经形成就很难立即改变。因此,无论是人、产品、环境,还是组织行为,都要尽可能给公众留下一个良好的第一印象,避免因为不良的第一印象造成知觉的片面性。

2. 近因效应

近因效应即最近或最后印象的强烈影响。事物给人留下的最后印象往往非常深刻,难以消失。对一件事物或对一个人接触的时间长久之后,接触到的最新最近的信息就会对认识和看法产生新的影响,甚至会改变原来的第一印象。在实际的公关活动中,要注意发挥近因效应的作用,用新的信息来巩固原有的良好印象,或改变原来公众心目中的不良印象。

3. 晕轮效应

晕轮效应,又叫光环效应,是指由认识对象具有的某一特征而泛化、推及出其他一系列或全部特征的心理定势。人们在认识事物或人的时候,往往会从对象的某些突出的特征或品质推广为对象的整体印象和看法,从而掩盖了对象的其他特征或品质,形成某种幻化的知觉。之所以称为"晕轮效应",是因为它像刮风天气之前月亮周围出现的大圆环(月晕或晕轮),这只是月亮的光通过云层中的冰晶时折射出的光现象,是月光的一种扩大化,而事实上并不存在这样一个光环。晕轮效应会产生美化或丑化对象的作用。在生活中人们常常受到晕轮效应的影响。例如消费者购买商品时,往往会被它的包装所吸引,精致的外包装会使消费者对这种商品产生好感,产生晕轮效应,进而影响消费者的选择。对于公共关系活动来说,可以适当利用这种晕轮效应来扩大组织或产品的影响,美化组织或产品的形象,但是必须尽力避免滥用晕轮效应,反对利用晕轮效应来蒙骗公众。

4. 经验效应

经验效应也叫定型效应,指公众个体在认知对象时,总是凭借自己的经验对对象进行认识、判断、归类的心理定势。人们往往会自觉或不自觉地根据自己以往形成的固有经验和固有看法去判断评价人或事物的特征,并加以类推,比如认为商人是唯利是图的,学者就是文质彬彬的,等等。这种对人或事物的刻板印象一旦成型,就容易造成"先入为主"的成见,在新的认知中产生偏差,以至于妨碍了人与人之间的正常交往或对事物的正常判断。因此,公共关系工作一方面要研究、利用公众的经验效应,使自己的形象与公众的经验相符合,巩固自己在公众中的良好形象;另一方面要努力传播新观点、新知识、新经验,改变公众某些狭隘的成见和偏见,以及由此造成的误解。

5. 情感效应

情感效应也叫移情效应,是指人们在形成第一印象时的情绪状态会影响今后对对象的评价的一种心理倾向。在现实生活中,主体的喜怒哀乐往往会影响对人或事物的评价,同时还会通过情绪感染引起他人的同类心理效应。情感效应首先表现在人情效应方面,即以人为情感对象,并将自己的情感迁移到他人身上的效应。比如在一个良好的环境中购物时,获得了愉快的心境,同时就将这种感受迁移到他人身上,认为人们都心境舒畅、亲切友好。情感效应还表现为由人情而达物情,即所谓爱屋及乌。例如对某个名人的崇拜,会使得对与该名人有关的所有人和事都抱有好感。同时,情感效应还突出地表现在人们之间的情绪感染方面,即他人的喜怒哀乐等情绪往往会影响其周围的人,从而产生情绪迁移。因此,在开展公关活动时,要注意利用"情感效应"这一心理规律,充分调动公众的良好的情感体验,尽力避免不良的情感体验,建立一种和谐的心理气氛和融洽的情感沟通关系,保证社会组织的良性发展。

(二)公众群体心理定势

公众群体心理定势是指一定范围的人群由于共同的生活经历和生活条件而形成的一种共有的、积淀深厚、作用广阔的心理定势,具有广泛的社会性和社会意义。其基本特点在于人数众多、根深蒂固、作用广泛。群体心理定势主要包括社会刻板印象、社会习俗和礼仪以及文化传统心理等。

1. 社会刻板印象

社会刻板印象是指人们在长期共同生活中对某类人或事产生的一种比较固定的、一致的、概括而笼统的看法和印象。它决定着人的认识和行为评价。社会刻板印象不是一种个体心理定势,而是一种群体心理现象,反映的是一定群体的"共识"。社会刻板印象表现为对某类人和事物的固定看法,并且因群体的不同而表现出较大的差异性。例如中国人普遍认为家庭应有尊卑长幼,西方人则更强调家庭成员之间平等、自由和独立,等等。这主要是由社会主体的人的差异性所导致的。

社会刻板印象有助于人们把握人或事物的共性,概括而全面地了解对象的特点。但是也容易使人的认识产生偏差,造成"先入为主"的成见,阻碍人与他人及他物之间的正常认识和正常交往活动。因此,在公共关系活动中,一方面要把社会刻板印象作为我们正确知人、识事、辨物的手段和工具,顺应人们的刻板印象,并在有可能的情况培养人们的良好印象。另一方面要看到社会刻板印象的消极作用,尽量采取积极有效的方式去改变人们的不良印象,并设法消除不良印象给人们造成的误解,从而保证组织与公众之间的正常交往和沟通。

2. 社会习俗和礼仪

社会习俗和礼仪是人们在长期社会生活中逐渐形成的各种日常生活的行为方式和规范。它直接影响公众的心理状态和行为方式,是公众心理定势的又一具体表现形式。社会习俗和礼仪作为一种心理定势,具有以下几个特征:

(1)日常性。社会习俗和礼仪是公众日常生活的普遍行为方式,具有日常性的特征。它对公众行为产生的作用是持久、稳定和社会化的,作为特定条件下公众与社会和自然环境相互作用的产物被普遍接受和认同。同时,它又是人们适应社会环境最基本的定向工具,作为人们生活经验的凝聚物,对公众的行为方式起最基本、最直接的规范作用。我们不仅要从历史的和现实的角度来把握支配公众心理与行为的社会习俗和礼仪,而且还应当从未来发展的角度去预测和引导潜在的支配公众的社会习俗和礼仪。

(2)地域性。社会习俗和礼仪具有地域性的特征。由于公众生活的社会环境是各不相同的,因而人们的各种行为方式和习惯也就具有某些地域性的特征。随着现代化的交通、通讯和传播媒介的不断发展,人们相互交往、沟通和了解的时间、空间都在急剧缩小,大众文化和世界文化使文化的地域性逐渐消失,但这并不意味着人们会完全抛弃自己特有的社会习俗。因此,我们必须从社会习俗和礼仪产生、形成及作用的地域性出发,才能真正了解特定环境中生活的公众心理定势的基本特征。

(3)象征性。社会习俗和礼仪还具有一定的象征意义和特性。所谓象征意义,这里主要指的是在某一地域范围内人们运用某一符号进行交流时共同遵守的某些规则,它是约定俗成的。在社会生活中,公众受习俗影响的各种行为方式,都含有特定的象征意义。比如我国民间的放鞭炮的习俗,象征着吉利。因此,在不同地域的人们之间进行人际交往中,要入乡随俗,以免产生误解。

由于社会习俗和礼仪的存在,公共关系工作中就必须要尊重公众的习俗和礼仪,采取相应的服务措施去满足公众的这种心理定势和心理需求。另外,还可以根据社会习俗和礼仪的可变性对人们的社会风俗和习惯加以引导。

3. 传统文化心理

传统文化心理是指在一定地域上生活着的人所形成的稳固文化传统在心理上的反映,包括地域文化心理和民族文化心理。

地域文化心理是指在不同地域,由于其自然条件及政治、经济、历史等条件不同而形成的地域文化在人们心理上的反映。地域文化心理有两种表现方式:一种是以乡土观念为基础的亲缘心理,另一种是对地域文化的依从心理。民族文化心理是指一定的民族在长期生活中所形成的稳固的心理定势。民族文化心理主要包括民族意识、民族感情和民族习惯等。

地域文化心理和民族文化心理作为传统文化的表现,对人们的心理活动和行为方式都产生了重要的影响。在开展公共关系活动时,首先要了解人们的传统文化心理,并在把握其性质的基础上给予充分的理解和提供相应的服务,才能实现与公众的有效沟通。

(三)流行心理定势

流行心理定势是指在短时期内社会上形成的一种人们之间相互影响、相互感染的心理定势。这种心理定势存在时间较短,具有较大的可变性。但它能在一定时期内迅速轰动,对人们的心理活动和行为活动产生较大的冲击力。最典型的流行心理定势是时尚、流言和公众舆论。

1. 时尚

时尚是指在一定时期内,某一社会文化区域中普遍流动的行为模式,也叫作流行。它是一种群众性的心理现象,表现为社会公众对某种生活方式的崇尚和追求,使这种生活方式在较短时间内到处可见,导致人们彼此之间发生连锁性感染的社会现象。时尚既体现在人们的物质生活(如衣、食、住、行)方面,也体现在人们的精神生活(如文化娱乐活动)方面。时尚具有鲜明的时代特征,表现出新奇性、瞬时性、周期性、极端性等特征。在公共关系活动中,应当关注时尚的特点,敏锐地分析时尚的流行趋势,有目的地引导时尚潮流,满足公众对时尚的心理需要。

2. 流言

流言是缺乏确切依据又在人们中间相互传播的一种特定消息,是一种无根据的假消息。流言之所以能在社会中传播,是因为流言所传的消息大多是人们共同关心的问题,它的煽动性和神秘性又会使一些人们本来不关心的问题成为被关注的热点。流言传播的持续性比时尚更短,它一旦被证明是假的,便会自然消失。

制止流言的唯一手段是澄清事实,澄清事实的责任往往要靠信誉可靠的大众传播媒介来承担或通过大众传播媒介来进行。公共关系活动中的危机公关,就是要在流言产生时尽可能地通过大众传播媒介来辟谣并证明真相,以此来提高组织的信誉度和树立起良好的形象。

3. 公众舆论

公众舆论是指公众对某种共同关注的社会事态所持有的一致意见或评论。在有人违背公众普遍遵守的心理参考原则时,公众会根据社会习俗、时尚等规范原则对这些超常行为或事件做出一致性的评论和判断。舆论一旦形成,就具有支配人们心理和行为以及道德的某种权威性和无形约束力。它和流言不同:流言仅以传播信息为主,舆论不仅传播信息,还要表达众人对某些人或事的态度,因而它是公众心理活动的外部表现,也是公众心理定势的具体表现形态之一。

对于公共关系工作来说,不但要防止不利于自己组织形象的公众舆论的产生和形成,还要积极制造有利于自身发展的公众舆论,并广泛利用各种舆论工具来为自己服务。制造正确的公众舆论是公共关系活动所应采取的有效手段之一。

针对个体心理定势、群体心理定势和流行心理定势的不同特点,在公关活动中应分别采用不同的公关策略和技巧。对个体心理定势,公共关系对策应着重于激发公众的兴趣、热情,并尽可能地影响和改变其心理习惯;对群体心理定势则要在理解其表现特征的基础上给予相应的服务和照顾,并注意社会舆论导向、文化氛围建设、意见领袖导引,影响或造成宏观的心理效应;对流行心理定势,主要是针对其流行内容的可变性和时效性给予充分的推测和估计,以便能及时捕捉时代的影子,并引导和影响人们的时代流行性。因此,分析和掌握公众的心理定势,积极有效地采取相应策略,是公众心理研究的主要内容,也是有效地开展公共关系活动的基础。

第三节　基本目标公众分析

目标公众是构成一个组织公共关系对象的基本成分,是指大多数组织机构所共有的公众。以下列举一般社会组织较为常见的、带有一定共性的目标公众,并做简要分析。

一、内部公众

内部公众指组织内部沟通、传播的对象,包括组织内部全体成员构成的公众群体,如企业内部的干部、工作人员等。内部公众既是内部公关工作的对象,又是外部公关工作的主体,是与组织自身相关性最强的一类公众对象。

(一)内部公众的重要性

加强与内部公众沟通的目的,是培养组织成员的向心力、凝聚力,以及组织成员的主体意识和形象意识。

1. 通过内部公众的认可和支持增加组织凝聚力

内部公众是形成组织力量的主体。组织政策的实施、任务的落实、目标的实现、组织的凝聚力的形成、组织文化的创造等均有赖于内部公众的配合与努力。因此,一个组织的存在价值和整体形象在取得社会的认可以前,首先需要得到自己成员的认可,赢得自己成员的配合和支持。否则,组织的价值和目标将会落空。因此,良好的内部关系是公共关系的起点。

2. 通过全员公共关系增加组织外张力

内部公众是塑造和维护组织形象的积极因素。每一个组织成员都是组织与外部公众接触的触角,都处在对外关系的第一线。一个组织的对外影响力有赖于全体成员的努力与配合,组织的整体形象必须通过他们在各自工作岗位上的良好行动体现出来。这种主体性的发挥有赖于他们对组织的认同感和归属感。组织的外张力与组织的内聚力成正比。

(二)内部公众关系的协调

首先,应当维护内部公众的个体价值,使每位成员都能在团体的环境中追求和实现个体价值。如果能够创造这样一种团体环境,这个团体就具备了足够的凝聚力,团体价值也就能通过许许多多个体的创造性活动得到充实和体现。第二,将本组织的成员视作传播沟通的首要对象,保持与成员之间信息的传播与沟通,尊重组织成员共享信息的权利,健全组织的传播渠道,完善组织内部的沟通机制,争取内部公众的了解与理解,使其在信息分享和感情沟通中与组织融为一体,形成信任和和谐的内部气氛。第三,内部公众具有强烈的精神需求,在工作中要对内部公众的心理、精神需求予以注意,善待和尊重他们,注意与他们感情上的交融,时时处处将他们作为重要的公共关系对象,努力培养他们对组织的认同感、归属感。

土光敏夫总结出东芝的成功秘诀是:"重视人的开发和活用。"在他70多岁高龄时仍然亲临东芝在日本各地的分公司视察,即使在星期天,他也要到工厂去转转,与保卫人员和值班人员交谈,他说:"从中我可以听到许多创造性的语言,使我获得极大收益。"有一次,土光敏夫到工厂视察时遇上倾盆大雨,他不用雨伞,站在雨中和员工们讲话,鼓励大家,并且反复讲述"人最宝贵"这个道理,员工们非常感动,忘记了自己是站在瓢泼大雨中。当土光敏夫说完话,浑身已经湿透了,激动的员工们高喊:"社长,当心别感冒,保重好身体,更好地工作,你放心吧,我们一定要拼命工作!"社长与员工的感情沟通增强了企业的凝聚力,成为企业成功的秘诀之一。

二、顾客公众

顾客公众指购买、使用本组织提供的产品或服务的个人、团体或组织。顾客是与组织具有直接关系的外部公众,是组织市场传播沟通的重要目标对象。

(一)顾客公众的重要性

建立良好的顾客关系,使顾客形成对组织及其产品的良好印象和评价,有利于提高组织及其产品的知名度和美誉度,增加其对市场的影响力和吸引力。

1. 良好的顾客关系能够为组织带来直接利益

顾客公众是组织的"衣食父母"。一个组织的存在价值,很大程度上取决于其产品或服务能否得到顾客的接受和欢迎。顾客公众对组织产品的好感及消费量决定了组织的效益,倘若一个组织没有了顾客公众,就没有存在与发展的可能了。因此,顾客公众是组织公共关系对象中利益关系最直接、最明显的外部公众,可以说是营利性组织市场经营的生命线。

2. 良好的顾客关系帮助企业组织树立正确的经营观念

顾客公共关系要求组织将顾客的利益和需求摆在首位,通过满足顾客的需求和权利来换取组织的利益。只有获得顾客偏好与好感的企业,才可能较好地赢得自己的利润。因此,组织在处理与顾客关系时必须树立"顾客公众就是上帝"的经营观念,并通过不断改革与创新,适应不断发展变化的顾客公众、市场的需要。

(二)顾客公众关系的协调

首先,贯彻为顾客公众服务的思想。树立以顾客为中心的经营理念,组织的一切政策和行为都必须以顾客的利益和需求为导向,在顾客中树立良好的形象。其次,适应顾客公众需要,不断创新,提供优质产品和一流服务,尊重、维护顾客的合法权益。最后,在企业与顾客的市场供求之中,存在着大量的信息交流关系和情感关系,没有充分的信息传播和融洽的感情沟通,市场的商品交换关系难以建立、稳定和持久。为争取顾客的注意力,企业应当积极利用公共关系手段,善于沟通,联络感情,吸引公众,争取人心,努力引导顾客的消费选择和消费行为,为产品的销售营造一个良好的气氛与和谐的环境。

英国航空公司从伦敦飞往东京的波音 747 客机 008 号班机因故障推迟起飞 20 小时,为了不耽误乘客行程,公司帮助该班次的乘客换乘其他航空公司的飞机,乘客们都欣然接受了英航公司的安排,只有一位叫大竹秀子的日本老太太说什么也不肯换乘其他班机,坚决要乘英航公司的 008 号航班。于是 20 小时后,一个罕见的情景出现在人们面前,从伦敦到东京 1.3 万公里的航程,英航公司有 353 个飞机座位的 008 号班机上只载着一名乘客,就是大竹秀子,她独享 6 位机组人员和 15 位服务人员的周到服务。有人估计,这次国际航班使英国航空公司至少损失约 10 万美元。但是英国航空公司一切为顾客服务的行为在全世界树立了一个用金钱也难以买到的良好公司形象。

三、社区公众

社区公众指组织所在地的区域关系对象,包括当地的管理部门、地方团体组织、左邻右舍的居民百姓。社区是一个组织赖以生存和发展的基本环境,是组织的根基,社区公众是组织外部公众的重要组成部分。

(一) 社区公众的重要性

发展良好的社区关系能够争取社区公众对组织的了解、理解和支持,为组织创造一个稳固的生存环境;同时体现组织对社区的责任和义务,通过社区关系扩大组织的区域性影响。

1. 社区关系影响组织的生存环境

社区如同组织扎根的土壤,没有良好的社区关系,组织就会失去立足之地,组织需要依靠本地的资源来发展自己。社区可以为组织的发展提供土地、原材料、电力、水力以及充足的劳动力资源;为组织提供如交通、治安、商业、环境保护等方面的社会服务;作为组织生存与发展的直接环境,社区还具有充足的购买力,是一个相对稳定的市场。因此,组织要善于同各种不同背景的社区公众打交道,以争取社区提供各种地方性的服务和支持,使组织能够在各种完全不同的社区环境下生存和发展。

2. 社区关系影响组织的公众形象

社区公众涉及当地社会政治、经济、文化、教育等各个方面和阶层,类型繁多,涉及面广,对组织客观上存在着各种不同的要求和评价。由于处在同一社区,对组织的某一种评价和看法又极容易相互传播,形成区域性的影响,从而形成组织的某一种公众形象。显而易见,组织社区关系的好坏,直接影响着组织的社会公众形象。

(二) 社区公众关系的协调

首先,良好的社区公众关系是建立在相互了解的基础上的。组织应当加强与社区的交流与沟通,增进了解,可主动向社区公众通报本组织的各方面情况,如组织的方针、政策、生产经营现状、未来发展目标等。还可以采取请进来的方法,邀请各方面社区公众的代表来组织参观、座谈,广泛听取社区公众对组织的意见和要求,并对有关问题及时答复。其次,组织应当关心并支持社区建设。组织要提高自身在社区中的地位,就要树立一个"合格公民"的形象,主动承担必要的社会责任和义务,像爱护自己的家一样爱护社区,在社区的物质文明和精神文明建设方面发挥中坚作用,积极参加并资助各项社会公益活动,并尽自己的可能予以赞助,为社区公众多做贡献。

四、政府公众

政府公众是指政府机关及其工作人员,即组织与政府沟通的具体对象。任何社会组织都必须接受政府的管理和制约,因此,政府公众是所有传播沟通对象中最具社会权威性的对象。组织必须与政府各职能部门建立和保持良好的沟通,这是组织生存、发展的重要保障和条件。

(一) 政府公众的重要性

组织与政府保持良好关系的目的,是争取政府对组织的了解、信任和支持,从而为组织的生存和发展争取良好的政策环境、法律保障、行政支持和社会政治条件。

1. 获得政府强有力的认可和支持

政府掌握着制定政策、执行法律、管理社会的权力职能,具有强大的宏观调控力量,代表公众的意志来协调各种社会关系。一个组织的政策、行为和产品如果能够得到政府的认可和支持,无疑将产生重大影响,甚至使组织的各种沟通渠道畅通无阻,为组织的生存发展创造有利的外部环境。

2. 为组织创造有利发展环境

良好的政府公众关系能够为组织形成有利的政策、法律和社会管理环境。组织的一切行为都必须保持在政策法规许可的范围之内,通过良好的政府关系,组织能够及时了解到有关政策的变动,能够较方便地争取到政府的优惠或支持。良好的政府公众关系能使组织获得良好的关系环境,得到人、财、物以及信息资源方面的支持。良好的政府公众关系还能使组织获得良好的舆论环境。

(二) 政府公众关系的协调

组织应该主动建立和加强与政府有关部门之间的双向沟通。一方面,组织的公关部门应当详尽地分析研究政府的方针、政策、法规,提供给本组织领导及各部门参考,使组织的一切活动都保持在政策法规许可的范围内,并随时按照政策法规的变化来修正本组织的政策和活动。另一方面,组织的公关部门应随时将实际工作部门的具体情况上传至政府有关部门,并根据本地区、本行业、本部门的特殊情况,主动地提出新的政策设想和方案,并通过适当的渠道进行说服性的工作,协助发现及纠正政策执行中出现的偏差或失误。

其次,应当把握一切有利于扩大本组织在政府部门中的信誉和影响的机会,使政府了解本组织对社会、对国家的贡献和成就。

另外,处理政府关系,还需要熟悉政府机构的内部层次、工作范围和工作程序,并与各主管部门的具体工作人员保持良好关系,避免因办事未循正规的程序或超越固定的工作范围而走了弯路,提高行政沟通的效率。

五、媒介公众

媒介公众指新闻传播机构及其工作人员,如报社、电台、电视台及其编辑、记者等。媒介公众是公共关系工作对象中最敏感、最重要的一部分。这种关系具有明显的两重性:一方面,新闻媒介是组织与广大公众沟通的重要中介;另一方面,新闻界人士又是需要特别争取的公众对象。媒介与公众对象的合一,决定了新闻媒介关系是一种传播性质最强、公共关系操作意义最大的关系。从对外公共关系实务工作层次来看,新闻媒介关系往往被置于显著的位置,甚至被称为对外传播的首要公众。

组织与新闻媒介建立良好关系的目的是争取新闻传播界对本组织的了解、理解和支持,以便形成对本组织有利的舆论气氛;并通过新闻媒介实现与大众的广泛沟通,扩大组织对整个社会的影响。媒介公共关系的重要性在于:

(一) 有利于形成良好的公众舆论

新闻传播机构及人士是社会信息流通过程中的"把关人",他们决定各种社会信息的取舍、流量和流向,确定公众舆论的中心议题,能够赋予被传播者特殊、重要的社会地位,即具有"确定议程"和"授予地位"的功能。为组织创造良好的公众舆论,争取舆论的理解和支持是公共关系的一项重要任务,良好的媒介关系有利于形成良好的公众舆论。某个组织或其领导人、产品、服务如果成为新闻界报道的热点,便会成为具有公众影响力的议论话题,获得较高的社会知名度,而通过新闻界对组织的客观报道,也容易获得公众的信任,有利于提高组织的美誉度。因此,与媒介建立良好的关系,有助于争取媒介报道的机会,使组织的信息有效地向社会发布,形成良好的公众舆论环境。

(二) 有利于实现大范围、远距离的沟通

良好的媒介关系有利于组织实现大范围、远距离的沟通。组织要实现大范围、远距离的沟通必须借助于各种现代大众传播媒介。大众传播媒介借助于现代印刷、电子等传播技术,大量、高速地复制信息,以实现大范围、远距离的传播。这是现代公共关系的主要手段之一。而这种技术条件是组织本身所不具备的,必须依靠新闻媒介。因此与新闻界人士建立广泛、良好的关系,是运用大众媒介、争取媒介宣传机会的必要前提。与新闻界关系越多,组织有关信息的报道数量就越多;与新闻界关系越好,组织有关信息的报道质量就越好。媒介关系的这种公关传播性之强,是其他公众对象难以企及的。

六、名流公众

名流公众指那些对社会舆论和社会生活具有较大的影响力和号召力的有名望人士,如政界、工商界、金融界的首脑人物,科学界、教育界、学术界的权威人士,文化、艺术、影视、体育等方面的明星,新闻出版界的舆论领袖等。这类关系对象的数量有限,但对传播的作用很大,能在舆论中迅速"聚焦",影响力很强。通过社会名流去影响公众和舆论,往往具有事半功倍的效果。

建立良好的名流关系的目的,是借助名流的知名度扩大组织的公共关系网络,扩大组织的公众影响力,丰满组织的社会形象。其重要性包括:

(一)借助于社会名流的知识和专长

组织与社会名流建立良好关系,能充分利用他们的见识、专长为组织的经营管理提供有益的意见咨询。社会名流往往见多识广,或是某一方面的权威,组织的管理人士能够在与他们交往的过程中获得广泛的社会信息或宝贵的专业信息,无形中使企业增添了一笔知识财富、信息财富。

(二)借助于社会名流的关系网络

组织与社会名流建立良好关系,能通过他们良好的社会关系网络而使组织获益。有些社会名流虽然不可能为本组织直接提供所需的专业信息或管理咨询,但由于他们与社会各界有广泛的联系,或对某一方面的关系有特别重大的影响,组织能通过他们与有关公众对象疏通关系,扩大社会交往范围。

(三)借助于社会名流的社会声望

组织与社会名流建立良好关系,能借助他们较高的社会声望,提高本组织的知名度。社会名流有较高的社会地位,或具有某方面的权威性,或由于他们对社会的特殊贡献、突出成就等等,而具有较高的知名度。另一方面,一般公众存在崇尚名人的社会心理,组织与社会名流建立良好关系,就会将本组织的名字与社会名流的名望联系在一起,利用公众崇拜名流的心理,提高本组织在公众心目中的位置。

七、国际公众

国际公众指一个组织的产品、人员及其活动进入国际范围后,对别国的公众产生影响,并需要了解和适应对象国的公众环境的时候,组织面对的不同国家、地区的公众对象。国际公众对象具有与本组织完全不同的社会和文化背景,因此传播沟通活动具有显著的跨文化特征。

搞好国际公众关系能够争取国际公众和舆论的了解、理解与支持,为本组织及其政策、活动、产品和人员塑造良好的国际形象,创造良好的国际声誉。

发展国际公共关系,需要通过公共关系方法及时、准确地了解国际市场动向,有关国家的政治、经济、文化、社会等方面的信息,了解国外投资者、合作者和客户。其次,需要运用国际公共关系手段,向国外的公众、舆论和市场传播自己的信息,树立自己的形象,介绍自己的产品和服务,提高自己的国际知名度和国际信誉。另外,要树立国际化的形象,需要注意研究和适应别国公众社会和文化的差异,了解国际商法和对外交往的国际惯例,使传播的信息尽量符合对象国公众的习惯。最后,还必须善于运用国际新闻传播和广告传播手段,不仅运用我国的对外传播工具,更要了解和运用对象国及国际上知名的新闻和广告界,为组织树立良好的国际形象服务。

案 例 分 析

案例一:

香港一家经营保险柜的公司,由于该产品刚上市,生意很不景气。一天,这家公司在当地很有影响的报纸上登了一则消息:"明天上午十点,在此将在本公司出售的保险柜内放上 100000 美元的现金,若有哪位先生、小姐在不弄响保险柜铃铛的情况下将它打开,这里面的钱就奉送给他(她)。"这个消息不胫而走。第二天,人们将这家公司的店铺围得水泄不通,电视台的录像车也开来了。人们一个接着一个地上来试运气,来人中有警察、开锁技师、小偷等各种各样的人。结果保险柜的门纹丝不动。这一切都被录像机摄入镜头。这家公司的保险柜从此销量大增。

结合此例谈谈在实际的活动中如何利用公众心理达到扩大影响、塑造组织形象的目的,以取得事业的成功。

案例二:

历时数年的以微软为被告的反垄断案近日终于尘埃落定,在法院和解判决送达后,微软立即做出积极的反应,对法院批准微软与联邦政府和九个州达成有条件的和解深表欢迎。微软声称:"这一和解案非常严厉但很公平,尽管该和解案向微软追加了多项义务,但我们仍能在和解案的基础上继续进行技术变革,向用户奉献划时代的新产品。尽管今后我们将受到来自政府和竞争对手的严密监督,但为了履行应尽的义务,我们将不惜投入时间、精力和资源。"一向骄横霸道的微软被旷日持久的反垄断案搅得焦头烂额,现在总算尝到了委曲求全的滋味。自 1975 年微软公司创立以来,在短短的 27 年时间里,比尔·盖茨创造了一个又一个现代神话,建造了童话般的"微软帝国"。木秀于林,风必摧之。把市场"蛋糕"切掉一大块揣入自己的腰包而欲独吞的微软公司,不可避免地成为众矢之的。没有对手的微软,多年来一直感受到四面楚歌的孤独。以微软中国为例,近十年来,微软中国的公众形象除了"巨无霸"之外就是太张扬,舍我其谁的强势文化在微软中国的身上也深深地打上了烙印。人们在为微软的先进技术所折服的同时,也被它的过分张扬和霸道所激怒。最为可悲的是,2001 年 12 月 28 日,有史以来中国政府软件采购最丰盛的一顿圣诞大餐摆上桌面时,六家国产软件厂商产品全部中标,而令人奇怪的是,当今最强大的软件公司微软却未能分到一杯羹,这对微软来说如一记闷拳。称霸世界软件业市场二十多年,一贯骄横傲慢的微软经过一番包装后,近来忽然变得"温顺"多了。为了战胜竞争对手,微软公司内部到处可以听见"成为顾客信任的企业"的口号。在中国市场,打开微软中国公司的网页,有几行谦恭的话语令人耳目一新:"微软中国公司深知自己的成功离不开政府部门的支持、业界伙伴的信任和广大用户的厚爱。翘首未来,微软愿与中国信息产业携手,继续努力,共同迈向更加灿烂的二十一世纪。"

通过案例中微软的变化理解政府公众的作用。

☞ **思考与练习**

1. 什么是公众? 公众具有哪些特征?
2. 简述公众的分类。
3. 什么是公众心理定势? 公众心理定势的基本特征是什么?
4. 公众心理定势的基本形态有哪些?
5. 结合实际谈谈媒介公众对于组织的重要性。

第五章
组织形象的塑造

☞ **学习目标**

1. 了解组织形象的定义与构成要素及战略地位
2. 掌握组织形象构建的基本方法,包括组织形象定位、设计、动态更新及CIS战略的相关内容

塑造良好的社会组织形象,是社会组织构建核心竞争力、展现自身实力的有效途径,同时也是组织有效开展公共关系工作的基础。

第一节 组织形象的战略地位

一、组织形象的界定与构成

(一) 组织形象的界定

组织形象(Organizational image),即社会公众对特定组织进行全方位的综合评价后,所产生的总体印象及认识。组织形象是一个有机整体,是组织内部许多因素相互影响、相互制约、共同作用的结果。现代社会中,组织形象的好坏,直接关系到组织的生存及持续发展,同时,塑造组织良好的形象也是公共关系工作的重要组成部分。

组织形象的基本特征:

第一,组织形象的客观性。组织形象作为公众对组织的综合评价,是对客观事物的主观反映,是建立在一个相对较长时期内,对相关信息的收集、过滤、分析的基础上而得出的结论。因此,组织形象不以组织的意志发生改变,具有客观性。

第二,组织形象表现的主观性。组织可以通过主动向公众传递组织价值观、使命、社会责任,建立组织的形象系统等方式,改变公众对组织的印象。这需要组织在了解公众的价值观、思维方式、道德标准及审美取向的基础上,进行系统筹划、周密安排,才能取得预

期效果。

第三,组织形象的相对性。组织形象的好坏,受到组织生存环境中许多因素的影响,例如,同一时期,公众会对性质、使命及社会地位相同或相近的组织形象进行比较。不同时期,同一组织由于社会价值观及公众利益所关注的重点发生变化,组织形象也会随之改变。这就要求企业应做到与时俱进,不断丰富、完善组织形象设计。

第四,组织形象的稳定性。组织形象在一定的时空条件下具有稳定性,即表现为组织行为发生改变与组织形象的改变存在时间差,组织形象改变滞后于组织行为的改变。

(二) 组织形象的构成

组织形象包括组织的实体形象、文化形象、竞争力形象和品牌形象。

1. 实体形象

实体形象是指能够体现组织经济实力的物质基础。例如由组织实际拥有或控制的建筑物、设备、器材、流动资金等。

2. 文化形象

文化形象是指以组织价值观为基础,以物质基础为条件,组织成员所表现出的群体意识及行为模式,例如工作作风、工作态度、工作氛围。

3. 竞争力形象

竞争力形象是指组织在组织目标、组织战略、人才储备、技术储备、管理水平等方面的具体表现。

4. 品牌形象

品牌形象是指品牌所属产品及服务的质量、价格、标识等给公众留下的整体印象。品牌形象是组织的宝贵无形资产,也是企业竞争力的具体表现。

总之,组织形象是多因素共同作用的结果,是一个有机整体,要树立良好的组织形象,就要充分发挥各要素的积极作用,要统筹兼顾、全面协调发展,避免少数几个要素的缺陷损害组织形象。

二、组织形象的战略地位

组织形象关系到外部利益相关者与组织的合作意愿与资源交换水平。特别是在市场经济条件下,组织间的竞争最高层次的表现形式即组织形象的竞争。以营利性组织为例,只有通过建立良好的企业形象,才能赢得企业供应商、分销商、零售商及终端客户的信任与支持,从而建立稳固的合作关系及客户忠诚度。

(一) 组织形象是组织重要的无形资产

无形资产是组织资产的重要来源,是基于合同、法规或其他载体,可辨认的、与企业经营、知识、技能、组织、市场和顾客等各经营要素相关并能为企业带来未来经济利益的非货币性及非金融性的无形财产权和其他无形成果。无形资产的主要表现形式是组织形象。

组织形象的接受度、美誉度越高,无形资产的价值越高。例如,品牌价值就是商誉资本化的具体表现。通用品牌价值的量化公式为:品牌价值＝(营业利润－资本×5％)×强度倍数。其中强度倍数是由专家根据历史数据及个人经验得到的估计值,数值范围一般在6~20之间。品牌价值还可以表述为品牌的市场占有能力、品牌的超值创利能力与品牌发展潜力之和。所以,组织要想持续发展,不断积累无形资产,就需要充分重视组织形象的建立、巩固与维持。

(二) 组织形象是组织文化的具体表现

组织文化(Organizational Culture),是在一定条件下,组织在组织运行过程中所创造的具有该组织特色的精神财富,包括文化观念、价值观念、企业精神、道德规范、行为准则、历史传统、企业制度等。组织形象是组织文化的具体表现,主要表现形式为信念、仪式、符号、处事方式等特有的文化现象。

组织形象具有示范及导向功能,为组织发展提供了有效保证,当组织成员接受并自觉遵守组织形象所倡导的价值观和行为准则,就会激发组织巨大的发展潜力。如美国的IBM公司就制定了详细的员工行为准则,内容十分丰富,从企业对员工的责任,到员工如何为企业保守商业机密、如何与供应商打交道都做出了具体的规定。从进入IBM的第一天起,就应遵守相关的规定,直到离开组织为止。

组织形象同时还具有激励和带动作用,良好的组织形象可以增强组织成员的自豪感与光荣感,使组织成员保持高昂的工作热情与积极的合作意愿。同时这种积极的态度会向组织外部扩散,从而有可能影响社会的价值观。

(三) 组织形象是组织与外部环境沟通的桥梁

在现代社会中,组织间的合作意愿以及公众对组织的认可程度,不仅仅是由价值创造过程所决定,同时也要综合考察组织的精神面貌、工作作风以及服务质量等因素。具有良好形象的组织不仅可以得到利益相关者的信任与支持,同时,还会增强组织与外部环境在信息、资源方面的双向流动,为组织发展创造更加有利的条件。

第二节　组织形象的内在构建

一、组织形象定位

(一) 组织形象定位的意义

组织形象定位是指组织根据外部环境变化,组织自身内部核心能力以及竞争对手的综合实力,确定本组织的使命、责任、目标及业务领域,使其在公众心目中占领一个独立的心理空间,即创建一个合理、独特、能够形成竞争优势的形象位置。

定位理论最早出现于 20 世纪 60 年代末的美国,到了 70 年代,在美国广告业中得到了应用,直到 20 世纪 80 年代,美国营销专家飞利浦·科特勒(Philip Kotler)开始把定位理论系统化,并将其定义为:定位就是树立企业形象,设计有价值的产品和服务,以便让目标市场的消费者能够清楚地了解并识别出企业与竞争对手之间的差异。

可见,只有通过设定明确、有效的组织形象定位,才能在公众心目中留下清晰、深刻的印象。

(二)组织形象定位的要素

公众的偏好与需求具有多样性,复杂多变,不同文化背景、不同区域、不同职业的公众对一个组织的形象会产生截然不同的评价。基于这个原因,我们来归纳一下影响组织定位的几个因素。

1. 组织个性

组织个性主要是组织精神、组织风格的独特性。例如 Nike 的组织精神和风格可以归结为"Just do it",鼓励年轻人勇敢做自己、勇于尝试、迎接挑战。大众集团的组织精神和风格可以概括为"严谨就是关爱"。奥迪汽车公司的组织精神和风格可以浓缩为"突破科技、启迪未来"。

组织个性必须是建立在组织自身特点及实力的基础上,不能夸大,也不能将组织不具备实现能力的组织个性对外宣传。这样,不仅不能为组织带来预期的效果,反而会产生负面效应,让公众认为组织缺乏诚信,不值得信赖。

2. 传播方式

组织个性信息需要选择适当的传播方式传递给公众。常见的传递方式包括电视商业广告、电视公益广告、电台广告、人员推广、社会公益活动以及其他的信息传播方式。

组织个性信息传播,要考虑到不同传播媒介的影响力,以及与目标公众的接触程度,并根据不同媒体的收费水平来制定宣传计划。根据整合营销传播的原理,让目标公众能够在不同时间段通过不同的传播媒介接触到组织个性信息,并提供一个清晰、稳定的信息源,实现传播效果的最大化。

3. 公众认知

公众对组织形象行为产生注意、兴趣、认同并接受组织形象定位,是形象定位过程完成的标志。当公众将组织形象定位与组织自身建立稳定的关联关系的时候,意味着组织可以利用这种定位向公众提供更多的与定位相符的产品及服务价值。

例如,当人们想到时尚、安全、品质的时候,会想到苹果公司。当人们想到创新、智能、科技这些关键词的时候,会想到 IBM 公司。因此,当人们需要购买安全、个性化及高品质的手机时,会购买苹果品牌的产品;需要购买具有高性价比、安全可靠的服务器的时候,会购买 IBM 公司的产品。这些都是公众对组织形象定位成功认知的表现。

以上三种因素,分别从组织自身、传播方式、目标公众三个方面构成了完整的组织形象定位,使得组织形象的作用得以充分发挥。

（三）组织形象定位的方法

1. 价值观定位方法

价值观定位方法主要指充分表现组织独特的信仰、精神与目标。这种价值观定位方法的特点是不易被人模仿，容易被公众接受，便于记忆。例如，强生公司的价值观是把顾客的利益放在首位。互联网应用服务商普诺德的价值观是"爱心、正直、创造、奉献"。

2. 聚焦优势定位方法

聚焦优势定位方法主要是通过展示组织在历史、技术、工艺、资源组织方式、环境适应能力、需求响应速度、满足个性化需求能力等方面的独特优势，从而建立组织形象定位。例如，东风日产的宣传语为"东风日产车好，主要是发动机好"。一汽大众集团在广告中突出产品"小排量，大动力"的宣传主题。

3. 公众引导的定位方法

这是指组织通过感性诉求与理性诉求相结合的方式来建立组织形象定位的方法。这种定位方法往往能够打动公众，使其从情感上产生共鸣。例如，Nike 公司在我国跨栏名将刘翔在 2008 年奥运会因伤退赛，受到一些不公正的评价时，Nike 依然与刘翔合作，将刘翔作为其产品的形象代言人。这种"一路风雨同行"的决定，打动了许多人，也对竞技体育的残酷与 Nike 的人文关怀以及专业的体育精神做了最好的诠释。

4. 使命定位方法

使命定位方法是将组织的使命作为形象定位的突破口。例如，今日集团"一切为了国人健康"，长安汽车"点燃强国动力，承载富民希望"，通用电器集团的使命是"以科技及创新改善生活品质"，福特公司的使命是"让汽车进入家庭"，迪士尼公司的使命是"使人们过得快活"等。

二、组织形象设计

（一）组织形象设计的前提条件

组织形象设计应首先确定包括业务领域、组织目标和组织理念在内的三个方面的内容。

1. 组织业务领域的确定

确定业务领域主要是确定组织过去是"做什么"的以及未来将成为什么样的组织，将提供什么产品及服务以及实现这种转变的途径。也就是首先应解决"从哪里来""到哪里去"的问题。组织业务领域的表述应包括企业的核心能力、组织性质、技术整合能力以及核心商品及服务四个要素。

确定组织业务领域的时候要充分考虑到未来竞争环境的变化，特别是技术、政策环境的变化，使组织的形象定位能够适应未来的挑战，给组织留下足够的发展空间。

2. 组织目标的确定

组织业务领域为组织的发展指明了方向，而组织目标是对组织计划的定量描述。组织目标可分为长期目标和阶段性目标。阶段性目标是对长期目标的分解,两者具有相关性,阶段性目标的实现即保证了长期目标的实现。例如,美国杜邦公司声明,2003—2005年的公司整体目标是:销售额的 1/3 将来自于最近 5 年推出的新产品(2003 年这一比例为 24%)。为了实现这个目标,杜邦公司的财务部给自己制定的目标是,增加 10% 的研发预算,并把研发预算的 65% 用于开发新产品(之前这个比例是 33%)。杜邦公司的 75 个研发中心分布在 12 个不同国家,其目标是确立 75 个项目,推出潜在收益率最高的新产品。对一个叫 Suprel 小组的特殊团队来说,其目标变得很具体:即开发一种轻型、抗穿刺的织物,用作医生和护士的外衣。组织目标的确立应遵循以下原则:

(1)一致性原则。即保证阶段性目标作为长期目标的分解,并且长期目标应与组织确定的业务领域保持一致。这样有利于衡量阶段性目标的实现对长期目标的实现所做的贡献。

(2)可行性原则。组织目标必须能够在组织资源允许的范围内制定,应符合组织发展的客观规律,不冒进,不保守,确保目标能够实现。

(3)可衡量性原则。组织目标必须明确、具体、可量化,这样才能使组织对目标的实现程度进行客观评价,根据目标实现过程中遇到的问题,动态调整组织策略,或对目标进行调整。

(4)优先性原则。长期目标的实现的前提是实现阶段目标,这就要求组织能够合理安排资源,在有限的时间内通过评估阶段性目标对长期目标的重要性后进行排序,优先执行与重要阶段目标相关的任务,来提高组织运行效率,确保长期目标的实现。

3. 组织理念的确定

组织理念特指带有个性的组织经营活动的指导思想和经营观念,是组织生命力的重要体现,是组织形象设计的基础。例如,客户的满意与成功是度量工作成绩最重要的标尺;员工是组织最重要的财富,员工素质及专业知识水平的提高就是公司财富的增长,员工的福利待遇及生活水平是公司经营业绩的体现;不断创新的产品是公司发展的轨迹;产品及服务质量是公司发展的前提;品牌是公司产品及服务的一面镜子等。组织是否能够基业长青,是否能够经得起时间的考验,很大程度上是由组织理念所决定的。组织理念对于组织来说是最重要的财富,其重要性远远超过经济技术资源,是推动组织不断自我超越的根本动力。

(二)组织形象的建立

组织形象的建立一般分为三个步骤:

1. 组织现有形象的识别

组织形象的建立与推广,应建立在对组织业务范围、现有外界认知、形象设计现状进行全面、客观分析的基础之上。对组织目前形象的识别能够使组织看到组织在使命、责任、价值观、经营理念等方面存在的不足,从而更有效地、由内而外地开展组织形象设计工作。通常我们可以通过内外部调查以及组织综合指数调查的方法来获取有价值的信息。

(1)内部调查。所谓内部调查,是对组织内部进行全方位的信息扫描,调查的内容主要集中在能够对组织形象外在表现产生重要影响的相关因素,例如,组织的愿景、经营模式、创新能力、资产运营能力、市场开拓能力、资源整合能力、技术储备、组织结构、战略转型能力、领导风格、组织成员素质等方面开展调查,调查对象的选择要具有代表性,各组织层级、各个部门、不同性质的工作岗位都要进行走访,以面对面谈话或问卷调查的方式收集信息,并对信息的准确性、公正性、一致性进行评估,确保信息之间能够相互印证,为有效决策提供依据。

(2)外部调查。组织形象的外部调查,主要为获取宏观和微观两个层面的相关信息。宏观层面包括组织对外部环境中有关政治、经济、文化、科技及社会价值观等方面的调查,微观层面包括组织对同行业同类型企业的企业形象以及行业竞争结构、市场地位、市场占有率等方面的调查。通过外部调查可以帮助组织发现潜在的市场机会,并能够通过横向比较,确定组织形象定位能够为组织未来的发展创造有利条件的可能性,同时,为对标管理提供对象。

(3)公众认知调查。公众认知调查是采取抽样调查的方法,对公众关于组织的产品/服务美誉度、人员素质评价、品牌识别度、组织文化认同度等方面进行调查,通过综合对比分析,判断在公众心目当中组织形象的现状。

2. 组织形象框架的设定

在对现有组织形象进行识别的基础上,组织形象设计的工作进入一个新的阶段,即对组织形象框架进行设定。组织形象框架的主要内容包括组织理念、行为和识别系统,组织形象框架是对后续开展的公关活动所提出的总体要求,也是相关的指导性原则。

(1)组织理念的构建。组织理念主要包括四项基本内容:组织使命、组织精神、组织价值观和组织目标。组织理念是组织文化的核心内容,组织理念需要通过精练、明确、直接的表述方式,渗透到组织的每一个角落,并以文字的形式固定下来,在一个相对较长的时期里指导、规范组织行为。组织理念构建的误区包括概念过于抽象、空洞无物或超越组织的现实能力。

(2)组织行为规范的制定。组织行为规范是指在组织长期运行过程中形成的具有一定约束力、每个成员自觉遵守的行为标准。良好的行为规范需要建立在一系列规范化管理制度的基础上,组织应建立关于组织结构、管理层级、分权程度、决策程序、岗位职责等方面的制度安排,使组织行为有章可循、步调一致。有效的组织行为规范可以降低组织成员行为的随意性和不确定性,有利于对外形成统一的组织形象。

(3)识别系统的建立。识别系统是组织形象的外在客观表现,具有明确、简洁、可见、具有特定含义等特点。识别系统的建立需要能够与组织理念相协调,突出企业的精神内涵,符合公众审美标准,给人以亲切、友好的感受,同时应当注意到组织的识别系统应具有良好的区分度,识别系统相似或相近会使公众产生混淆,无法对组织进行有效识别。

3. 组织形象方案的论证

组织形象框架设定过程中,应通过建立专家小组,对框架进行反复推敲、认真研究,最终确定可行方案。专家小组的成员,应从熟悉组织内外部环境、来自不同专业背景、不同业务部门的管理人员或业务骨干中选择。保证组织形象框架的设定能够符合组织中大多数人的利益,并得到充分的支持。

(三) 组织形象具体设计流程

组织形象设计是一项长期发展规划,具有周密、复杂和系统性特征。组织形象设计需要按照明确的设计程序开展相关工作。具体的形象设计流程可包括以下的关键步骤:

1. 成立组织形象设计委员会,通过内外部调查,确定组织形象现状及问题

信息收集及调查对象的确定、调查方法的选择、调查问卷的设计可由专业的调查机构来完成。接下来由调查机构来完成调查的准备工作,例如,抽样,印制问卷,分配调查任务,约谈调查对象,回收调查问卷,并安排对数据进行统计分析;完成定量调查后,进一步收集定性调查结果,例如,直接访问组织的负责人,了解其主要的经营理念、价值观以及个人领导风格等信息。调查机构在收集到的调查资料的基础上,通过全面的对比分析得出调查结果,制作报告书。

2. 根据调查结果,构筑组织形象框架

根据组织形象内外部调查结果,由组织高层管理者确定企业理念的具体内涵及表述形式。根据组织理念决定企业行为规范及识别系统,主要包括各种正式的规章制度及企业名称、标识。识别系统的设计可委托专业的设计公司来完成,设计公司按照组织提出的基本设计原则及设计要素,完成基本设计方案后,报送组织形象委员会和组织高层管理者审议。组织形象设计在通过审议后,要进行设计测试,包括向测试者展示设计方案,收集与识别度、记忆度、好感度、创意度、内涵设计等方面相关的反馈信息。根据反馈情况,进行调整,直到达到预期的满意效果,之后核定组织标识、品牌标志等设计方案,办理商标注册等必要的法律手续。

3. 对外推广

首先,应制定发布组织形象设计具体内容的行动计划,包括发布的效果目标、发布范围、发布时机、媒介投放、相关费用、管理控制措施等内容。按照计划要求,稳步将组织形象成果以及组织思想和识别系统对外推广,具体可通过发行组织形象设计内容的报纸、杂志,也可通过广播、电视、互联网对外发布广告的方式实现。同时要对组织形象的具体应用效果进行评估,考察其在具体活动项目中的适用性。

4. 对内发布

通过组织内部成员教育,以最恰当的诉求方式将信息传达给全体组织成员,还可以配合其他一些,例如内部宣传手册、标语、口号等宣传形式进行信息传播,使组织形象设计深入人心。在进行有效的组织形象对内发布后,要建立组织形象管理强化机制,使组织形象能够得到巩固和发展。

组织形象设计需要投入大量的人力、物力、财力,才能实现组织形象内在要素的协调、统一。组织需要根据自身情况有序、高效地逐步开展工作。

（四）组织形象的动态更新

组织形象的维持与强化需要得到组织内部成员的拥护与认可，同时也要取得外部公众的接受与欣赏。这就要求组织根据组织内外部环境变化，不失时机地对组织形象进行修正和调整，使组织以新的面貌迎接未来的挑战。组织形象动态调整可分为内部、外部两个部分，内部的更新主要包括组织理念更新、领导观念的更新、产品及服务质量的提高，外部的更新主要包括识别系统的更新、推广活动主题和创意的更新。

1. 组织形象内部更新

（1）组织理念的更新。组织理念并不是一成不变的，需要根据组织能力的提升及发展的需要而不断进行调整、完善。例如，医院随着医药卫生体制改革的深入推进，其外部环境已发生了巨大变化，为适应新的发展要求，可将组织理念调整为"为促进人类健康，提供多元化的医疗服务""尊重、共享、维护生命价值，把患者的利益放在第一位"等相关的组织理念。医院的发展离不开组织理念的确立，理念是一面旗帜，是前进方向，也是组织的灵魂，必须与环境相适应，与国家的方针政策相一致，必须符合公众的根本利益。不断修正的组织理念可以反映组织的品格、素质与时代精神，彰显组织个性，体现组织文化精髓，对组织坚持以人为本，树立全面可持续的发展观，促使组织实现跨越式全面协调发展，具有重要的现实意义。

（2）管理观念的更新。管理者是组织形象更新的主导者，他们决定着组织形象的更新方向，管理者是否具有新的管理观念，是否能从旧的组织文化中得到升华，将影响到组织形象更新的效果。例如，医院在计划经济体制下形成的我国公立医疗机构的管理体制已经越来越难以适应社会主义市场经济发展的要求，探索、建立新的医疗管理体制和管理方法成为当前医药卫生体制改革的核心问题之一。

由于计划经济时期延续下来的领导体制、管理机制和人事、分配制度，造成目前公立医院内部管理呈现粗放经营、效率低下、资源浪费、缺乏服务意识的局面。推动医院管理观念转变的动力包括：职工医保改革、医药卫生体制配套改革、医疗服务市场竞争加剧、社会舆论压力等。

医院应将管理观念转变为以满足医疗服务市场需求为导向，以提供优质医疗服务产品为核心，以提高工作效率为使命，以提高资源利用率为根本。通过建立规范的法人治理结构，树立先进的客户服务理念，建立以岗位聘任制度为基础的人事和分配制度，加强质量控制，发挥市场在资源配置中的主导地位，来实现从事业型组织到服务型组织的转变。

（3）产品、服务质量的提高。组织形象的巩固需要建立在质量过硬的产品或良好的服务基础之上。服务行业的质量目标在产品质量方面体现为"多、快、好、省"，在员工素质方面体现为"专业水平、精神面貌"，在服务质量方面体现为"环境优雅、礼貌热情、履行承诺"。根据客户期望层次理论，只有当服务质量超出客户的期望时，才能赢得一个客户，这将带来新的客源。当服务质量没有超过客户预期或没有达到客户预期时，客户会不满意，不满意的客户中有95%不会进行投诉，但其中80%不会再次购买服务。以医院为例，要想提高和改进服务质量,需要改善医疗环境,对服务流程进行重组,进行全员优质服务培训,建立质量控制小组,定期对患者满意度进行问卷调查并对存在的主要问题尽快解决。产品、服务质量的提升对丰富、充实、提升组织形象具有良好的推动作用。

组织形象内部更新是组织形象得以发展、提升的前提条件,为组织发展提供广阔空间。

2. 组织形象外部更新

(1)识别系统的更新。组织形象的识别系统包括组织标志、产品包装、建筑物外观设计、室内环境设计(配色方案、空间布局、陈列原则)、着装、形象代言人等要素。如果识别系统数年如一日,墨守成规、缺乏新意将会使客户产生沉闷、压抑、无趣的印象,降低客户满意度。所以,组织的识别系统应在保持原有设计风格、保证识别度和区分度的前提下,按照统一设计原则,进行适当调整。例如,医院的护士人员着装应根据患者病情、病种及所在科室的不同有所区别,这样能够使患者产生更强的信任感。

(2)推广活动主题、创意的更新。组织形象的推广活动主要可以通过广告、人员推广及组织网站等方式进行。这就涉及宣传主题及创意的更新,宣传主题应根据组织特色的转变而随之发生变化,应强调组织能够给公众带来何种附加价值以及产品、服务的新特性,例如,产品在原材料、工艺、效用、价格、环保方面与其他产品相比有何种优势,服务在速度、质量稳定性、独特性等方面有何种优势。

另外,推广活动的创意表现也应该配合不同的主题而进行重新设计,创意是吸引公众注意力的必要条件,富有创意的内容表现可以使公众过目不忘,留下长期、清晰的印象,从而达到组织形象推广的预期目标。创意可以体现在医院的形象广告语当中,例如"百年进步,一生守护""爱心绵绵,血脉相连""传前沿医术,扬高尚医德""百姓放心医院,百年用心品牌""办人民满意医院,做人民满意医生"等。

组织形象的外部更新使组织更具特色、更富内涵,为组织发展创造条件。

第三节　组织形象与 CIS 战略

一、CIS 含义的界定

(一) CIS 的概念

CIS 是英文"Corporate Identity System"的缩写,意为企业形象识别系统,是 20 世纪初由欧美及日本企业开发出来的经营管理方法。CIS 把企业及产品形象中的个性与特点有效地传达给一切可接收该信息的受众,使其对企业及产品、服务产生统一的认同感和价值感,从而达到使企业及其产品和服务引起外界注意、塑造组织形象以及提高市场份额的目的。

（二）CIS 理论的发展阶段

1. 理论萌芽期（20 世纪上半期）

1914 年,德国电气总公司采用著名建筑家 Peper Berhens 设计的商标,并将其广泛应用在企业系列产品的包装、公司宣传品及办公用品上,开创了视觉形象 CIS 的先例。

2. CIS 理论的发展阶段（20 世纪 50—70 年代）

20 世纪 50 年代,美国的加油站、餐厅以及旅社等连锁经营企业,在招牌、广告、建筑物外观设计上采用相同的设计风格,便于顾客识别,取得了良好的效果。

1956 年,美国商用机器公司总裁小汤姆斯聘请设计大师诺伊斯负责公司的形象设计工作。诺伊斯把公司全称缩写为"IBM"并设计出优美的平面标识图案,突出了公司的开拓精神,同时以蓝色作为主色调,来象征高科技的精密性。这一设计使 IBM 公司赢得了"蓝色巨人"的美誉,同时促使 CIS 理论在企业界得到广泛的应用。

20 世纪 60 年代,由沃森·马格里斯正式提出"CIS"这一术语。从此,企业标识不再被看作单纯的艺术创作,而是作为统一的组织形象,成为经营战略的一部分。

3. CIS 理论的成熟时期（20 世纪 70—80 年代末）

20 世纪 70 年代,CIS 理论传入日本,并在日本得到了系统化的发展。日本在 CIS 理论的实践方面,经历了五个主要的阶段:第一个阶段的任务重点设定在视觉设计的标准化方面,即局限在 VIS 的领域内,具体包括商标、标准字、标准色等内容。第二个阶段主要对企业经营观念和经营方针进行设计,众多企业纷纷建立市场战略及远景规划。第三个阶段强化员工的变革意识并完善企业的管理体制。第四个阶段重点确立形象战略,扩大同竞争对手在形象上的差异。第五个阶段重点构建企业的经营理念,从而进入了企业形象设计的全新阶段,突出履行企业的社会责任是企业生存和发展的基础与前提条件,重视企业文化和经营理念的成熟与表达。至此,日本企业形象识别系统已基本具备完整性和系统性,不仅重视视觉符号设计,而且更加重视理念和行为识别系统的设计。

4. CIS 理论的广泛应用（20 世纪 90 年代至今）

在这一时期,世界各国的不同性质的组织开始普遍使用 CIS 理论,来设计各自的企业形象识别系统。我国最早接受 CIS 理论的是美术院校,1984 年,浙江省美术院校从日本引进 CIS 资料作为教材,培养了大批 CIS 设计人才,为我国企业形象设计提供专业服务。

二、CIS 的结构要素

CIS 的结构要素包括理念识别（Mind Identity,MI）、行为识别（Behavior Identity,BI）、视觉识别（Visual Identity,VI）三个方面。

CIS 理论强调 MI、BI、VI 的系统性,三者应构成一个有机整体。MI 是 CIS 战略的内涵及根本原则,BI 是保证 CIS 战略顺利实施的条件,VI 是 CIS 战略的具体表现形式。

三、实施 CIS 战略的原则与步骤

1. CIS 战略的实施原则

（1）差异性原则。CIS 战略是一项复杂的系统工程，需要组织有深厚的文化积淀、强有力的竞争优势以及投入足够的资源。CIS 战略是否能够取得成功与组织的综合实力密切相关。实施 CIS 战略应首先考虑组织的实际情况，不能好高骛远和简单模仿，而是要制定出与组织未来发展目标匹配并具有可操作性的 CIS 战略。

（2）系统性原则。CIS 理论所包括的三个方面 MI、BI、VI，是相互促进、相互协调的有机整体，不能割裂三者之间的联系。MI 充分体现了 CIS 战略的形象定位，BI 与 VI 应作为 MI 的进一步分解和细化，要体现出三者在内涵上的一致性。

（3）重要性原则。对于不同性质的组织，CIS 战略的三个方面具有不同的重要性，例如医院，CIS 战略的实施应重点考虑 BI 的设计与策划，重视现代化医院管理方法的运用和服务质量的提升策略，从而形成医院的管理特色和技术优势。

（4）长期性原则。CIS 战略的实施是一个长期过程，不能急于求成，只有稳扎稳打，通过日积月累的磨炼才能逐渐显现出效果。CIS 战略的实施过程中可能出现社会公众对组织的评价标准发生改变的情况，这时 CIS 战略也要不断地进行修正与更新。

（5）全员参与原则。组织成员对 CIS 战略实施的成败起决定性作用，在制定 CIS 战略计划的时候要听取每个组织成员的意见，这样可以使组织成员真正接受相关的组织理念和行为准则，从而调动组织成员的参与热情与工作积极性，CIS 战略计划才能顺利推进。

2. CIS 战略的实施步骤

（1）理念识别系统的策划。这需要经过环境分析、理念定位、理念表述、理念传播四个阶段。

理念识别系统的策划，首先要对组织内外部环境进行分析。

外部环境包括宏观环境因素：人口环境、社会文化环境、政治法律环境、技术环境等。微观环境因素：现实竞争者、潜在竞争者、供应商的供应能力和议价能力等。

内部环境包括技术的研发能力、产品的市场占有率、组织高层管理者的领导力、组织成员的执行力以及财务、人力资源等。

根据内外部环境分析，确定组织未来发展方向。确定组织战略方向之后，进行理念定位。

理念定位需要将公众对组织的共同愿望与需求提炼成组织的核心价值观，比如在产品质量、服务质量、工作态度、价值创造等方面给出组织的承诺。以医院为例，医院作为社会公益性单位，职能是提供医疗服务，因此医务人员对待工作要充满热情，对待病人要充满关爱，治疗水平让人放心、诊疗环境让人舒心、服务态度让人欢心。

成功定位以后，要对理念进行表述。理念表述要使用通俗易懂、简洁优美的语言对组织使命、精神、目标进行描述，要体现组织特色。以医院为例，组织使命可表述为"关爱生

命、医术精湛、优质服务、健康一方",精神表述为"救死扶伤",目标表述为"医疗服务必须有利于满足广大病人的就医需求,必须有利于增强医院的综合实力"等。组织理念形成之后要进行理念实践。理念实践一般通过理念的传播、理念解释、理念教育和理念实施来完成。

（2）行为识别系统的策划。可分为行为规划的制定、行为规划发布以及行为规划执行三个阶段。

行为规划的制定包括三个部分：人员行为策划、服务行为策划、产品行为策划。其中人员行为策划包括人员的引进、人员培训和人员管理。服务行为策划包括服务过程、服务质量、服务内容。产品策划包括产品开发、产品的定价。以医院为例,通过修改、补充、完善现行工作规范、岗位职责和技术操作流程,以人文关怀、医患沟通为重点,拓展医疗技术流程的非技术外延,建立一整套医院工作规范。

行为规划发布是指组织针对行为规划的内容向组织成员进行解释说明。行为规划的执行,要在规划实施过程中进行严格的监督检查,并将检查的结果纳入绩效考核体系,对发现的问题进行及时处理。

（3）视觉识别系统的策划。需要经过准备、设计开发、审议定型三个阶段。

准备阶段要在充分理解组织理念的基础上,确定如何将组织理念融入视觉识别系统中来,并收集相关资料为设计工作做准备。

设计开发阶段,对标识的平面设计、标识的配色方案、建筑物风格、空间布局、人员服装、文化衍生品等内容做出详细的设计方案。以医院为例,医院视觉识别系统设计是将医院理念、文化、规范等抽象语言转换为具体图形或符号等可见的识别系统,进而提升医院形象。医院的标识引导系统是以解决医院内外环境中迷失问题为基本出发点,综合考虑建筑的设施特性、空间特性、使用者特性,利用综合视觉识别策略,构建空间同使用者之间沟通桥梁的系统工程。医院的空间布局设计可考虑增加单人间或双人间的病房数量,赋予人性化关怀的医院环境更利于患者情绪的稳定、愉悦和身体康复,这将使康复过程变得更为轻松且更易成功。医院的文化衍生品包括办公用品、日常用品、公关赠品、宣传用品,是医院品牌形象一体化的有机组成部分,是让大众更好接受和理解医院文化的实物载体。一品一物,一杯一本,从设计到生产,从理念到实品,医院文化不再虚无与缥缈,它近在身边,触手可及。

审议定型阶段,对视觉识别系统的设计方案进行测试,根据测试结果对方案进行修改,并形成最终方案。

案例分析一

农夫山泉的品牌战略

一、背景

农夫山泉股份有限公司原名浙江千岛湖养生堂饮用水有限公司,成立于 1996 年 9

月,2001 年 6 月改制成为股份有限公司。

二、实施品牌战略

农夫山泉何以迅速崛起? 关键原因在于农夫山泉正确的品牌战略路线,具体表现为堪称经典的策划和独具一格的传播策略,对此可从以下三方面来分析:

1. 产品差异,营销利剑

1998 年,娃哈哈、乐百氏以及其他众多的饮用水品牌大战已是硝烟四起,农夫山泉在这个时候切入市场,如果依靠规模取胜,是不明智的,这是因为在娃哈哈和乐百氏面前,刚刚问世的农夫山泉显得势单力薄,而且农夫山泉只从千岛湖取水,运输成本高昂。因此,农夫山泉要想异军突起,必须走差异化营销之路。一番酝酿之后,"农夫山泉有点甜"的广告策划出笼,随着"课堂"广告从 4 月中旬开始在中央电视台播放,"农夫山泉有点甜"的声音飞越千山万水。

"农夫山泉有点甜"的广告播出以后,有人怀疑农夫山泉是不是真的有点甜。其实广告既是一门科学也是一门艺术。"农夫山泉有点甜"并不要求水一定得有点甜,甜水是好水的代名词,正如咖啡味道本来很苦,但雀巢咖啡却说味道好极了说明是好咖啡一样。中文有"甘泉"一词,解释就是甜美的水。农夫山泉的水来自千岛湖,是从很多大山中汇总的泉水,经过千岛湖的自净、净化,完全可以说是甜美的泉水。因而说"农夫山泉有点甜"是实在的,谈不上夸张的。广告语不仅传递了良好的产品品质信息,还诠释了广告是一门艺术的内涵,体现了农夫山泉的差异化营销策略。

随着法国达能公司相继控股娃哈哈和乐百氏,国内两大排名前位的以生产纯净水为主的包装饮用水企业都走上了与外资的合作之路。在雄厚的外来资本面前,农夫山泉开始思考自身的发展方向。农夫山泉意识到,如果继续在纯净水市场上和它们争夺,前景已不容乐观,随时都有可能陷入困境。于是,在 1999 年 4 月 24 日,农夫山泉做出了一个"惊人"之举,宣布全面停产纯净水,只出品天然水。原因是科学实验表明,纯净水对健康无益,而含有矿物质和微量元素的天然水对生命成长有明显促进作用,并播放在天然水和纯净水中种水仙后得到不同结果的广告。农夫山泉的这一决定可谓掀起水市狂澜,立即激起了全国生产纯净水厂家的公愤,一时间,农夫山泉四面楚歌,疲于应付。

虽然这场水战直到现在也没有定论,舆论褒贬不一,同行耿耿于怀,因为停产纯净水会带来不少的损失,但农夫山泉的决策是正确的,所产生的轰动效应是数百万广告费也难以做到的。农夫山泉这种产品战略差异化,就像"农夫山泉有点甜"的营销差异化一样,再一次让人们知道了自己和别人的不同之处。

2. 搭乘体育营销快车

1998 年的"水"竞争已是十分激烈,一个新的品牌,如何在"战火纷飞"中杀出一条"血路"? 农夫山泉敏锐地意识到,1998 年世界杯足球赛是可以集中消费者注意力的最重要的体育赛事,如果利用这次世界杯的机会进行广告宣传,就可能在赛事期间让亿万中国球迷知晓农夫山泉,这比平时广告要有效得多。于是,农夫山泉结合中央电视台世界杯赛事节目的安排投放自己的广告,并在体育频道高频率播出,许多足球迷和体育爱好者对农夫山泉留下了印象的深刻。农夫山泉还出巨资赞助世界杯足球赛中央电视台五套演播室,使品牌得以更好地宣传。结果,仅一个月的时间,农夫山泉就成为一个家喻户晓的饮用水品牌,市场占有率从原来的第十几位跃到第三位,被誉为饮用水行业中杀出的一匹"黑马"。

1999年,通过世界杯尝到甜头的农夫山泉认识到体育事件是一种非常好的传播载体。于是,农夫山泉进一步寻找与体育的结合点,要把农夫山泉优异的品质和中国体育成绩最优秀的运动队结合起来。中国的"梦之队"——乒乓球队进入了农夫山泉的视线。1999年春夏之交,中国乒协和中国国家乒乓球队实地考察了农夫山泉的水源和生产基地,选择了农夫山泉为乒乓球"梦之队"的合作伙伴。当时正好是第45届世乒赛在荷兰举行,农夫山泉随着中国乒乓球队的完美表现再一次给人们留下了深刻的印象,提高了知名度,树立了优质饮用水的美好形象。自1999年起,农夫山泉连续四年成为中国乒乓球队的主要赞助商。农夫山泉还全力支持中国奥运代表团出征悉尼奥运会,凭借"天然、健康、安全"的优秀品质成为2000年悉尼奥运会中国代表团训练、比赛专用水。

在和平年代,只有体育竞赛才是最吸引人,最激动人心,最能激发人类情感的注意力,人们对这类活动的关注程度和投入的深度要远远高于平时,因而能吸引数量庞大的观众群。农夫山泉利用重大体育赛事来进行传播,其影响力要远远好于平时的广告宣传,特别像世界杯比赛这样的体育活动,其竞技的激烈程度和比赛结果的不确定性,更增强了观众对直播赛事的关注度,大大增加了广告的触及面和展露频率,广告信息能在人们的心智中占据一个有利的位置,并不断巩固。以后很长时间内,当消费者一提到这一事件或活动时,马上就会联想到农夫山泉,尤其是农夫山泉朗朗上口的广告语"农夫山泉有点甜"更是让人难忘,这种传播效果正是体育营销的非凡体现。

消费者对产品的需求,包含着更深层次的精神需求。农夫山泉的梦想和中国体育事业的梦想是一致的,那就是金牌和健康。和"更高、更快、更强"的奥林匹克精神联系在一起的农夫山泉,已经不仅仅是水,更是积极、自信、向上乃至团结拼搏的各种体育精神的象征。农夫山泉深深地领悟到了体育竞赛这一无与伦比的人类活动的精神意义以及由此带来的广泛关注,搭乘着体育营销快车,与中国体育事业一起成长。

3. 舞动营销公关大旗

2001年农夫山泉股份有限公司与北京奥申委联合主办了"一分钱一个心愿,一分钱一份力量"活动。公司从2001年1月1日至7月31日销售的每一瓶农夫山泉中提取一分钱代表消费者支持北京申奥事业,并请孔令辉、刘璇担任申奥的形象大使。到截止日,农夫山泉的销售量达4亿瓶。2002年3月28日,农夫山泉在北京召开新闻发布会,启动"阳光工程",继续推出"买一瓶水,捐一分钱"活动,以支持贫困地区的体育教育事业。从

4月1日到12月31日,每销售一瓶农夫山泉饮用天然水(550ml装),公司就代表消费者捐出一分钱用于"阳光工程",然后汇集所有的钱统一购置基础体育器材捐赠给贫困地区的中小学。从4月至9月,农夫山泉通过预提销售利润向24个省39个市县的397所学校捐赠了价值501万元的体育器材。

2002年世界杯,业界以为农夫山泉会继续搭乘世界杯快车,在足球效应中再火一把。然而,农夫山泉公司来了一个180°大转弯,没有在电视、报纸媒体上投放与世界杯相关的广告,而是舞动营销公关大旗,"投身"公益事业,启动"阳光工程",并呼吁更多企业和社会力量加入到帮助贫困地区基础体育事业发展的队伍中来。其实,农夫山泉这一招是非常明智的,农夫山泉已经有了相当的知名度,已成为饮用水行业的领导品牌,再去搭乘世界杯快车显然必要性不大。而且由于中国队的参赛,国内观众的情绪波动较大,广告效果可能会受到影响。事实证明,在2002年世界杯上大做文章的企业收效很一般。企业在拥有一定的知名度以后,应该着重提高品牌的美誉度和忠诚度,这就要求企业利用一定的营销公关工具。农夫山泉通过"一分钱"活动承担起了社会责任,通过全国新闻媒体一系列密集式的宣传和赞扬,大大提升了企业的美誉度和消费者的忠诚度。而且,这样的免费宣传并不是500万元就可以做到的事。这就是营销公关的魅力所在,获得了服务社会、推广产品和提升公司形象的多重效应,这对于立志加入世界最优秀的专业饮用水公司行列的农夫山泉来说,是非常必要的。

(资料来源:高定基.农夫山泉的品牌战略[J].经济管理,2003(13))

结合以上案例,请思考:

1. 农夫山泉公司确定的公关目标是什么?为实现公关目标采取了哪些公关活动?
2. 本项目的目标公众有哪些?
3. 本项目选择了哪些传播媒介?
4. 本项目的活动模式属于哪种公关活动模式?
5. 开展体育公关的条件有哪些?
6. 本案例给你的最大启示是什么?

案例分析二

美国葵花油营销推广
凯旋先驱公关公司整合营销传播案例

凯旋先驱公关公司受美国向日葵协会的委托,为提高台湾公众对美国葵花油有益健康的认识,增加产品的试用消费量,于1998年12月—1999年9月策划和实施了一项基于该协会对台湾市场的调查的推广美国葵花油的整合传播活动。

台湾人喜欢在家做饭,又极其关注健康,蔬菜油在烹调过程中就成为一种不可或缺的原料,而在选择食用油时,人们考虑最多的因素是:有益健康、油烟少、价格便宜。在活动开展之前,葵花油在台湾市场的知名度一般,使用率仅为30％。台湾公众认为葵花油是一种较少或无油烟、较少或不含胆固醇的健康蔬菜油。但在试用度方面,葵花油仍次于豆油,虽然豆油被认为是一种品质较低的油品,但它更经济实惠,市场占有率较高。

凯旋先驱公关公司根据有关的市场信息和台湾的市场行情,进行一系列的项目调查和策划,确定了公关目标是增强美国葵花油的形象,即是人们的首选食用油且价格合理。其他需要传递的重要信息还有:葵花油油烟少或无油烟,可以保持厨房的清洁,它是台湾消费者的最健康的选择。另外还要强调的是,使用葵花油来烧菜是一种快乐的体验。本项目旨在台湾全岛范围内的以下受众中提高葵花油有益健康的知名度:目标公众包括30—49岁关注健康的消费者;关注健康的家庭主妇;消费品、健康、食品类专业媒体和综合类大众媒体;食用油方面的专业人士和营养学方面的意见专家。基于台湾消费者购物谨慎这一事实,充分利用对美国葵花油优点的科学研究发现,并结合市场调查所揭示的公众对葵花油的认识,以引起媒体的兴趣,这是教育台湾公众的最有效途径之一。

接下来凯旋先驱公关公司展开了一系列公关活动,首先和台北医科大学营养学系教授合作作为美国向日葵协会编纂了一篇科学评论文章,并通过电视烹调节目主持人和食品评论家这样的专业人士宣传产品,其做法是在台湾三大城市台北、台中、高雄三个商店举办"美国葵花油周",在每个城市,由一位名厨师用葵花油烹饪特别的菜肴,旁边有一位主持人做现场讲解。现场总共发放了1500份美国向日葵协会的宣传小册子和700本食谱。

为了进一步扩大台湾公众对产品品牌的认知度,凯旋先驱公司组织了一个媒体午餐会,以将美国向日葵协会正式介绍给台湾媒体和一般大众。为进一步建立与媒体的良好关系,午餐会上向媒体发放了特别设计的葵花油礼品包,其中包括新闻稿、一本由《美食天下》杂志设计的有创意的葵花油食谱和一瓶试用油。10000本食谱随同《美食天下》月刊发放给订户,另外3000本在其他公关活动现场发放。产品试用的机会使得台湾的消费者可以直接领略美国葵花油的超级品质及其特有的性能,如显著减少油烟。在增进与台湾各地食用油进口商的关系和收集当地市场信息的努力方面,凯旋先驱公司陪同美国向日葵协会的官员拜访了全岛的食用油供应商和进口商。其他一些树立品牌形象的行为包括赞助电视烹饪节目、在主要的消费品报纸和烹饪杂志上安排中文广告,他们还在《Yummy》杂志上以插页广告的形式刊登了用葵花油特别设计的四种食谱,一些主要报刊上还刊发了专门的评论文章。凯旋先驱公司还与发行量达110万份的《中国时报》合作,举办了一个用葵花油做食用油的食谱创作大赛,比赛规则、截止日期、换领美国葵花油食谱的印花由凯旋先驱公司和赞助商统一企业、标准食品企业共同制定,并开通了一条免费热线。裁判为两位名厨和一位营养学家,20位获奖者的名单公布在一个半页报纸的彩色广告中并被逐个通知领奖。

(资料来源:郭惠民.中国优秀公关案例选评(之四)[M].上海:复旦大学出版社,2001)

结合以上案例,请思考:

1. 凯旋先驱公关公司确定的公关目标是什么? 为实现公关目标采取了哪些公关活动?

2. 本项目的目标公众有哪些?

3. 本项目选择了哪些传播媒介?

4. 本项目的活动模式属于哪种公关活动模式?

☞ **思考与练习**

1. 请为你所在的组织(学校、企事业单位或城市)进行组织形象定位。

2. 请为你所在的组织设计组织发展愿景。

3. 请从组织形象构成要素的角度,对您所在地区的省人民医院的组织形象进行分析。

第六章
公共关系传播

1. 了解传播的一般过程
2. 理解传播的几种经典理论
3. 掌握公共关系的基本传播方式
4. 掌握现代公共关系传播的主要媒介及其特点
5. 理解新媒体的类型、应用及其发展趋势
6. 了解大数据之于公共关系的运用

公共关系的目的在于建立并维持组织与各类受众之间的相互了解、接纳与合作。公关的过程就是主体和客体之间的传播与沟通的过程。传播是公共关系工作的基本要素和重要手段。社会组织必须运用传播手段与社会公众相互沟通,以增进了解,加强理解,影响公众并引发公众行为。公共关系传播,是信息交流的过程,也是社会组织开展公共关系工作的重要手段。

第一节 传播和传播理论

一、传播的一般过程及其特点

"传播"一词,有通信、传扬、传达和交流等意。韦尔伯·施拉姆(Wilbur Schramm)给出的简明定义为:"传播可称之为对一系列传递信息的信号所含内容的分享。"简而言之,传播就是人类分享信息的过程。区别于物的输送、传递,信息的传播具有两方面的特征:一是信息包含一定的意义;二是信息本身不能独立存在。信息本身是抽象的,它依赖于人对信息的主观理解,并且它无固定形态,它可以对客观世界产生巨大的影响,却无法独自进行这个过程,即它非物非能,无法像物质或能量一样进行传递,只能借助于某种物质的

或能量的介质来实现分享。

由于对信息的主观理解和媒介对信息的一定影响,使传播的一般过程也呈现出自己的特点。关于传播的具体模式是多样的,但它们都离不开传播的基本过程,即克劳德·香农(Claude Elwood Shannon)模式,如图6-1所示。

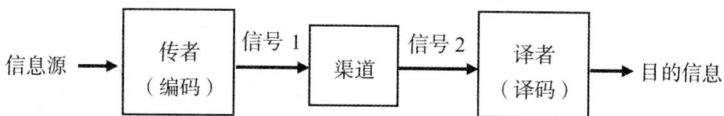

```
信息源 →  传者   信号1   渠道   信号2   译者   → 目的信息
         (编码)                        (译码)
```

图6-1　香农模式

如图6-1所示,构成传播活动过程的基本要素有以下四个:

第一,信息内容,也叫信息源。它是指传播的基本内容,是整个传播活动的起点。公关活动中试图传递的事关组织形象的内涵就是信息内容。

第二,传播者,简称传者。它是指在整个信息传播过程中的主动发送信息的人。在社会交往活动中,从专职的传播人员、公关人员到日常生活中的普通人,几乎人人都是传者。

第三,传播对象,又叫受传者。它是指传播内容的接受者,是传播过程中的客体要素。通常的读者、听众、观众或谈话对象以及公关活动中的公众都是受传者。

第四,传播渠道,也称传播的载体或媒介。它是指承载信息内容,并加以传递的物质、能量或符号等形式的介质。

所以,每一个最简单的线性的传播过程都是由四个基本要素构成的复杂系统。它可表述为:传者在选定一种信息内容(意义)后,把它编制成一定的可传符号,通过特定的媒介输送至受传者即公众那里,最后是受传者把信息符号形式译成信息意义本身,以实现原初的目的。

分析上述最简单的传播过程就会发现,传播过程中会受到诸多干扰,可能导致传播内容一定意义上的失真。干扰即是传播的障碍,它们至少出现在传播过程的三个环节,它们分别是传者的编码环节、传播渠道的媒介环节和受传者的译码环节。

首先,干扰来自传者的编码环节。传播者在编码过程中同时承担对信息的筛选确定、编制信号系统、指定特定的媒介渠道等三方面的职责。尽管信息源具有一定的客观要求,但不可避免地被烙上了传播者的一定的主观性。传播者的观念立场、经验条件、能力水平、重视程度和传播活动的目标倾向甚至个人兴趣爱好、个性特征等都直接影响了信息的传播。

其次,干扰产生于受传者的译码环节,即干扰产生于"信号2"到达受传者,受传者将信号译成信息意义即被理解的过程之中。受传者在传播过程中并非完全被动,面对通过媒介承载的信息,他的接受、理解都掺有个人主观心理。

最后,干扰发生在传播渠道的媒介环节,即干扰发生在"信号1"经过渠道成为"信号2"的过程中。由于传播过程并非在真空中进行,任何传播渠道实际上都会受到社会环境因素和渠道本身的物质技术因素的干扰。我们把一切影响正常信息交流过程的因素都称为"噪音"。随着时代的进步,信息量的增加,"噪音"的干扰度也将加大。一般而言,一定的传播干扰是不可避免的,它表明受传者最终获得的信息内容与最初的信息意义并非完全一致。

基于传播过程存在一定失真性的特点,要实施有效的公共关系传播,即要最大可能地消除传播障碍干扰,维持信息的真实性和到达信息的目的地,我们应尽可能地做到:第一,传者及其编码和渠道的选择要以受传者的经验及特点作为依据。这就要求整个传播过程的策划和实施应该以受传者为根本依据。从公共关系传播角度上看,就是公关传播必须以公众为本。第二,强调双向传播,就是在信息的传播过程中,强调信息在传者和受传者之间的相互传送,即在发送信息的同时注意收集反馈信息。

总之,信息传播过程即是信息的分享过程,同时也是有干扰的、具有可能的失真性的过程。这就要求我们在进行有效传播活动时,强调以受传者为依据的双向传播。公关活动也是一种传播过程,有效的公关传播应该是以公众为依据的组织和公众之间的双向传播。当然,除此以外,公关还必须掌握各类不同传播媒介的特征和规律,以便因势利导。

二、传播的几种经典理论

(一) 5W 模式

5W 模式是研究传播结构的理论,是典型的线性传播模式,由美国人哈罗德·拉斯韦尔(Harold Lasswell)提出。1948 年,拉斯韦尔发表了《社会传播的结构与功能》一文,在这篇论文里,拉斯韦尔提出了传播结构的经典模式——5W 模式。这一模式提供了一个简便方法,即通过回答下列 5 个问题,确定传播的范围和内容:谁传播、传播什么、通过什么渠道、向谁传播、传播的效果怎样,如图 6-2 所示。

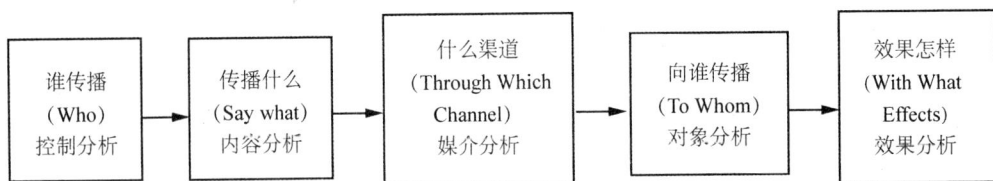

图 6-2 5W 模式

根据以上 5 个问题,拉斯韦尔把传播学的研究内容分成 5 大部分,即控制分析、内容分析、媒介分析、对象分析和效果分析,这 5 大部分内容,即为传播研究的基本范畴。

(1) 传播的控制分析,包括传播的法规与政策、传播者的社会控制和自我控制、传播者对传播的影响、传播者的社会责任。

(2) 传播的内容分析,包括传播的分类、传播的符号、传播的宣传方法等。

(3) 传播的媒介分析,包括传播的媒介环境、传播的媒介特点等。

（4）传播的对象分析,包括传播对象的心理、传播对象的劝服等。

（5）传播的效果分析,包括传播的效果类型、影响传播效果的因素、测定传播效果的方法等。

（二）互动传播模式

互动传播模式是研究传播过程的理论,是典型的控制论传播模式,由美国著名传播学专家韦尔伯·施拉姆提出。施拉姆将控制论的研究成果运用于传播学的研究,在5W的传播模式中引进了反馈机制,将反馈过程与传受双方的互动过程联系了起来,使传播变为一种互动的循环往复过程,如图6-3所示。

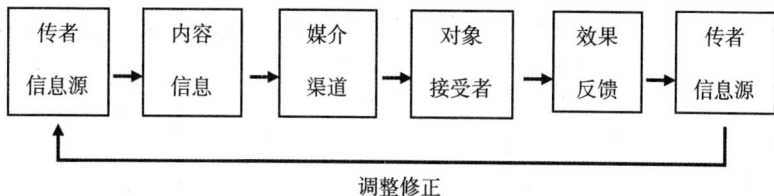

图6-3　互动传播模式

施拉姆的传播模式建立在5W模式对传播要素界定的基础上,它弥补了拉斯韦尔模式的缺陷,进一步揭示了传播过程的实质,为传播活动的运作提供了科学的机制。

（三）两级传播模式

两级传播模式是研究传播效果的理论,由美国著名的社会学家保罗·拉扎斯菲尔德(Paul F. Lazarsfeld)提出。1940年,拉扎斯菲尔德在美国俄亥俄州开展了一项有关总统选举的社会调查,调查结果证明,只有大约5%的人确认他们是受了大众传媒的影响而决定投票倾向的,而真正影响人们投票行为的仍然是来自个人之间的接触和劝说。于是,他提出了"两级传播"的假设。

拉扎斯菲尔德的"两级传播"假设是,"观念总是先从广播和报刊传向'舆论领袖',然后再由这些人传到人群中不那么活跃的部分。"也就是说,信息的传递,是按照"媒介—舆论领袖—受众"这种两级传播模式进行的。这里所提出的中间环节"舆论领袖",其作用与意义举足轻重。舆论领袖是指社会活动中能有较多机会接触到来自各种渠道的信息的人,即"消息灵通人士",或对于某一领域有丰富知识与经验的"权威专家",其态度和意见对广大公众有较大影响。

（四）受众选择"3S"理论

受众选择"3S"理论是研究受传者的理论,由美国学者约瑟夫·克拉帕(Joseph Crapa)提出。它主要强调认知主体的内部心理过程,并把公众看作是信息加工的主体。一般认为,信息传播者往往把一些符合自己意图的信息编成特定的符号,然后通过一定的渠道到达目的地。这个目的地就是传播者企图与之共享信息的接收对象,即受众。但是,时常发生的结果是信息在受众那里受到冷遇——人们可以在阅读时跳过某些版面的内容,也可以随意调换电视频道、切换网站信息,来选择自己喜欢的内容。

经过长期的观察和研究,传播学者发现受传者在接触媒介和接收信息时有很大的选择性,这就是受众心理的自我选择过程。克拉帕将这一选择过程的三种现象概括为:选择性注意(Selective Attention)、选择性理解(Selective Perception)、选择性记忆(Selective Retention),简称受众选择"3S"理论。

1. 选择性注意

选择性注意是指受众对诸多信息有选择地加以注意。受众总是愿意注意那些与自己观念一致的,或自己需要的、关心的信息,回避那些与自己固有观念相抵触的,或自己不感兴趣的信息。因而,在面对诸多信息的刺激时,公众不可能对所有的信息刺激一一做出反应,只能是有选择地加以注意。从选择性注意的角度看,信息发布者必须注意信息的强度、对比度、信息的位置、信息的重复率、信息的动静等因素,使自己所发布的信息醒目、具有吸引力,能在众多信息中脱颖而出。

2. 选择性理解

选择性理解是指不同的人对同一信息做出的不同意义的理解和解释。如果说选择性注意是人们对信息的一些零散捕捉,那么选择性理解则是对所注意的信息做有意义的思考。信息以符号为载体表达意义,对信息的理解则是对符号的翻译以还原其本来的意义。但事实上,所传信息常常并不等于公众所受信息,即受传者所理解、还原的意义与传播者意欲传递的本来意义之间往往会有一定的差距。受众的选择性理解为公众固有的态度和信仰机制所制约,可谓见仁见智,"一千个人眼里有一千个哈姆雷特"。因此,信息发布者在制作和发布信息时,必须考虑受众的心理因素,如需要、态度和情绪等,以便使受众能够按本来的意图理解信息。

3. 选择性记忆

选择性记忆是指受众对各类信息记忆的取舍趋向。记忆是一种极其主观的脑部活动,一般来说,受众总是容易记住那些简单醒目、与众不同和与自己的需要、兴趣一致的信息,容易忘记那些毫无特色、与己无关、不感兴趣的事情。这种记忆的取合,就是选择性记忆。

选择性注意、选择性理解、选择性记忆是受众心理选择过程的三个环节。事实上,受众的这种"选择性"是普遍存在的,它们是传播过程的主要干扰。信息的争议越大,则受选择性因素的干扰也就越大。相反,在一般性信息上,选择性因素的干扰就小得多。对于传播者来讲,关键在于研究受众的情况,有针对性地选择传播内容、方式,采取有效办法减少受众的选择性因素干扰,以达到预期的传播效果。

公共关系传播的理论模式种类繁多,随着传播学研究的进展,此后又出现了不少针对传播中某一要素进行专题研究的传播模式。传播模式的研究从传播过程的整体构建,到对传播过程因素的专门分析,越来越强调传播的效果。

第二节　公共关系的传播方式及媒介

一、公共关系传播方式

按照传播媒介的不同和所涉及的受传者的人数及范围的不同,公共关系传播通常分为人际传播、群体传播和大众传播三种方式。

(一) 人际传播

人际传播是一种基本的社会活动,任何人的生存都离不开和他人之间的交往。在人们的交往活动中,人们相互之间传递和交换着知识、意见、情感、愿望、观念等信息,从而产生了人与人之间的互相认知、互相吸引、互相作用的社会关系网络。基于人际传播媒介形式的差异,我们还可以进一步把人际传播划分为直接传播和间接传播两种形式。所谓直接传播,指的是古来已有的传播者和受体之间无须经过传播媒体而面对面的直接进行信息交流的过程。直接传播主要是通过口头语言、类语言、体态语的传递进行的信息交流。间接传播是指在现代社会里的各种传播媒体出现后,人际传播不再受到距离的限制,可以通过这些传播媒体进行远距离交流,这就大大拓展了人际传播的范围。总体而言,人际传播具有以下特点:

1. 直接性和针对性

人际传播方式是传受双方直接的沟通形式,它的传播对象明确,针对性最强。这是人际传播方式的优势,可以促使传播的有效性提高。

2. 感官参与度高,感染力强

在直接性的人际传播活动中,由于是面对面的交往,人体全部感觉器官都可能参与进来,接收信息和传递信息。即使是间接性的人际传播活动,人体器官参与度也相对较高。大量的表情语和姿势语等的运用,可以传递传受双方的情绪或个性特征,使人际交往带有明显的情感色彩。

3. 传播反馈迅速

人际传播过程灵活,传受双方都容易积极主动地进行信息交流,传者和受传者的位置可以随时互换,并且迅速地了解传播的效果。传播的速度、内容、方式和媒介等都可根据传播反馈情况而及时地调整、应变。

4. 保密性强

人际传播直接进行于传受双方之间,对其他人不具有传受性,因而具有较强的保密性。

(二) 群体传播

群体传播就是针对一定的人群共同体的传播方式。出于对传播过程的考察,并非一些人在一起就叫群体。一定的人群须按照一定的聚集方式,在一定的场合下才能接受传播。所以,群体传播的主体可以是一个人,也可以是一个组织,它所针对的客体是聚集于特定空间的公众群体。这不同于大众传播面对的是在空间上彼此离散的公众。群体传播因此处于人际传播方式与大众传播方式的中间层次。它分别克服了它们的缺陷,又难以全部保留它们的优点,呈现出一种中间的、过渡状态的传播方式。群体传播的独特性在于:

1. 群体传播过程会受到来自群体内部的小团体的影响

公众群在作为整体接受传播的同时,还可能进行着同步的人际间的小团体的传播过程,因而可能形成相互的传播干扰。比如小道消息、评价议论等。它们或者推动群体成员接受某种信息,或者迫使拒绝。美国传播学家用"葡萄藤"来形容这种谣言性的传播。这就要求:群体传播的过程中,传播者应关注同步进行的其他传播的力量,将各方面的信息加以正面引导,以强化自身传播效果。

2. 群体传播往往具有一定的情景气氛,可引发一定的从众心理或行为

群体传播不是一个单向的信息流动过程,而是传受双方及受传者之间有互动过程。群体的人们在接受传播时,也同时在积极主动运用自己的心理过程,包括认知、记忆、情感过程等,这种主动性导致受传者影响传播者,受传者之间也同时在相互影响。这种影响力在同一空间内的不断积聚,就使情景气氛愈益浓郁,力量就越大,个体会在这种情景气氛的压力之下逐渐失去自我,走向从众。情景气氛的形成是由于群体作为一个整体所具有的动力和压力。把握群体传播的这一特点,可以尽力避免有人利用这种情景气氛进行精神影响或控制,也提醒群体传播的传者注意关注群体的情景。

群体传播可按照群体传播的时空特征分为两大类:一是在同一时空中进行的群体传播,包括有公众演说、记者招待会、新闻发布会、沟通性会议、公务谈判、联谊会、庆祝会等。在这些传播活动中,传者和受传者是在同一时间和空间中分享信息的。二是不同时但在同一空间或同时而不同空间的群体传播。属于此类的有各种展览或陈列、宣传资料的传播等。群体传播若按受传者的群体特征进行分类,可分为组织传播和非组织的群体传播。

在大多数情况下,群体传播比较适合于可控的公众群体,哪怕有时这个群体的人数比较多。因为它将比大众传播更具针对性和有效性。此外,群体传播还适用于面临共同问题的人群,或者是试图用情景气氛造成一定从众影响的时候。比照人际传播,群体传播的顺利进行也需要下列基本条件:一是选择群体能共同理解的传播媒介;二是选择公众共同关注的或绝大多数公众关注的信息内容或主题。总之,群体传播涉及群体,关注群体的共同性是必不可少的传播条件。

(三)大众传播

大众传播是社会组织通过文字(报纸、杂志、书籍)、广播、电视、电子网络等大众传播媒介,采用现代机器设备,向社会大众公开、迅速、大量地传递信息的过程。德弗勒认为:"大众传播是一个过程,在这个过程中,职业传播者利用机械媒介广泛、迅速、连续不断地发出讯息,目的是使人数众多、成分复杂的受众分享传播者要表达的含义,并试图以各种

方式影响他们。"

大众传播一词最早出现于 20 世纪 30 年代的美国。西方认为,1450 年德国 J. 谷登堡发明的金属活字印刷,将人类带进了大众传播的时代。此后的 400 年中,印刷媒介是大众传播的唯一渠道。20 世纪以来,随着广播、电视等电子媒介的诞生和发展,以及信息的大量化、多样化,大众传播已成为普遍的社会现象。大众传播推动了社会环境和文化环境的演变,人们的生活越来越离不开大众传播。大众传播有传者、信息、大众传播工具和受众四个要素。它与其他传播现象的根本区别在于:在传者与大量的受传者之间插入了一种或多种联系两者的传播工具。因此,大众传播也被称为通过传播工具的传播。大众传播具有如下特点:

1. 受传者面广、人数众多、成分复杂

大众传播覆盖的社会范围极广,因而受众人数众多,其成分十分复杂,面临着不同的种族、信仰、年龄层次、文化程度、兴趣爱好等的人们,并且由于人们所处地理条件的不同,受众分散地扮演着不同的社会职业身份角色,难以控制和把握。

2. 传播反馈间接、迟缓和困难

大众传播的反馈的进行,需要诸多中间的专门组织或人员,如调查机构和人员,来配合完成。而非传者直接接受受众的信息反馈,因而其间接性十分明显。由于受众的人数众多、分布面广等特点,导致反馈信息速度比较迟缓。同时,要比较准确地了解庞大、分散、流动、隐匿的受众的信息接受情况相对难度更大。

3. 大众传播依赖机械或电子等物质媒介

大众媒介的书报杂志、广播电视和电子网络等是大众传播所必须依赖的物质条件,而各类大众媒介的特点和优势都不尽相同。只有充分了解并合理利用各类媒介,甚至整合媒介传播,才能收到良好的传播效果。

4. 传者的职业化

无论何种大众传播形式,其传播者即编码者大多是受过专门职业教育的传播专职人员,或者是他们精心选择的其他领域的如美术家、音乐家、文字专家等专门人员。这些人员成了信息的"把关人",一方面会促使大众传播的水平极大地提高,体现一定的权威性;另一方面又可能用他们自己的观点倾向来主导公众舆论。

概括地讲,从人际传播、群体传播到大众传播,每一种传播方式都有自己的特点,并不存在"最好"的传播方式。每一种传播方式其优势和缺陷几乎是同时存在的。公关人员在传播实践中,必须从自身的目标、公众的特点、信息内容的要求和实际状况出发,优化、整合传播方式和媒介,以实现公关活动的最大效用。

二、公共关系传播媒介的类型及特点

(一) 语言媒介

语言媒介,包括有声语言和无声语言。有声语言,即口语传播,专指传播者通过口腔发声并运用特定的语词和语法结构及各种辅助手段向受传者进行的一种信息交流。公关语言技巧是传播者在了解和认识传播规律的基础上,对言语的特点加以艺术性运用的一种方法。它是公共关系实务的基本传播手段,在日常接待、新闻发布、演讲、沟通性会议、公务谈判等场合应用非常广泛。公关语言技巧包括说话的技巧、听话的技巧、提问的技巧和演讲的技巧。

无声语言,也称非语言传播,主要是借助体语和默语来传递信息。体语是以人的动作、表情、服饰等来传递信息的一种无声语言,有首语、手语(手势和哑语等)、足语(如跺脚、来回踱步等)、目光语(历来被誉为"心灵之窗"的眼神和视角、视线传递等)、微笑语(通过不出声的笑所传递的信息)、姿势语(是人体的动态或静态所表达的信息内容,如鞠躬、立正等)、服饰语(是指通过服装和饰品所传递的信息,也是一种个人素养、爱好和文化品位的显现)。默语是言语中短暂的间隙,往往能会意出言外之意、话外之音,达到此时无声胜有声的效果。

(二) 印刷媒介

印刷类传播媒介,是以文字、图片形式将信息印刷在纸张上所进行的传播,如报纸、杂志、传单、书籍等。下面对报纸和杂志两类主要印刷媒介做简要分析:

1. 报纸

报纸是以刊登新闻为主的定期出版物。在各类印刷媒介中,它的传播速度最快,具有较强的时效性;内容通俗易懂;发行量最大;费用也较低。但报纸表现形式单一。

报纸传播的优点:迅速大量地印制生产,传播面广;具有专业性和权威性;印刷具有周期性,便于保存和查找;可以长期保存,随时取阅,反复研读;传播费用较低。

报纸传播的弱点:感染力较弱;对受众文化水平有要求;色泽较差,缺乏动感。

2. 杂志

以成册装订形式刊出的定期出版物,内容含量大、详尽、全面。

杂志传播的优点:读者可以自由地决定阅读的时间、地点、速度和方式;内容分类清晰;专业性强;时效性长;印刷精美,表现力强。杂志比报纸更容易保存和检索,便于查阅。但杂志的出版周期较长,传播速度慢于报纸;杂志通常具有较强的专业性,对读者文化水平要求较高,发行范围受到限制。

杂志传播的弱点:声势小;出版周期长;理解能力受限。

(三) 电子媒介

电子媒介是指运用电子技术、电子技术设备及其产品进行信息传播的媒介,其中包括广播、电视、电影、录音、录像等。下面对广播和电视两类电子媒介做简要分析:

1. 广播

广播传播的优点:传播面广,传播迅速,普及率高;制作简便,便于报道突发性事件;声情并茂,感染力强。

广播传播的弱点：只闻其声，不见其人；稍纵即逝，不便保存；顺序播出，无法选择，检索性差。

2. 电视

电视是最生动形象、最具感染力且极具娱乐性的大众传播媒介，因而也是受众人数最多的大众传播媒介之一。

电视传播的优点：结合图、文、声、色，具直观性，现场感强；传播迅速、影响面大；普及率高，功能强大；内容丰富，感染力强。

电视传播的弱点：电视信息的制作成本较高，技术性强，且机器笨重难移，因而限制了电视信息的传播范围；顺序播出，无法选择，接收者较为被动；内容稍纵即逝，信息的储存性差，不便保存。

（四）网络媒体

"网络媒体"又称"互联网媒体"，就是借助互联网这个信息传播平台，以电脑、电视机以及移动电话等为终端，以文字、声音、图像等形式来传播新闻信息的一种数字化、多媒体的传播媒介。互联网媒体相对于早已诞生的报纸、广播、电视等媒体而言，又称"第四媒体"。

网络媒体是真正的数字化媒体。数字化是互联网媒体存在的前提。在互联网上，无论是文字、图像、声音，归根到底都是通过"0"和"1"这两个数字信号的不同组合来表达的。这使得信息第一次不仅在内容上，而且在形式上获得了同一性。数字化的革命意义不仅是便于复制和传送，更重要的是方便不同形式的信息之间的相互转换，如将文字转换为声音。美国麻省理工学院媒体实验室主任尼古拉·尼葛洛庞蒂曾指出，"信息社会，其基本要素不是原子，而是比特。比特与原子遵循着完全不同的法则。比特没有重量，易于复制，可以以极快的速度传播。在它传播时，时空障碍完全消失。原子只能由有限的人使用，使用的人越多其价值越低；比特可以由无限的人使用，使用的人越多其价值越高。"

比较传统媒体，网络媒体的特点是：

1. 海量性和迅捷性

网络媒体在信息传输量上具有无限的丰富性，在信息形态上具有纷繁的多样性。无论是报纸、广播、电视，在单位时间（节目）和空间（版面）中所传播的信息，都是有限的，而互联网媒体贮存和发布的信息容量巨大，有人将其形象地比喻为"海量"；同时互联网媒体传播速度快捷，信息来源广泛，制作发布信息简便。因此，互联网媒体可以随时发布新闻，尤其是在报道突发性事件和持续发展的新闻事件时，传播速度快，具有很强的时效性。

2. 多媒体和个性化

互联网媒体整合了报纸、广播、电视三大媒介的优势，实现了文字、图片、声音、图像等传播符号和手段的有机结合。网络媒体的传播，是真正个性化的传播，它的内容的设计，大多是出于受众的个体需要。有人说互联网媒体传播最温馨，最具有人情味。

3. 交互性和自由性

互联网媒体带来了传受双方的双向互动传播,并且受众可以在自己许可的时间与地点上网,接受信息、消化信息,并与传播主体,甚至其他受众多向互动。

网络媒体的特征,决定了它具有比传统媒体更为明显的传播优势,使她正逐步成为公共关系实务操作中最重要的传播工具之一。互联网蕴藏着巨大的潜能,虽然它在许多应用上仍只是牛刀小试,但显示的效用已是许多传统媒介无法比拟的。一个网络时代的公共关系专业人员,如果不懂网络传播,将会被淘汰出局。反之,谁掌握了网络传播的主动权,谁就在很大程度上掌握了公共关系传播的主动权,这是公共关系职业人员不可忽视的重大趋势。

公共关系工作要充分发挥互联网的优势,必须透彻了解互联网的性质和特点,熟练掌握各类网络媒体的策略和技巧,将其与传播交流工作很好地结合起来。

阅 读 资 料

北京奥运会与上海世博会的对比

2008年夏季奥运会在北京成功举办,通过电视直播吸引了数十亿观众收看。2010年世界博览会于上海举办,同期上海世博会推出了"网上世博"。从政府公共关系角度来看,两者都是成功的,产生的轰动效应极大提升了国家和政府在国际国内的形象。但上海世博会不同于北京奥运会,它建设了互联网络时代第一个网络世博会,通过互联网技术将园区内百余展馆平移至网络,动用3D技术展示最逼真的虚拟场景供全球公民参与、浏览。上海世博会结束后,尽管展馆将会被拆除,但是网上世博会被永远保留。创建的掌上世博会,用户通过手机便能进入浏览和观看。

第三节 新媒体传播与大数据应用

中国已经成为一个互联网超级大国。根据中国互联网络信息中心2015年2月发布的《第35次中国互联网络发展状况统计报告》,截至2014年12月,我国网民规模达6.49亿,互联网普及率为47.9%。我国手机网民规模达5.57亿,占整体网民的比率为85.8%,手机成了中国网民的第一大上网终端。另外,平板电脑的娱乐性和便捷性特点使其成为网民的重要娱乐设备,2014年底使用率达到34.8%。总体来说,台式机、笔记本等传统上网设备的使用率保持平稳,移动上网设备的使用率进一步增长,移动上网应用出现了前所未有的创新热潮。这份权威数据说明了网络媒体及网络媒体创新所幻化的"新媒体"技术,正迅速而广泛地被广大受众认可,公众正自觉地享用着新媒体技术在信息传播与沟通方面带来的这份舒心"利好"。

一、新媒体概述

随着科技的飞速发展,新媒体越来越受到人们的关注,成为人们议论的热门话题。新媒体在业界的繁荣也使得学界对其的研究进一步加强,但对于"新媒体"的界定,可谓众说纷纭,至今没有定论。一些传播学期刊上设有"新媒体"专栏,但所刊载文章的研究对象也不尽相同,有数字电视、移动电视、手机媒体、IPTV等,还有一些刊物把博客、播客等也列入新媒体专栏。那么,到底什么是新媒体?总的来说我们可以这样理解,新媒体是相对于传统媒体而言,是报刊、广播、电视等传统媒体以后发展起来的新的媒体形态,是利用数字技术、网络技术、移动技术,通过互联网、无线通信网、有线网络等渠道以及电脑、手机、数字电视机等终端,向用户提供信息和娱乐的传播形态和媒体形态。严格地说,新媒体应该被称为"数字化新媒体"。新媒体既是个人处理信息的工具,也是人际传播、群体传播、大众传播的手段,无疑是一个非常复杂的信息传播平台。

(一)新媒体的特征

传播学集大成者施拉姆曾提出了认识媒介的八个原则:媒介刺激的感官,反馈的机会,速度的控制,讯息代码,增值的力量,保存信息的力量,克服弃取的力量,满足专门需要的力量。今日的新媒体正试图最大化地开启人们的感知器官,合理地控制传播速度,增强互动和反馈的效果,满足专门的信息需要,强化检索和保存的功能……可以说新媒体技术在信息传播与沟通方面创造了无限可能。

1. 交互性与全时性

新闻的线索收集、采访、发行等一系列活动,所有用户都有机会参与进去,并且在事后可以发表评论,可以说已经形成全互动式的传播。信息传播的时效性有四个发展阶段:定时、即时、实时、全时。全时性传播指的是信息随时可以进行发布,受众可以第一时间知道所发生的一切。特别是现在承载于手机的各类新闻平台和客户端,能够实时发布各类新闻到客户的手机端,第一时间将信息传递给受众。

2. 海量性与多元性

传播不再是机构、媒体单位的事情,每一位民众都可以参与其中,谁都可能是记者、编辑。新媒体最大的特点是去中心化传播。不存在类似"头版头条"这样的状况,不同受众可以选择出很多主题进行讨论,另一方面也说明了新媒体使新闻多元化。新媒体传播的地域和空间限制越来越少,只需要设备和传输信号,就可以发布信息。信息传播不再是比较固定的用词模式,不同的消息发布人可以用自己使用语言的习惯进行传播。

3. 多媒体与超文本

多媒体是一个综合提供文本、图形、声音、视频和动画的传播系统,相对传统媒体,新媒体的最大特点是包容了多种传播形式,使得传播的手段无限丰富,受众的选择也因此被无限放大。另一方面,新媒体是多媒体展示,是以超文本呈现,是用超链接的方法,将各种不同空间的信息组织在一起。

（二）新媒体的发展趋势

1. 传播目标趋向智能化、人性化

一般的社会化网络具备三层构造：第一层为个人信息展示，第二层为共享与分享，第三层为基于社交空间的群体协作，在社会化网络里共同完成某一任务。建构社会化网络的三个层次使得互联网越来越趋于智能化、人性化、个性化，会让网络时代进入一个"机器也会思考"的时代，网络会对用户提出的问题做出具体的、精准的解答。比如你想带孩子去游乐场玩，然后在附近吃个晚餐，互联网会根据你的个人资料、与好友交流的信息、所处位置、平时浏览网页所显示的个人爱好等因素加以综合判断，然后给出符合你要求的游乐场、餐馆，而不需要你在海量信息中再做检索和查询。这也就意味着，社会化网络将来能帮助用户屏蔽掉99%的不需要的或垃圾信息，而展示剩下的、精准的1%的信息。

2. 传播方式趋向整合式传播

从当前新闻网站乃至整个互联网生态环境可以看到，存在着内容与渠道的过剩与稀缺的悖论。内容方面，来自用户的庞杂、海量的信息造成了新闻内容的过剩，但同时每一个个体面对浩瀚的互联网又感觉无所适从，高品质、专业性、个性化的精品内容又非常稀缺；渠道方面，除了传统的报刊、图书、广播、电视等媒介外，还有网络、手机、移动阅读器、平板电脑、楼宇电视、电子书等新媒介，多元化的渠道背后意味着渠道的过剩，也同时意味着有针对性、有效率的渠道的稀缺。面对当下的互联网生态，进行新媒体整合式传播是必然选择。2011年2月，约翰·杜尔提出的SoLoMo营销模式，把最热的三个关键词Social（社交）、Local（本地化）和Mobile（移动）整合到了一起，将其应用于网络营销和商业模式的变革。笔者认为这种模式同样适用于科学传播，能够形成一种基于内容本地化、方式社交化、获取移动化的整合式传播。

3. 云计算技术催生云传播与云媒体

云计算（Cloud Computing）是一种基于互联网的超级计算模式，它的应用思想是把分布于各地的成千上万台电脑和庞大的服务器集群计算能力连接成一张大网到一个远程的数据中心，形似一片电脑云。本地计算机只需要通过互联网发送一个需求信息，远端就会有成千上万的计算机为你提供需要的资源并将结果返回到本地计算机。云计算首先带来的是云传播的概念。传统媒体和传统互联网有点对点、面对面、点对面和面对点等多种传播方式，云传播的重要特点是简化了传播模式，只存在"云"到"端"。其次是云监测。互联网多点并发、频繁交互的传播特性使得网上内容在几近失控的状态下被变异和再传播。要想全面、快速地掌握网上传播态势，就可以借助云计算对原始内容的浏览量以及散布于论坛、微博、SNS社区的所有再传播内容的浏览量进行实时监测，并能锁定特定媒体或特定传播人，即时监测。

基于新媒体的强大功能和无限潜能，接下来我们将重点介绍新媒体这个广义概念中的社会化媒体和移动媒体两个问题及其应用。

二、社会化媒体

（一）社会化媒体的定义与特点

社会化媒体是通过基于 Web 2.0 技术的广泛运用而兴起的网络通信技术。界定社会化媒体概念并不简单,博客、维基、播客、论坛、社交网络都是社会化媒体的具体实例。一位资深公共关系人员 AntonyMayfield 在他的名为《什么是社会化媒体?》一书中,定义社会化媒体是一种给予用户极大参与空间的新型在线媒体,能够提供:用户参与、内容公开、用户交流、能对话、社区化、社区间信息的连通性的功能。美国的传媒学者 Erik Qualman 解释的社会化媒体是能够令人们轻松随意地与朋友保持联系,在应对网络上海量信息时,能够帮助其排除干扰的免费快捷的工具,并能够降低新闻与杂志的影响力,成为一种信息传播的新渠道。

根据 Darrell Stern 2013 年初的一项研究,最新的世界前十名的社会化媒体排位是:第一名 Facebook,用户 10 个亿,其中移动用户 6 个亿;第二名 YouTube,8 亿用户,每日平均浏览 40 亿人次;第三名是中国腾讯,7 亿用户;第四名也为腾讯所摘,是中国最大的社交网络 QQ 空间,用户 5 亿;第五名是 Twitter,5 亿注册用户;第六名是 Google＋,4 亿注册用户;第七名中国的新浪微博,4 亿用户;第八名是总部设在美国加州旧金山的社交网 Tagged,用户 3.3 亿;第九名 Gmail,2.87 亿;第十名 Hotmail,2.86 亿。

据加网公布,国内社会化媒体的 2013 年 2 月排行榜和各家所占市场份额为:①QQ 空间(18.58%);②新浪微博(14.55%);③腾讯微博(9.38%);④人人网(6.37%);⑤开心网(5.06%);⑥搜狐微博(3.39%);⑦飞信(2.42%);⑧网易微博(2.12%);⑨淘江湖(2.06%);⑩豆瓣(1.94%)。

总的来说,社会化媒体是一种以人为本为理念的网络信息沟通工具,可以给用户极大的参与空间,是开放、共享以及创造信息的空间,并且不需要很高的技术支持而被使用。考察上述全球前十名社会化媒体和国内行业的前十名,就其对公共关系的相关性和重要性而言,其特点主要有:

1. 用户参与度高,内容自主决定

传统机构媒体对内容的控制决定了传播的单向性,也正是由于社会化媒体的内容是由用户自创的,用户与用户之间的横向平等参与和交流取代了传统机构媒体与用户的纵向上下关系。社会化媒体成为网络传播的热门应用,与它的用户平等参与和交流特性有着内生关系。用户拥有了更多的话语权,草根"明星"多了,无论从社交和传播层面,还是参与商业经济,甚至是民主政治,人们的参与热情、发声热情都被点燃。

传统机构媒体,无论是纸媒还是电子媒体,皆由媒体自身提供内容。即便刊载或发布用户投稿或各种反馈性评论和意见,也是由机构单方面选择决定的。然而,社会化媒体为用户构建的各种信息、知识、娱乐平台,如新浪微博和 QQ 空间,或美国的 Facebook、维基百科或 Twitter,本身并无内容,但它们的虚拟空间广大无比,任由用户自行上传、分享视频和图片,提供文章,发表评论,进行对话和交流。

2. 网络社会化与社会网络化

新媒体就是网络化发展的媒体,而这种网络化的新媒体又在向社会高度融合和渗透,所以,社会网络化和网络社会化是新媒体的两大发展态势。网络社会化和社会网络化使得新媒体不仅对传媒领域有重大影响,对于社会发展亦产生了革命性作用。互联网实际上已全面渗透至经济、政治、文化、军事、商务、医疗、教育、金融、农业等行业和领域,形成了一个崭新的网络社会。这个网络社会改变了人类社会的存在方式,深刻影响着社会、政府及公民的组织和行为方式。

与传统媒体传播相比,新媒体传播不再是一种单一的传播,而是把人际、群体、组织、大众等传播方式融合于一网。特别是社会化媒体传播极大彰显了公民的个体性,受众不再仅仅是接受者,他们积极地参与信息传播,并且主动生产信息,网民之间的相互传播成为重要的传播方式。他们通过积极的媒介使用行为,以跨越各种媒介形态的信息传播技术为中介相互联结,构成了融合信息与社会服务的新型网络,成为"网络化用户"的集合,即"网众"。

3. 舆论力量巨大,传播责任分担

社会化媒体超级发展,人的虚拟交流一下子变得如此便捷、广泛、充分、高效。美国学者 Erik Qualman 认为,"这将是一个新时代的到来,社会化媒体将颠覆性地改变世界。"美国总统奥巴马就是依靠社交网站获得数百万的粉丝,筹得三倍于麦凯恩高达 6.6 亿美元的竞选资金,并最终胜选总统的。2012 年 11 月奥巴马第二任总统竞选成功,同样离不开他的竞选班子对社会化媒体的运用,特别是对社会化媒体舆论横向连通功能的运用,这对民众舆论迅速倒向奥巴马起了推波助澜的作用。

在社会化媒体时代,社会化媒体自身和它们的亿万用户们都享受着史无前例的信息传播自由,但自由和责任从来是一对形影不离的孪生兄弟。开放的网络,给了每个人发言的自由,但这种"言论自由"同时也给很多人提供了玷污道德的土壤。网络变成了一些人宣泄负面情绪的出口,公众人物或与自己有特殊利益关系的人变为了这些人发泄的对象,如人身攻击、恶意诋毁、曝光隐私等。企业之间的恶意竞争超越了道德边界,轻者编造谎言,重者攻讦企业内幕,重伤企业声誉。因此,网络言论自由的边界、网络道德与责任承担也是网络时代的重大研究课题。

阅读资料

"秦火火"们背后的非法利益链

北京尔玛互动营销策划有限公司(以下简称尔玛互动公司)创始人杨秀宇(网名"立二拆四")和员工秦志晖(网名"秦火火")等人被刑事拘留,揭开了多起网络造谣事件的真相。秦志晖因编造和散布"7·23"动车事故赔偿意大利籍乘客 2 亿元、雷锋生活奢侈、张海迪

拥有日本国籍等谣言被刑拘。一系列有目的、有针对性的网络谣言之后,秦志晖成为网民关注对象,微博粉丝大量增加,既满足了自身成名的心理,又能够引起一些希望炒作的企业的关注,从而获得不菲的收益。

网络大V摇身变成"大谣"

自2011年以来,秦志晖等制造并传播的谣言多达3000余条,而他们的造谣微博被很多网络大V转发。据办案民警介绍,杨秀宇、秦志晖等人伙同所谓"意见领袖"组织网络"水军"长期在网上制造和传播谣言,其中某些谣言也是经过他人授意的。

秦志晖造谣之所以传播广泛,与网络中大V传播有很大关系,在没有网络大V转发之前,没有几个人会去关注"秦火火"的微博,更不会进行传播。正是大V们的转发,为秦志晖的谣言进行了二次传播,使得公众开始相信这是真的。

记者了解到,在杨秀宇、秦志晖二人制造的3000余条谣言中,被广为传播的多是经过大V转发后造成了极恶劣社会影响的谣言。办案民警告诉记者,秦志晖初步交代,他们和某些人达成了协议,相互转发微博。这也证实了大V在网络中摇身变为"大谣"。

非法利益链:从造谣到牟利

通常的网络炒作是围绕着某个人物来进行,针对这个人物的点点滴滴进行挖掘,以此挑动网友神经,再雇佣网络水军大肆炒作,相关人物成名人后自然名利双收,而杨秀宇及其公司则可以收取大量的营销费用。

从尔玛互动公司的简介上来看,公司为中国顶尖营销策划公司,为众多知名企业提供营销策划顾问服务。为了扩大知名度和影响力,杨秀宇、秦志晖二人和其他公司员工组成网络推手,在论坛、微博、博客等平台大肆组织策划并制造传播谣言,策划炒作网络事件,以此达到提高公司知名度的目的,进而牟利。

如今,网络营销越来越被企业所重视,这也就催生了网络营销这个行业。杨秀宇把网络营销简单地变为网络炒作,在收取企业的营销费用后,组织人员在网络中发帖、回帖和评论来制造网络热点,并在其中不惜牺牲他人名誉,进行造谣和传谣来扩大影响力,从而吸引更多网民关注。

据杨秀宇供述,尔玛互动公司成立7年以来,年收入已达到上千万元。除了炒作、造谣外,尔玛互动公司还一直从事非法删帖、查询IP地址等非法牟利活动。

网络大V们的生意经

网络中,大V早已成为营销的重要推手,一位不愿透露姓名的网络营销人士对记者说,网络大V们的赚钱路径就是"先出名,再收钱"。在网络中首先要出名,但通过正常的发帖、转帖很难达到出名效果,而造谣就成为快速出名的绝佳方式。盯住名人、热点事件,并通过造谣吸引微博粉丝关注,成为出名的捷径,而这些粉丝也成为日后该大V商业运作的基础。

该人士介绍称,其实在网络造谣、传谣利益链条中,各方都成为受益者,网民只是被利用的工具。凭借网络营销公司、"水军"在网络中的广阔覆盖,加之大 V 又对谣言转发,从而形成一条完整网络变现的产业链。

据记者统计,新浪和腾讯微博中,持有百万名以上粉丝的大 V 超过 3200 个,持有千万以上粉丝的大 V 超过 220 个。这些大 V 在行业中普遍被称为"意见领袖",不但带动了微博用户的活跃度,也能将自身粉丝数直接转化为自己的收入。某些网络中的大 V 为了不断吸引粉丝关注,以"求辟谣"方式转发一些未经证实的谣言,从而成为谣言的"二传手"。

据一位企业微博营销负责人介绍,自己企业曾与多名粉丝超过百万的大 V 合作,几条微博下来,价格超过 5 万元。虽然价格不菲,但效果不错,2 小时内转发和评论就过万条。

上述人士提供的一份网络大 V 转发价目表显示,草根大 V 转发内容,通常价格为100~3000元。一些超过千万粉丝的大 V,为自抬身价,甚至不接受直接给钱的方式,营销公司可以利用这些超级大 V,为公司旗下其他大 V 带来更多粉丝,从而获取更大利益。除了大 V 外,影视明星大 V 账号更加值钱,转发价格最少都在万元以上。

(资料来源:http://china.northnews.cn/2013/0827/1381987.shtml)

(二)典型社会化媒体示例

1. 博客

博客是 Web-log(网络日志)的简写,博客主建立博客网站,撰写电子日志。通过网络传播表达自己的看法和观点,它是一个可以方便更新的网页,通常由个人或者团队来维护,及时更新文章或者将图片显示在首页上。博客最大的特点是允许人们进入博客页面,并且在主页可以进行评论、对话。建立博客非常简单,免费,能够被任何人所访问,门槛低。若要经营好一个博客,需要投入大量的时间和精力,充实里面的有意义的内容。反过来,一个内容充实、有意义的博客能够迅速被网友点评和推销。在 2006 年的博客记事中,影视明星徐静蕾的"老徐博客"在新浪推出 100 多天,点击率突破了 1000 万,日平均点击达 10 万,也就是每天都有超过 10 万网友关注她的关注,其博客产生的影响力超出了电视媒体广告的效应。

2. 微博

微博类似于国外的推特(Twitter),是一种用户通过及时更新简短文本的小微博。其相对于博客的特点是在内容上不能超过 140 个字,文字量更少,信息更加简洁,更适合快速发展的社会,并且文本更新的方式更加灵活、多样化,与传统博客比较,微博是可以通过手机终端和 PC 上传,也就是说拥有一个 3G 手机,你能随时随地把所见所闻上传至博客,订阅了博客的人能第一时间接收到信息。微博转发的速度和影响力成正比,越是被快速传阅的微博,说明阅读人数在以 N 次方的数量增多,其影响力就越大,140 个字的文字信息产生的效果也会超过传统媒体,在互联网络中引发舆论风潮。

3. 播客

播客同样借助互联网发布信息,但是播客传递的是以音频和视频为主,区别于博客的文字和图片。用户可以根据定制功能接收播客的视频内容信息。目前中国最大的播客网站有土豆网、新浪播客、YouTube 等,播客的出现给用户提供了分享身边视频的信息空间。

4. 维基

维基是一个动态、自由访问的、允许人们编辑其内容的网站,其目标和宗旨是为全人类提供自由的百科全书网站,就是国外的维基百科,它的特点是用户可以免费浏览和分享、查询资料,还允许注册用户修改百科全书的内容,也就是提供资料供他人分享,中国的百度百科也是类似于维基的网站。

5. 社交网络服务

社交网络服务又称为 SNS(Social Networking Service)社区,它的应用是帮助用户建构一个内容丰富个性的主页,这种主页能够传达比博客内容更丰富的信息和影响力,SNS 还可以定制信息,登入网站就能看到所定制的信息的更新。比如用户定制《南方周末》,登入后即可看到及时更新的信息。在社区内,用户可以聊天、发邮件、分享日志、参与讨论组、共享音乐等等,这种虚拟的网络社区比现实人际交往更活跃。国内社交网络兴起于2005 年,王兴把国外 Facebook 网站复制到中国,成立了校内网,并在建立的第二年内被广泛使用,一度用户量暴涨,开始变得非常活跃。它基于社会网络关系系统思想建立的网站,旨在帮助人们建立个性的网络主页,目的用于交友和信息分享。国外有 Myspace、Facebook,中国的非常流行和使用较多的当属人人网、QQ 空间,都是极具个人特质的主页。

三、移动数字媒体

移动数字媒体是指以移动数字终端为载体,通过无线数字技术与移动数字处理技术可以运行各种平台软件及相关应用,以文字、图片、视频等方式展示信息和提供信息处理功能的媒介。当前,移动数字媒体的主要载体以智能手机及平板电脑为主,随着信息技术的发展和通信网络融合,一切能够借助移动通信网络沟通信息的个人信息处理终端都可以作为移动媒体的运用平台。如电子阅读器、移动影院、MP3(MP4)、数码摄录像机等都可以成为移动数字媒体的运用平台。

在移动数字媒体中,智能手机是时下人们最为亲密的一种贴身媒体,一只最舍不得丢下的宠物。人们逐渐地把浏览网页、网上购物、听音乐、看视频的时间,更多地分配给了日夜陪伴着他的那部手机,不自觉地疏远了电视机、台式或手提电脑那些昔日老友。人们对手机的依赖程度越来越高,许多人甚至没有手机就会感到烦躁和焦虑不安。

据《第35次中国互联网络发展状况统计报告》，截至2014年12月，我国手机网民规模达5.57亿，网民中使用手机上网的人群占比由2013年的81.0%提升至85.8%。在智能手机各类应用当中，即时通信作为网民第一大上网应用，在高使用率水平的基础上继续攀升，使用率达91.2%；微博、电子邮件等其他交流沟通类应用使用率持续走低；博客社交性退化，媒体功能凸显，使用率呈现回升态势；电子商务类应用依然保持快速发展，手机旅行预订应用表现突出。另外，即时通信由于其随身、随时、拥有社交属性和可以提供用户位置的特点，自身定位逐渐从以前单一的通信工具演变成支付、游戏、O2O等高附加值业务的用户入口，以其庞大的用户基数为其他服务提供了巨大的潜在商业价值。

移动互联网发展步伐加速促使用户阅读习惯逐渐改变，传统纸质媒体逐渐"失宠"，传统媒体转型势在必行，而移动数字媒体的推出则是顺应了移动互联网蓬勃发展的趋势。移动数字媒体应用具有使用便捷、不受时间和地点的限制等特点，使其可覆盖面更广；可个性化订制，使其受众范围更广；新闻发生后可通过推送使用户第一时间获得。而这都是传统媒体并不具备的优势，因此，发力移动互联网服务应成为各家传统媒体转型的第一步。

移动媒体不仅是当今社会化媒体发展的主要动力，也是互联网津津乐道的趋势性题材。首先，以智能手机为代表的移动终端正以强劲势头超出传统的台式和手提式电脑。第二，移动搜索已经成为互联网上最重要的一种搜索和信息获取手段。第三，移动媒体正在成为新的消费时尚和实现各种刚需的重要媒介。第四，移动媒体正在改变着一个社会的政治、经济、文化、社会互动传播格局。新兴信息传播技术的出现，使公关传播所依托的传播平台也发生了变化，公关传播方式也随之调整。从1995年我国互联网大规模商用以来，公关传播就进入了一个从封闭走向开放的历程。从2009年我国3G大规模商用以来，公关传播环境则进入了一个新的开放历程，公关传播从固定互联网传播阶段进入到了移动互联网传播阶段。对移动媒体的关注，特别是从公共关系从业人员的角度来看，不仅仅是对智能手机或平板电脑技术和应用层面上的关注，不仅仅是对终端移动设备个体使用者独特体验的关注，还应该关注自身服务的组织如何审时度势跟上时代的步伐，把组织的公共关系移动媒体传播水平提高一步。

四、大数据应用

人们把2013年称为大数据元年，互联网进入了大数据时代，大数据正在改变着人们的工作方式和生活方式。美国《快公司》发表的一篇文章披露说，IBM认为大数据将在5年内改变人们的生活。IBM的科学家说，随着大数据收集和分析技术的发展，未来5年的城市、零售、医疗、安全、教育领域都将发生重大变化。何为大数据呢？一般指的是所涉及的资料量规模巨大到无法透过目前主流软件工具，在合理时间内达到撷取、管理、处理并整理成为帮助企业经营决策更积极目的的资讯。根据TDC机构的定义：大数据是指为了更经济、更有效地从高频率、大容量、不同结构和类型的数据中获取数据中有价值的信息而设计的新一代架构和技术，人们用它来描述和定义信息爆炸时代产生的海量数据，并命名与之相关的技术发展与创新。关于大数据的特征目前比较流行的共识是"4V"，即Volume（大量）、Velocity（高速）、Variety（多样）和 Value（价值）。

（一）大数据与社会化营销

随着社会化媒体的迅速崛起，信息的沟通的方式更加多元化、复杂化、广泛化，甚至细分到每个触点。对于企业和品牌而言，消费者的信息获取方式、获取能力、采取的购买行为的模式都出现了剧烈的颠覆性变化，以数据为核心驱动力的社会化商业模式使得公关和营销的界限变得更加模糊。

在营销圈，一个关于"大数据时代的整合营销"的基本共识正呼之欲出：大数据，将使整合营销更精准、更可信——因为可用的营销手段将更加灵活、多元、有效。对所有营销人来说，可用的"武器"增多后，有效营销手段的选择也必将更多——至少，公关业务流程中，此前屡被诟病的前期策划阶段的市场调研，及后期执行的"效果总结"等短板，都将被补足。届时，公关人的工作状态，必将变得更加从容、客观、可信。大数据不单单是"数据的工业革命"，更是一场深远的营销服务思维和构架的转变，是未来营销浪潮的大趋势。

大数据产生大影响，随着大数据时代的到来，营销人员开始发现巨量数据资源背后的营销价值，开始制定个性化的营销策略，进而提升品牌形象，提高品牌忠诚度。目前，精准营销和发现新市场两个方面的应用最为明显。其一，在精准营销方面，企业通过积累海量的用户数据，分析出用户的喜好与购物习惯，甚至做到比用户更了解用户自己。每当用户上网浏览信息时，企业针对每个用户的兴趣爱好，推送个性化的广告内容或者产品信息。其二是发现新市场，基于人们工资收入以及生活水平的变化，大数据筛选出哪些客户的购物兴趣发生了转变，购买周期如何等因素，为营销经理洞察市场与把握经济走向提供了新的营销方向。同时也为企业更换新产品、更新产品生命周期提供了即时的信息反馈，确保企业成本减至最低。

在大数据时代的新技术与新思路支撑下，公关公司可以做到数据与信息对称，可以为企业量身定做营销策略，在不同的媒体局势下，结合组织自身特点，考虑全面，因地制宜，在不同的时期圈定出不同的受众，制定最富有针对性的策略，可以达到极好的效果。大数据协助下的公关咨询还可以随时根据社会关注热点的变化，有依据地预测消费习惯的可能走向，有效调整宣传策略的核心，时刻走在消费者身边。

信息管理专家涂子沛在《大数据》一书中指出：大数据时代，有些基本道理是不变的。比如，"数据属于所有人"——数据的价值在于将正确的信息在正确的时间交付到正确的人手中。"未来将属于那些能够驾驭所拥有数据的公司"，这些数据与公司自身的业务和客户相关，通过对数据的利用，发现新的洞见，帮助他们找出竞争优势。公关也好，营销也罢，谁能解决品牌被消费者真心信赖的问题，谁才可能真正在大数据时代笑傲江湖。

（二）大数据与危机公关

今天,世界媒体关注的埃博拉病毒传播,已经从非洲向亚洲、欧洲、拉丁美洲扩散。一些国家和机构利用搜索关键词,应用大数据来预测埃博拉病毒感染风险,预报埃博拉疫情,这就是把数学算法运用到海量的大数据上,来预测埃博拉病毒传播的可能性。

当代社会,舆情危机的爆发与扩散,与病毒传播的模式存在高度相似性。企业潜伏的质量问题、安全问题、经济问题、市场问题、民工讨薪问题等在一定条件下,可能会随时爆发。这些问题一旦爆发,危机效应将在瞬间传递给世界,对组织的信誉和形象造成极大伤害,甚至危及组织生存。现实告诉人们,每一次重大突发事件,都伴随着海量的信息在互联网和其他媒体上传播,其信息量之大和传播速度之快,都是前所未有的。这是在互联网的条件下,大数据时代危机传播的重要特征。

近年来,组织探讨应用大数据预测危机传播有了一定成果。每逢敏感时间节点,组织依据数据做出预测,将预测结果确定在一个有效范围内,发出早期的警报,收到了较好的预防效果。大数据分析预测危机爆发的可能性和危机传播的烈度、趋势和走向,根据多年来的数据累积和分析,其准确率可以达到80%以上,这就为组织的危机解决方案提供了决策的依据。实战中,大数据提高了危机防范和应对能力,使突发事件转化为新闻危机的概率下降70%。

大数据时代危机公关要有新思维。危机公关是一个复杂的大系统,探索以大数据为基础的解决方案,用数据为危机公关服务,是提高危机公关有效性和高效率的重要创新手段。刘杰在《危机公关道与术》序言里说,"有危机防御能力的组织将赢得未来发展的优势。"有危机防御能力的组织将是那些能够驾驭所拥有数据的企业,我们要正确理解这个变革的重要性,危机公关思维有大改变,才能适应时代的变化。

总之,社会化大环境下,面对社会化商业模式的巨浪,谁能把握大数据时代的公关业态趋势,谁就抢占行业发展的制高点。数据时代,社会化商业正在推动各个行业的转型以及企业架构的重组,中国的公关行业也面临着前所未有的挑战和机遇。面对大数据的洪潮,正确把握行业发展航向,相信将有力地推动中国公关行业的健康发展。

第四节 公共关系整合传播应用

2015年的政府工作报告,首次提出制定"互联网+"行动计划,推动移动互联网、云计算、大数据、物联网等与现代制造业结合,促进电子商务、工业互联网和互联网金融健康发展,引导互联网企业拓展国际市场。志在促进网络与各产业的融合创新,在技术、标准、政策等多个方面实现互联网与传统行业的充分对接。可以说基于互联网的新技术、新媒体变革未来将对经济模式、民主政治、人们的生活方式和社交方式乃至社会的整体发展产生深远影响。

从公共关系角度讲，从 2013 年到 2015 年，是公关传播领域信息传播技术环境发生新变化的重要阶段。这些新变化正在更为强烈地被人们所感受到。这些变化主要包括高速宽带网络进一步完善，移动通信技术继续更新换代，移动互联网社会化传播继续深化，大数据浪潮方兴未艾。这些信息传播技术环境的新变化，将为未来的公关传播发展奠定重要的网络技术基础，并对个人、组织、国家等不同层面的公关传播产生深刻影响。

移动互联网时代，信息传播技术所发生的深刻变化在于，它并非是单一的新技术在起作用，而是融合的技术体系在产生深刻影响。具体来说，当前的信息传播技术正在呈现出移动化、宽带化、云端化、物联网化、自媒体化、大数据化等传播特征。从当前信息传播技术的发展趋势看，公关传播领域正在远离纸媒介传播模式，走向数字化传播模式和云端数字化传播模式；正在远离单一化传播模式，走向互动化和深度社会化传播模式；正在远离固定化传播模式，走向智能移动化传播模式。简而言之，公关传播领域的传播环境、传播内容和传播关系结构都发生了新变化。在此背景之下，公关传播未来的发展方向也将在对这些深刻变化的适应和应对进程中逐渐清晰起来。在移动互联开放进程中，宽带网络、移动通信网络、物联网、云计算、智慧城市、大数据等网络、技术、应用进入了一个叠加、融合、渗透的新阶段，移动互联网应用和智能移动终端的普及，使得基于移动互联网的社会化传播成为公关传播环境最为重要的发展趋势之一。正是不断走向开放的传播进程，才使得大规模的社会化传播成为可能，并逐渐成为公关传播的关键组成部分。

自 2009 年我国移动互联网应用兴起之后，公关传播的内容形态也逐渐发生了新变化。概括而言，基于移动互联网传播平台的内容形态可以大致划分为以下三个阶段：

第一个阶段是以图文为主导的微博传播阶段。2009 年 8 月 14 日，引领中国微博发展方向的新浪微博开始内测。9 月 25 日，新浪微博正式添加了@功能和私信功能，还提供了"评论"和"转发"功能。至 2013 年年初，新浪微博注册用户已超 4 亿，日均活跃用户量超 4000 万；而成立仅两年的腾讯微信注册用户也已近 3 亿。在这个传播阶段，在传播内容方面受到 140 个字内容限制的微博内容主要以文字和图片为主。但是实际上微博传播本身已对图文传播的局限性有所突破。比如微博也曾尝试过语音微博，2011 年 2 月王菲在新浪微博发布的语音微博北京童谣"这么好的天儿，飘雪花"曾经传诵一时，但由于种种原因这个业务方向没有继续下去。另外，在对于文字内容 140 个字的突破方面，微博采用链接方式、长微博方式、视频内容方式予以突破。但是由于当前 3G 的网络传播环境在支撑大规模的视频传播方面并不十分完善，因此在语音和视频传播方面仍存在一定的限制。

第二个阶段是以音频为主导的微信传播阶段。微信是腾讯在 2011 年 1 月 21 日推出的一款通过移动互联网快速发送语音短信、视频、图片和文字，支持多人群聊的手机聊天软件。至 2013 年初，微信注册用户已近 3 亿。微信本身对于手机短信和彩信具有很强的替代作用,对于微博具有一定的替代和分流作用。微信之所以迅速崛起,其主要特色在于它可以依托手机关联用户和 QQ 关联用户进行语音聊天。社会化传播色彩更为鲜明的语音交往,突破了传统图文交往的局限性,同时也形成了对移动通信终端语音业务的补充。但由于视频社会化交往的习惯尚未在微信平台上养成,与此同时,微信传播平台对于处理海量视频内容传播的能力还有待进一步完善,因此微信的传播还主要处于语音的社会化传播阶段。

第三个阶段是以视频为主导的微视频传播阶段。2012 年,在社会化传播的领域中,微电影传播异军突起。2012 年 2 月 28 日,首届华语大学生微电影节开赛。2012 年 9 月,首届中国国际微电影大赛启动。2012 年 12 月 18 日,"中国梦——中国网络电视台原创系列微电影展"正式发布。这些都表明以微电影为代表的微视频正在经历风生水起的探路阶段。可以预见,在 2013 年之后,随着高速宽带网络的不断完善和新一代移动通信技术标准 4G 牌照的发展,我国社会化传播的网络环境还将进一步升级,这些变化将推动微视频成为社会化传播的主导内容。因此,在未来的社会化传播和大数据传播阶段,微视频传播内容将占到相当大的比重,并成为大数据传播的主力军。公关传播也将从图文主导的传播阶段逐渐演进到以视频为主导的传播阶段。但是,未来以微视频为主导的传播,自然也会融合图文传播和语音传播等传播方式。可见,移动互联网时代社会化传播的影响力的确不容小觑。

在社会化大数据传播阶段,公关传播关系的变化主要体现在以下两个方面:

一是时空关系的变化。公关传播关系中时空关系变化可以概括为"泛在移动高速连接"的生成。随着移动通信技术的不断更新换代和移动互联网的广泛应用,传统传播时期那种很难跨越的固定而缓慢的时空关系发生了深刻变化。在中国,尤其 2009 年以来,随着 3G 技术的发展和移动互联网应用的普及,人们交往的空间范围更为广阔。

二是传播关系的变化。该变化的实质是社会关系互联网社会化和大数据化。移动互联网环境下的社会化传播日益普及,不管是基于内容导向和开放交往导向的微博,还是基于关系导向和封闭交往导向的微信,都不再是单一化的社会化传播形态。基于内容导向的微博,同样也可以具有关系拓展的功能;虽然微博总体上是开放的,但是也附带了具有封闭交往功能的私信和密友等功能。微信也是如此,虽然它基于关系导向、封闭导向进行社会交往,但是其本身也具有传播非私人内容、进行开放交往的可能。因此,对于微博和微信而言,关键就看传播主体群落在这个传播平台上如何来进行具有创新意义的传播活动了。

时空关系和传播关系的变化,共同将公关传播引领到了一个前所未有的发展场域。在这个发展场域,整个公关传播环境更为敏感,更为快速、灵活、人性、泛在。正因为如此,社会化传播阶段的公关危机的爆发频率、传播速度和传播范围才发生了新的变化,公关危机的形成和传播更容易形成爆发性传播和社会化传播的传播态势。而适应移动互联网时代的社会化大数据传播的核心原则就在于要能够把握社会化大数据传播的内在规律。这种规律性归结为一点，就是要对该传播状态中的传播本性和关系结构有更为深刻的把握和理解，要能够在社会化大数据传播的基础上洞察公关传播的本质变化。只有如此，公关主体才能够成为社会化大数据传播发展阶段适应变革、化解危机的成功者。

阅 读 资 料

"牛奶的秘密"——恒天然品牌微电影整合传播

项目背景：

作为全球乳品营养品牌的领导者，恒天然长期致力于"提供安全、优质的乳品，并在全球范围内不断创新与消费者的沟通和交流，将牛奶中蕴含的简单而纯粹的爱传递给消费者"。2013年，面对数字化、社会化变革引领的品牌沟通方式，希望借助新媒体平台及整合互动传播模式，与消费者开展更为情景化、情感式的沟通和交流，演绎更加精彩、生动、共鸣的恒天然品牌故事。

项目调研：

近年来，政府对互联网传播信息的监管和一系列事件所传递的信号表明，舆论营造及品牌传播应该以更加透明、真实，并饱含积极向上的元素，才能给网络社群及社会公众带来营养实用的内容、积极情绪的支持、主流价值观的拥护等信息，才能顺势而为，与目标社群形成有效沟通及良性互动。

在结合传播环境对品牌沟通内容及调性形成初步判断后，基于数字媒体、社会化媒体的品牌沟通表现形式是进一步思考的问题。根据品牌现状，我们重点思考了如下问题：什么是最能契合品牌内容调性并能更好地承载品牌价值主张，且可以整合驱动全传播手段和工具的形式？微电影，自然成为当仁不让的最佳选择之一。

2013年，《致青春》、《小时代》、《那些年我们一起追的女孩》等青春电影再一次推动了一波电影商业文化的盛筵，为行业、观众在商业元素表达及情感沟通方面，提供了许多丰富的感官体验及运营借鉴。

在受众层面的调研中发现，受众对微电影商业化传播的态度更加包容，对商业化模式的电影更加关注其所传递的情绪或情感共鸣层面的价值，多数微电影爱好者或观影人不排斥品牌信息的植入，在意的是品牌植入对内容情节感官及精神诉求形成干扰。

上述发现表明，微电影传播面临的挑战是：

如何营造触及受众情绪的情感共鸣的内容及内容传播？

如何让品牌信息植入及传播解读更顺其自然、水到渠成？

如何让影片内容或传播解读所传递的情绪或情感共鸣，与品牌价值主张一脉相承？

项目策划：

（1）目标：策划一部恒天然品牌的微电影，创新演绎恒天然品牌价值主张，并以微电影驱动恒天然品牌整合营销传播价值,形成恒天然品牌与社会公众及消费者全方位的沟通与互动,以创意、整合、互动思维,传递恒天然品牌价值主张及精神诉求。

(2)策略:延续年度商业电影中形成广泛关注氛围的"青春热"元素,同时融合恒天然品牌的纯净、简单、专注、阳光的品牌价值,以唯美、文艺气质的青春校园爱情演绎"恒天然之爱"的故事,影片发行中在各大主流视频平台形成首发和联动,同时,将社交网络作为观影及互动的核心阵地,引发网友对影片及传递情感元素的沟通及互动参与,进而以线上线下整合传播的布局,形成围绕"恒天然推出首部微电影"的品牌事件整合传播互动战役。

(3)目标受众:媒体、意见领袖、消费者、行业等所有与恒天然品牌在中国市场有关的社会公众。

(4)核心信息:恒天然"牛奶的秘密":纯净、简单、专注、阳光。

(5)传播策略:线下活动观影、视频网站首发、社交网络引发观影讨论、媒体报道品牌事件,进而形成立体式的品牌事件整合传播及互动战役。

(6)媒介选择。

视频网站:优酷、土豆、新浪视频、搜狐视频、腾讯视频、电影网等。

社交网络:新浪微博、腾讯微博、微信、人人网、QQ空间等。

(7)网络媒体。

门户:新浪、搜狐、腾讯、网易等。

党政:新华网、人民网、光明网等。

行业:中国奶业协会网、荷斯坦等

财经:和讯网等

区域:新民网、华龙网等。

平面媒体:光明日报、中国食品报、工人日报、消费日报、北京青年报、深圳晚报等。

项目执行:

(1)微电影策划、拍摄及制作。

微电影主题《牛奶的秘密》

时长:17分钟

风格:校园怀旧、爱情文艺、清新自然、执着信念

拍摄时间:2013年6月—2013年7月

拍摄地点:河北唐山恒天然牧场内蒙古工业大学内蒙古石梁草原。

故事梗概:微电影《牛奶的秘密》再续青春主题,在17分钟的片长中,讲述了一对校园情侣跨越6年的纯爱之旅。

拍摄小结:前期剧本经过反复推敲,在拍摄过程中给予了演员及导演清晰明了的指导;在较短的筹备期内,顺利完成前期筹备工作,在天气不理想的状况下,克服多重困难,按时完成了拍摄任务。

（2）微电影首映暨媒体观影会。

活动主题：恒天然媒体联谊暨品牌微电影观影会

时间：2013 年 9 月 23 日 17：30 至 20：00

场地：北京市朝阳区工体北路 Bali 空中海滩酒吧

到场人员：包括中视等影视媒体、财经及大众媒体、食品及乳制品行业媒体、时尚媒体、网络媒体等在内的近百名媒体从业人士。

活动内容：恒天然高层、品牌微电影主创团队与媒体现场互动、观影交流，媒体及业内人士对恒天然微电影传递的价值观及恒天然战略表达给予高度评价。

（3）微电影上线推广及整合传播。

视频首发覆盖：《牛奶的秘密》在优酷、土豆等各大视频平台联动发布，引发微电影关注者推荐。

形成观影评论：微电影及其清晰、简单的艺术元素及正能量的价值导向引发各大平台网友积极观影。

社交网络扩散：视频平台与社交网络互动打通，大量网友的观影评论在社交网络形成扩散。

意见领袖影评：时尚、娱乐、电影等意见领袖加入对微电影的专业影评，通过微博、微信、人人网、Qzone 等平台整合互动，引发观影互动高潮。

微博话题热议：新浪微博＃牛奶的秘密＃生成微博讨论话题，网友对"是否相信纯爱"展开观点 PK 及争议，进一步对影片、故事及情感主张展开热议，进而关注品牌行动及价值传递。

媒体关注报道：媒体形成对恒天然微电影及品牌行动的新闻及评论报道，提升品牌事件影响。

品牌活动发起：引发网络维度对微电影《牛奶的秘密》的积极反响后，恒天然官方微博及微信推出＃说出你的秘密＃有奖互动活动，鼓励网友在体验《牛奶的秘密》的纯情故事后，同时对心爱的人"说出埋藏已久的内心秘密"，通过＃说出你的秘密＃互动平台"大声表白"，见证属于每个人的＃恒天然之爱＃。

项目评估：

恒天然集团大中华区副总裁秦敏认为："《牛奶的秘密》这部微电影中所表现的简单、纯净、专注与阳光，恰恰契合了恒天然品牌的核心价值。微电影对于恒天然是个全新的尝试，未来我们还会不断运用各种艺术元素和手段，与消费者开展更为密切的沟通和交流，演绎更多更精彩的恒天然故事。"

以微博为核心观影互动平台，同时在微信、人人网、QQ 空间等社交网络也引发了大量的网友自发互动，在社交网络中形成了数万条次微电影讨论。

上百家包括大众、财经、行业、时尚、网络等不同类型的媒体对恒天然推出首部微电影，展开了全方位的传播及跟踪报道。恒天然首部品牌微电影在内容及网络互动表现被卫视媒体相关栏目主动关注,进一步拓展了品牌创新传播的纵深影响力。

（资料来源：中国公共关系网编委会.2013年最具公众影响力公共关系案例集[M].
北京：企业管理出版社,2014）

案例分析

外交部积极运用政务新媒体开展网络公共外交

近年来,外交部积极利用新媒体开展网络公共外交,借微博、微视等新媒体搭建外交服务新平台,得到广大网民的肯定。

外交部的新媒体建设一直走在中央部委的前列。2011年4月,外交部在新浪网开通官方微博"外交小灵通",次年3月在人民网、腾讯网开设同名微博账号,"外交小灵通"公共账号于2013年5月入驻微信。3年来,"外交小灵通"共发布各类消息2万多条,粉丝总数逾千万,年均处理领事救助及咨询500余起,成为宣传外交政策、展示外交形象、提供外交服务的重要微平台。此外,"外交小灵通"微视也预计将于2014年5月问世。

除了政务"微渠道",外交部也在努力打造"升级版"网宣平台。经过多年不懈努力,外交部网站群已发展成为由外交部官方网站和8家子网站、256家驻外使领馆网站组成,使用24种语言对外发布权威外交政策和消息的庞大网宣体系,仅外交部官方网站就有中、英、法、俄、西、阿6个语种。2013年发布消息15万余条,计逾15亿字,日均访问量超过700万次。第五次升级改版的外交部网站图文并茂,音视频、互动栏目相映生辉。近年来,外交部网站联合国内主要新闻网站围绕重大外交活动举办30多场网络访谈,累计在线人数超过6000万。

在打造国内网宣平台的同时,外交部也积极开展海外网络公共外交。目前外交部和驻外使领馆共开通国内外新媒体官方账号36个,为开展公共外交搭建了新的舞台,受到社会各界和网民好评。

（资料来源：环球网 http://world.huanqiu.com/exclusive/2014-04/4978081.html）

外交部以微博"淘宝体"发布招聘启事

"亲,你大学本科毕业不? 办公软件使用熟练不? 英语交流顺溜不? 驾照有木有? 快来看,中日韩三国合作秘书处招人啦! 这是个国际组织,马上要在裴勇俊、李英爱、宋慧乔、李俊基、金贤重、Rain 的故乡韩国建立喔。此次招聘研究与规则、公关与外宣人员6名,有意咨询65962175,不包邮。"

被认为是外交部官方微博的"外交小灵通"在2011年8月1日发布的一则"淘宝体"招聘启事,立即引来众多网友的关注。

在与南都记者的交流中,"外交小灵通"以诙谐幽默的语言回复了记者提问。不同于马朝旭、姜瑜等外交部发言人的中规中矩,也不用采访提纲,这个外交部新闻司开设的微博以"哇""哦""嘿嘿"等"卖萌"词汇,展现了外交部的另一面。

"小灵通只是个二传手啦","外交小灵通"微博 2011 年 8 月 2 日通过微博私信接受南部记者采访时表示,此前发布的招聘由外交部亚洲司负责。据外交部亚洲司工作人员介绍,这是第一次通过微博招聘。"通过在微博上发布招聘通知以后,效果很好。"外交部亚洲司一名工作人员接受南都记者采访时表示,通过微博和官网公告同时招聘,网友非常踊跃,"效果很明显"。

微博作为官方信息发布平台,在国内外已不足为鲜。在国外,著名微博客系统推特(Twitter)就成为大批国家政要的"扬声器"。2010 年 10 月,推特网站推出国家元首(首脑)人气排行榜,美国总统奥巴马以当时 400 多万粉丝高居榜首。此外,俄罗斯总统梅德韦杰夫、英国前首相布朗、德国总理默克尔等均开设了推特账号。据美国《华尔街日报》2011 年年初报道,全球已有逾 60 位国家首脑使用推特。

2010 年被称为是"中国微博元年"。从这一年开始,政府部门开通微博逐渐成为政府与公众沟通的新方式,不过以地方政府部门为主,尤其是各地公安系统成为"头啖汤"尝试者。外交部是第二个开通微博的中央部门。国家林业局于 2011 年 3 月正式在人民网开通官方微博,是中央部委中第一家在网上开通的微博。文化部文化产业司也开通了腾讯微博。与其他政府官方微博相比,"外交小灵通"显得更活跃,语言更幽默。

(资料来源:葛倩,李晓辉,王和平.外交部公共外交赶潮流[N].南方都市报,2011-8-2)

结合以上案例,请思考:

1. 在公共关系未来的发展中,新媒体其意义和作用是什么?

2. 如何利用新媒体为公共关系活动的有效开展助力?

☞ **思考与练习**

1. 如果你认为还需要增强自己的人际交往能力,请结合自身情况,设计一个可行的训练计划并加以实践。

2. 请收集一个公共关系整合传播的具体案例。

3. 请谈谈你对网络公关作用和发展前景的认识。

4. 你认为要胜任网络公关,应学习和掌握哪些技能?

5. 你认为新媒体技术的发展能使公共关系的日常工作发生哪些变化?

6. 请你和班上的同学一起策划实施一个小型的公共关系专题活动,来宣传自己的专业,或倡导某种有益的风尚。

第七章
公共关系沟通与礼仪

1. 了解语言传播方式、非语言传播方式和礼仪的产生和发展
2. 掌握公关传播中的语言沟通、非语言沟通方式和公共关系礼仪的概念、特征

第一节 公共关系沟通

一、语言沟通

语言是思维的外衣，是人类独特的发明，也是迄今为止最重要的传播方式。

在公共关系领域中，语言沟通方式，仍占有举足轻重的地位。善于语言表达，是公共关系人员的基本素质要求。言语是口头语言，文字是书面语言。说和写，是两种互有联系却又有很大差别的语言沟通方式。言语是具体的个人在特定的情况下所说的话。语言则是从众多社会成员的言语中提炼总结出来的语音、词汇和语法规则系统。文字是将语言转写为书面的笔头沟通方式。

语言作为沟通工具，不仅给人们的沟通带来方便，也使人们之间的交流成为可能。因为语言所表达的内容，除了有形的客观事物如山川日月花鸟虫鱼之外，还有无形的思想感情如爱恨喜怒等，更有抽象思维对人类社会的逻辑性把握的词汇如"哲学""思辨""形而上学"等。

人的思考、感受和表达永远要有语言形式，思想只有在语言中才能实地存在，才能积累，才能传播，甚至人在静思默想时，也不可能不运用语言。

任何语言都使用语词作符号，并有一套组织和使用的规则。语言有口头形式的语言和笔头形式的语言（书面语言）。

（一）口头语言与口语沟通

口头语言是一种有声语言，即人说出的话。口头语言是人类长期社会实践活动中

自然形成的语言。大约在 25000 年前,人类就已会讲有音节的语言了。口头语言的产生,对人类传播来说,具有极其重要的作用。有了语言就能积累复杂的经验,掌握复杂的事物,使传播的内容更深刻、传播的范围更广泛,使社会更细的分工成为可能,使人类由混沌走向开明、从愚昧走向科学成为可能。

口头语言沟通人人能运用,无论在历史发展的任何阶段,它都是人类沟通的基本手段。口头语言沟通的特点是:灵活多样、反馈及时、亲切自然、效果明显。口头语言转瞬即逝,只能靠记忆保持。随着科技进步,今天已能通过录音保留有声语言,可通过电话、广播,把口头语言传递到遥远的地方。口头语言沟通的具体形式有以下几种:

1. 单向直接口头语言沟通

这是指参加沟通的双方中,一方主动施加影响,另一方被动接受影响的面对面的口头语言沟通。

从这种沟通的形式的特点看,沟通的成功取决于沟通者运用语言的能力和对接受者了解的程度。因为要运用口头语言在短时间内面对面向听者传播信息,你的沟通不仅要构思新颖、生动活泼,而且必须对听者有益。有益,才会从根本上接受沟通。所以,在沟通前,尽可能多地了解你的沟通对象,如他们的渴望、需求、愿望、性情、习惯、文化等;在沟通中,察言观色、投石问路,从听者的表情、氛围得到反馈,随时调整沟通内容和改换沟通方法。

在口语沟通中,还可辅之以动作、表情、手势等,使传播增色。但是,既然是口头语言传播,重要的还是言语技巧。语调是言语声调的高低变化,语调能反映出说者的内心世界,表露出情感和态度。当人生气、惊愕、怀疑、激动时,语调一定不自然。从语调中,听话者可以感到你是一个令人信服、幽默、可亲可近的人,还是一个呆板保守、具有挑衅性、好阿谀奉承或阴险狡猾的人;语调同样也能表现出说者是一个优柔寡断、自卑、充满敌意的人,或是一个诚实、自信、坦率以及尊重他人的人。

控制说话的音量,现代办公环境中,力戒大声喧哗,讲究安静、严肃、和谐。而有些人喜欢争辩,说着说着就加大声音,如同呼喊。其实,人的威慑力与影响力,和他的嗓门大小无关。大声吆喝,除了造成反感,一无所长。因此,应当学习控制音量,学会从容不迫。注意说话的节奏,节奏是说话时发音与停顿而形成的强弱和长短的周期性变化。即语音的顿挫和快慢。如果不讲究节奏,会使说话单调乏味。

2. 双向直接口语沟通

即说话者双方轮流向对方发出信息,给对方施加影响的面对面的口语传播,如对话、谈判、论辩等。这要求说话者要把握谈话的目的。沟通时,一刻不忘目的性,方法可以灵活多变,而目的必须贯穿到底。不能变换或不顾目的,不能争辩枝节问题而忽略根本问题,要创造良好的氛围。谈话前,应当精选适当的时机、时间和地点,以利于双方心理安适。开始谈话,先从关切对方话题切入,有一个短暂却又温和的过渡,然后才是正题。正题即便观点相反,也无须剑拔弩张、咄咄逼人,而应始终保持平和语气。了解对方,知己知彼,百战百胜。与之对话,就必须了解对方的心理、感情、个性、人品和最近的心态、观感等,对症下药,以利于谈话进行,目的达到,而不能由着自己的兴趣滔滔不绝,全然不顾对方的感受。要注意倾听。对话是双方的,是互利互动的。听和说相辅相成,一方说之,另一方就听之。认真倾听的好处,一是能有效了解对方的说话内容,二是能给予对方支持和鼓励,对方认为你尊重他的为人,重视他的谈话内容。之后,他会以同等态度回报于你,在你开口时,同样尊重、支持你。有些朋友不懂得这个道理,自己说话时,希望和要求对方认真倾听;对方说话时,自己却心不在焉,东张西望,甚至经常打断对方正谈论中的话题,又滔滔不绝说起自己的一套。这样的谈话绝难进行下去,效果为负。

3. 间接口语沟通

即双方通过中介物而进行的口语沟通,如捎口信、打电话。特点是双方不见面,不能见到表情动作,或不能听到语调、节奏。这种传播,讲究字斟句酌,马虎不得。中介物如果是电子装置,那么讲究选择高技术含量的;如果是人,那么讲究可靠的人品。

(二)笔头语言与文字沟通

文字沟通是以笔头语言为传播手段的沟通方式。文字沟通是口语沟通的高级延续。

文字沟通的特点是它打破了时间和空间的障碍,传得远、传得久。所以,文字沟通是现代社会不可缺少、普遍运用的沟通方式。

文字沟通的方式包括大众传播中的文字传播(报刊)和图书资料。报刊的主要优点:一是容量大,二是保存信息的力量强,三是读者选择有主动性。报刊的主要缺点:一是时效性远逊于广播电视,二是缺乏图声并茂的生动感,三是读者必须具有一定的文化程度。这样,读者就有了一定限制。

图书即书籍或一般称作的"书"。它是作者独立完成的经印刷公开出版而广泛传播于社会的著作、作品。常见的有理论著作、文学作品(小说、散文、诗歌、剧本等)、教材等。图书的传播技巧如下:第一,分析读者,要分析读者的意愿(如浏览还是专攻)、构成(如年龄、性别、阅历、知识水平)。第二,确定目的,比如是宣传目的还是说服目的。第三,确定主题。主题是你在说明事物、阐述道理、反映生活时,通过全文所表达出来的基本观点或中心思想。主题是文字传播的灵魂和统帅。它指导、统领和规定着材料取舍、结构布局、语言运用。

二、非语言沟通

什么是非语言沟通?简言之,除语言沟通外的一切沟通都是非语言沟通。人的行为、表情、穿着、手势、姿态是非语言沟通,与人有关的饰物、器具、时间、空间、烟火、鼓号声是非语言沟通,乃至于音乐、舞蹈、绘画、书法也是非语言沟通。

非语言沟通就是排除语言为媒介的而采用其他形式或符号的能激起人们意义联想的沟通。大众传播如广播电视之中,也包含有语言沟通和非语言传播沟通。

（一）非语言沟通的特点

1. 可靠性

很多非语言传播是在不自觉状态下完成的，表现了人的潜意识意义。因此，较之语言传播，更具有可靠性。一个人可以字斟句酌、遣词造句，也可以守口如瓶或巧言善令、口吐莲花。一旦用语言传播交流，人们会不自觉地遵循语言规律，"恪尽职守"。非语言沟通完全不同，我们人体的很多非语言行为是由生物性的需要所支配、制约的。比如疼痛就会皱眉、吸气、呻吟乃至叫喊，高兴就必然眉开眼笑、手舞足蹈。只有少部分人经过专业训练才可能控制自己的非语言行为，比如职业演员的"逢场作戏"。人的非语言行为一半来自先天，一半来自后天的不自觉的养成，绝难控制和掩饰。因此，具有相当的可靠性。

2. 相通性

人类的语言五花八门，而行为动作却相一致得多。比如用力握拳由上而下挥之，表示决心和有力；仰头望天默不作声，表示傲慢、不屑一顾，等等。人的表情动作、姿态做派约有几十万种，而 70% 以上无须翻译，全世界通用。不信请观察周围：表示富贵，人会装扮成什么样子；表示机智，人能有怎样的动作；表示热情，人都有怎样的姿态；表示悲伤，人的脸上眉、眼、嘴巴如何配合扯动，等等。你一看就懂，而且千篇一律，十分一致。有人做过研究，恋爱中的调情和求爱的非语言动作，全世界都差不多。可见人与人之间有许多相同或近似的意思的表达。这就是相通性。

3. 文化性

人类的非语言沟通虽然有许多相通性，但是也有许多差异。不同的民族、种族、地区和国家，有着不同的非语言符号。因为人是义化的人。所谓义化，既指全世界的人所共有的精神财富，又指不同的人群所特有的精神约定。这些精神的财富和约定，都是历史传承的，是在文化环境下学习、熏染得来的。

（二）非语言沟通的类型

非语言沟通的类型很多。有听觉性的，如鼓声、号角声、汽笛、口哨、喇叭声等；也有行为动作性的，如穿衣打扮、举止表情等；还有艺术性的，如音乐、舞蹈、书画等。

这里主要探讨体态语和视觉性非语言沟通。

1. 体态语

体态语又称作身体语言、体语等。它是人的行为动作、表情姿态乃至穿着打扮所传递的有意义的信息。它也在"说话"。毫无疑问，体态语是人类传播中除语言外的最重要的传播，如果没有它，人类不知道是什么状态。

动作是用身体或身体的某部分表达、传递信息。招手、点头，就是动作，表示了某种意向：示意再见和赞同。当然，情景不同，地区不同，可能意向也不尽一致：示意友好和反对（保加利亚人点头是反对、不赞同）。有人研究，一个人能发出的身体信号达 70 万种，再加上不同人不同的体态语，应在百万之上，可见其繁难和重要。

姿态也应是动作的一种，它比动作更整体化一些。古人云，人当站如松，坐如钟，卧如弓，行如风。可见讲究姿态，古已有之。表情是姿态中最重要的一环。表情是人内心世界的直接写照。在所有生物中，只有人的内心世界最丰富，相对应，人的表情也最丰富多姿。据说，人脸部有700多块肌肉，经组合，可做出25万种不同的表情。

眼睛及眉毛又是表情中最重要的一环。挤眉弄眼、眉目传情是常规的节目。光是汉语来形容它们的词语就数目繁多：眨眼、瞪眼、勾眼、媚眼、眯眼、斜眼、泪眼、死眉死眼、眉开眼笑、水汪汪的眼、乌溜溜的眼、贼眉鼠眼、炯炯有神。难以尽数的眼实际上是难以抒写的心。传说，欧洲小伙子见女友，都约在晚上，去前先在眼里滴几滴散瞳药水，在夜色中见面时，瞳孔放大，目光炯炯，颇得女友的芳心。可见眼睛的重要性了。

面容仅次于眼睛，只不过它是整张脸的姿态，而眼睛可以独立作战。关于面容的语词也十分丰富。笑容可掬、皮笑肉不笑、笑里藏刀、谈笑风生、涕泗纵横、泪如泉涌、哭哭啼啼、面有菜色、面面相觑、方面大耳、惨然变色等等。

服饰是人的第二皮肤，是人区别于动物的标志。应该说，人离不开衣服如同离不开皮肤。即使是在杳无人烟的沙漠或无第二人的私宅，人也不肯裸体。秘鲁"光辉道路"创始人古斯曼曾被手下人称作"当代最伟大的领袖"，被当局逮捕后，剥光上衣在电视上"曝光"。因为没有服装，更有利于消除神秘感。英国作家萧伯纳建议大国首脑们脱光衣服、去掉勋章再去谈判和平问题，为的是打掉大人物精心制作的"外壳"，把那上面人为的高卑贵贱都抹干净。穿着打扮讲究与体形、性别、身份相符，特别是与时间、场合相协调。比如佩饰物，在办公场所就不能佩戴繁多，讲究少而精。男性的手表、钢笔、领带必不可少；女性佩戴精美项链即可，千万不要钗环镯带、叮当一片。至于化妆发型，也应简练自然、落落大方，不能追风赶浪，让蹩脚的化妆美发师把你的头脸当作他黔驴技穷的表演舞台。

总之，公共关系人员要善于让服饰装扮为我们的事业服务，让衣装产生亲和力而非排斥力。

2. 视觉性非语言沟通

视觉性非语言沟通就是诉诸形象的沟通。严格说，应包括体态语。不过，我们这里仅探讨人体之外的物质形象。照片与图画都是通过平面构图来传播特定的形象信息。照片与图画都具有丰富的表现力，也是人们喜闻乐见的形式。它们的优点是一目了然、立即接收，而且记忆深久。小人书对孩子的启蒙是至关重要的，几十年后，记忆犹新。公共关系活动中，它们总是不可或缺的手段。在说明书、展览会上，照片与图画是简便明了的方法。其后再配以简明文字，更能传递复杂一些的信息。

标识是商标、名牌、徽记、代表色等的总称，是一个组织或一种商品的形象标志。商标通常由文字、图案或其他符号单独或综合构成。商标的设计应注意：一是突出该商品的优势、特征，如"舒肤佳"香皂、"飘柔"洗发水。二是简练、美观。很多商标既复杂又难看，真正莫名其妙，图案且不说，光文字就冗长晦涩，如："塔撒诺娃摇摇滚滚"。三是注意文化环境，如"金利来"原名"金狮"，广东读音"今蚀"即亏本，很不受欢迎。品牌名称多数用文字,讲究:一是寓意独特,让人印象深刻。如"可口可乐""麦当劳"(正常译为"麦克唐纳",却偏意译作"吃麦应当劳动")。二是健康且有好的语感。如"春兰""康佳"。三是大众化。如"熊猫""大白兔"。而将饼干称为"克力架"则纯属哗众取宠。

代表色是特选的颜色,被用在包装、服饰、设备、建筑物上。颜色的社会内容特别"丰富多彩":红色象征革命,白色象征纯洁,蓝色代表天空和海洋。北京的城市色调为灰色,象征着稳定和历史悠久。而柯达胶卷为黄色,富士胶卷为绿色,它们在中国市场竞争,有人戏称"色彩之战"。因为视觉对颜色最敏感,记忆最深刻。代表色成了企业形象的最佳代表。

第二节　公共关系礼仪

任何社会的交际活动都离不开礼仪。礼仪作为人类历史发展中逐步形成并积淀下来的一种文化,始终以某种精神的约束力支配着每个人的行为。中国自古尚礼,以"文明古国、礼仪之邦"著称于世。在中国历史上,礼仪既是"立图经常之大法",又是"揖让周旋之节文"。古代学者颜元说过:"国尚礼则国昌,家尚礼则家大,身有礼则身修,心有礼则心泰。"到了今天,礼仪成为现代人的处事根基,是人际交往的前提条件,是社会生活中不可缺少的内容。在公共关系活动中,礼仪是实现人际沟通和公共交往的桥梁和纽带,也是公共关系人员最基本的公共关系手段。公关人员学习礼仪、提高礼仪文化修养,遵循礼仪、树立良好社会形象,是公共关系活动成功的一个重要条件。

一、公共关系礼仪概述

(一) 公共关系礼仪的含义

礼仪是人类文明的产物,是人们进行社会交往的行为规范与准则。对个人来说,礼仪是思想道德、文化修养、交际能力的外在表现;对社会来说,礼仪是社会文明程度、道德风尚和生活习俗的反映。礼仪具体表现为礼貌、礼节、仪表、仪式等。

礼貌是指人们在相互交往过程中表示敬重、友好的行为规范,如尊老爱幼、热情待客等。东汉经学家赵岐解释说:"礼者,接之以礼也;貌者,颜色和顺,有乐贤之容。"北宋司马光进一步要求:"凡待人无贵贱贤愚,礼貌当一。"即无论交往对象是什么人,都应当讲究礼貌。

礼节是指人们在交际活动中待人接物的形式,如问候、拜会、回访等。礼节是礼貌在语言、行为、仪态等方面的外在体现。对于组织来说,礼节是形象风貌的具体化;对于个人来说,则是心灵美的外化。

仪表是指人的外表,如容貌、表情、姿态、服饰等。仪表是个人精神面貌、内在素质的外在体现,注重仪表是讲究礼貌、礼节的表现。

仪式是指在一定场合举行的具有专门程序的活动,如颁奖典礼、开业典礼、签约仪式等。

公关礼仪是礼仪在公共关系领域的具体化,是公共关系工作人员在公共关系活动中,为塑造组织和个人的良好形象而应当遵循的礼貌、礼节、仪表、仪式等规范和程序。

公共关系礼仪是公共关系的重要组成部分。首先,公共关系礼仪通过直接塑造公共关系人员的良好个人形象,间接地塑造了组织形象,展现组织的文化和精神风范,是塑造组织形象不可或缺的手段。其次,公共关系礼仪具有沟通和协调的功能,在公关活动中可使双方感情融洽,形成有利的交流氛围,易于为对方所接受,赢得理解和支持,从而促进公关活动顺利开展。当组织与公众之间发生矛盾与误解时,公共关系礼仪的润滑剂功能可以帮助公共关系人员调解冲突、化解矛盾,增加理解,使情况朝着有利于自己组织的方向发展。

(二) 公共关系礼仪的特征

1. 民族性

礼仪的产生往往与民族的生活环境、文化背景和历史传统有密切关系。不同国家民族,因其历史、文化传统、语言、活动区域不同,以及历史发展过程中形成的心理素质特征不同,礼仪都带有本民族的特点。在公关活动中,要充分了解并尊重对方的民族习俗,并以相应的礼仪进行交往,促进双方的理解与沟通。

2. 共同性

世界上不同民族的礼仪有所不同,但礼貌待客、礼尚往来、尊老爱幼、遵时守约等符合大多数人价值取向的基本礼仪是全人类、各民族所共同遵循的准则;在相互尊重原则基础上形成并完善、规范化的国际礼仪,也为世界多数国家人民所接受。现代礼仪将国际化、趋同化。

3. 发展性

公关礼仪规范不是一成不变的,它随着社会的发展不断丰富和发展。一方面,随着人们生活方式、思想观念的不断变化,过去存在的公共关系交往中的某些烦琐、拖沓的礼仪得以简化和修改。另一方面,随着对外交流范围的扩大,各国政治、经济、思想、文化各种因素的渗透,公关礼仪不断增加新的内容,体现时代的要求与精神。

(三) 公共关系礼仪的原则

1. 尊重原则

尊重是礼仪的情感基础。在公共关系活动中,不论交往对象的国别、性别、年龄、种族、文化、职业、身份、地位等,都应当尊重对方的人格,一视同仁给予同等程度的礼遇。厚此薄彼、亲疏有别、曲意逢迎、高傲怠慢都是极不礼貌的有损个人及组织形象的行为。只有尊重对方,才能营造和谐愉快的氛围,有利于公关活动的开展。

2. 遵守原则

公共关系礼仪是进行社会交往、发展公共关系的通行证。每个组织和个人都应当自觉遵守,用礼仪规范自己的言行举止,争取在公共关系活动中受到欢迎和尊重,获得更多的理解与支持。反之,则会给本组织带来麻烦并招致社会舆论的谴责。

3.适度原则

在人际交往中,沟通和理解是建立良好人际关系的重要条件,但是要注意各种情况下的社交准则,也就是要把握与特定环境相适应的人们彼此的感情尺度,在交往中注意保持一定的社交距离。与人交往时,既彬彬有礼,又不低三下四;既热情大方,又不阿谀奉承,亲切友好,自重自爱。

二、个人礼仪形象塑造

个人是公共关系活动的主体,其仪容仪表、服饰仪态不仅反映了本人的精神面貌、内在修养,也反映了其所代表的组织形象。个人的仪容整洁大方、仪表端庄得体、仪态稳重优雅,不仅能够树立良好的个人形象和组织形象,对建立成功的公共关系也将产生积极的影响。

(一) 仪容

仪容泛指人的外观、外貌,仪容修饰的重点在于人的面部与头部。个人的仪容主要受到两个因素的影响:一是本人的先天条件,个人的相貌很大程度上受到遗传因素的影响。二是后天的修饰打扮,先天因素不可改变,但通过个人的修饰、装扮,可以弥补自身的缺陷不足,使容貌美化增色。在社会活动中,讲究仪容既是个人自重自爱的表现,也是对他人和社会的尊重。

1.头发

头发处于仪容中最显著的部位,头发整洁、发型得体会给人留下神清气爽的良好印象。头发要按时清洗,定期修剪,保持头发清洁整齐。发型的选择也十分重要,适合的发型能够弥补头部和脸部的某些缺陷,扬长避短。对于公关人员来说,男士的鬓发不宜超过耳部,不留披肩长发,不将头发染成彩色。女士发型的选择可根据脸型而定,同时与服装的搭配协调一致。最后,应当及时梳理头发,保持发型整齐不走样。在梳理头发时应当注意不能在公共场合当众梳头,断发、头屑不能随手乱扔。

2.面容

男士应注意面部的整洁,养成每天剃须修面的习惯。在社交场合,胡须拉碴不仅给人不洁之感,而且对交往对象也不尊重。另外,男性毛孔较粗,油脂分泌较多,应经常勤于洗脸洁面,以保持面部的洁净。对于女士而言,面容的美化主要是化妆。恰到好处的妆容不仅可以弥补五官搭配的缺陷与不足,使人具有良好的精神风貌,也是对他人尊重的表现。

修饰面容,具体到各个不同的部位还有不同的要求。

眼睛。要及时清除眼部分泌物。可以修眉,但是不要文眉,更不要剃去所有眉毛,刻意标新立异。

鼻子。保持鼻腔清洁,注意去除鼻孔分泌物,及时修剪鼻毛,不要随处吸鼻子、擤鼻涕,不能在公共场合挖鼻孔。

口腔。保持口腔清洁,早晚刷牙、饭后漱口,消除口腔异味,还要注意消除口腔中的食物残渣、牙缝间的牙垢等异物。在重要应酬之前忌食蒜、葱、韭菜、腐乳等带刺激性气味的食物。

3. 化妆

适当的化妆不仅是职业工作的需要,也是对他人尊重的表现。在公共关系活动中,要掌握化妆的原则。一是美化原则。要使化妆达到美化的效果,应当了解自身特点,修饰缺陷,扬长避短。二是自然原则。化妆应当真实、自然,具有生命力,而不能像是戴了一张生硬的面具。化妆的最高境界,是没有人工修饰的痕迹,显得天然美丽。三是协调原则。化妆应当使妆面与发型、服饰、饰物相协调,与公共关系人员的身份相协调,与公关活动的场合相协调。

(二) 仪表

仪表指人的外表,包括人的容貌、服饰、姿态等。在人际交往中,仪表所传递的信息是形成最初印象的主要依据,对一个人的"第一印象"往往源自其仪表。仪表端庄、衣着得体会使人产生好感,增加信赖感,反之,衣冠不整、不修边幅则难以得到人们的信任。这种"第一印象"的定势一旦产生,在短期内很难改变。

服饰是人们改变仪表或者烘托仪表最有效的工具。服饰是一种文化,它反映一个民族物质文明、精神面貌、文化素养的发展程度。服饰又是一种无声的语言,它反映出一个人的社会地位、文化修养、审美情趣以及对生活的态度。在社会交往中,得体和谐的服饰具有无形的魅力。

1. 服饰得体的基本要求

和谐即是美。服饰穿着不在于是否名贵,而是是否得体。懂得穿着艺术的人,会根据时间、场合、目的的不同,选择与自己的体型、肤色、年龄、身份、职业等相协调的服饰,充分展现其风度、气质、个性特征以及高雅的审美情趣。

穿着要与环境相协调。俗话说"入乡随俗",又说"到什么山上唱什么歌",穿着打扮也是如此。工作着装应当庄重正式,休闲娱乐则自在随意,出席活动不妨时尚高雅。总之,穿着要与时间、地点、目的相协调,即遵循着装的 TPO 原则。T、P、O 分别是英文 time(时间)、place(地点)、object(目的)这三个单词的缩写。TPO 的含义是人们在选择服装时,应当以时间、地点、目的为前提,使自己的穿着打扮与着装的时间、地点、目的协调一致。

从时间上讲,夏穿纱,冬穿棉,一年四季服装的类别、款式应不同。白天和夜晚也有区别,比如在西方,男子夜晚不能穿晨礼服。

从地点上看,在公务场合着装要求端庄、稳重、传统,以制服、西装、套裙、工作服等为主,不应穿着牛仔装、运动休闲服饰、家居服饰等;在社交场合,如宴会、聚会、舞会、音乐会等,穿着可以时尚、典雅,也可表现个性,工作装、运动休闲装等则不适合;在休闲场合,如居家、娱乐、逛街、独处时,可穿着家居服、牛仔装、运动休闲服等舒适、方便、自然的服装款式。

从目的上说,参加生日宴会、结婚典礼时服饰可以多样化,色彩不妨艳丽,款式也可新颖丰富,而不宜浑身缟素。而参加葬礼、吊唁活动,则应当穿着深色或素色服装,以凝重为宜,切忌大红大绿。

2. 穿着与形体条件相协调

穿着打扮要根据自身的形体特点,得体的修饰可以利用服饰的款式、色彩、图案等展现形体的长处,掩饰缺点,扬长避短,达到美化的目的。如不了解自身身材、体型特点,盲目装扮,则可能弄巧成拙。

身材矮小的人适宜穿着造型简洁、色彩明快、小花图案的服饰,不宜穿大花或宽格条纹图案的服装,服装款式以简单直线为主,不宜穿长裙,鞋跟可以略高。

体型较胖的人可以选择小花纹、直条纹服装,颜色以深色为主,款式以 V 字领或纵向开领为佳。

瘦削的人可选择色彩鲜明、大花图案的服装,颜色不适宜太深,款式可采用宽松型,衣领袖子部分可使用花边或褶纹,使之具有丰满感。上半身较长的人可以以高腰裤、短上衣搭配弥补不足,下半身宜穿鱼尾裙或直筒裤,穿中跟无带鞋。

腰粗臀大的人可选择肩部较宽下摆紧缩的服装,穿直筒型的衬衫或运动式外衣、宽松长裤,以产生肩宽腰细的效果。不宜穿有大格子或大花的百褶裙,不宜把衬衫扎进裙子或裤腰里。腿粗的人适宜穿圆裙、宽松的裤子等掩饰缺点,不宜穿紧瘦的针织裙子或过紧的裤子。

3. 穿着与职业相协调

不同的职业对服装有不同的规范要求,服装要与职业相协调。作为教师,服饰以庄重、雅致为主,不宜穿着怪异或妖冶。对还处于求学阶段的学生来说,穿着应注意活泼、整洁,不宜过分成人化。公关人员的着装应考究、大方,给公众留下良好印象,不宜过分新潮怪异。文艺工作者的着装则可前卫、时尚一些。

4. 穿着与年龄相协调

爱美之心,人皆有之。不论是年轻人还是老年人,都有打扮自己的权利,但不可否认的是不同年龄的人有不同的穿着要求。年轻人穿着活泼、随意,色彩鲜艳可以体现青年人朝气蓬勃的青春之美。中老年人的穿着也日益鲜亮,但总以庄重、雅致为主,体现成熟稳重之美。

5. 穿着的色彩要协调

着装色彩搭配的和谐往往能产生强烈的美感,色彩对人的刺激也是最快速、最强烈、最深刻的,因此色彩被称为"服装之第一可视物"。

服装色彩的搭配。没有不美的色彩,只有不美的搭配。一般来说,色彩搭配可以采用统一法、调和法和对比法。统一法是使用同一色系中各种明度不同的色彩,根据其明暗、深浅不同来搭配,造成一种和谐的美感。调和法是用相近的颜色搭配,色彩学把色环上大约90度以内的邻近色称之为相似色。比如奶黄与橙、绿与蓝、绿与青紫、红与橙黄等。对比法是用两种特性相反的对比色进行组合的方法,如红与绿、白与黑。它可以使着装在色彩上反差强烈,突出个性。

服装色彩与肤色。从肤色上说,白皙的人的选择度大,不论明暗、深浅都适宜。肤色黑的人要避免穿过于深暗的服装,太浅的颜色比差就更大,中和色较佳。肤色发黄的人,应该避免黄色、土黄色、紫色、青黑色等,这些颜色会使皮肤看上去更黄。颜色苍白的人不宜穿冷色调服装,宜穿黄色、浅橙色、浅玫瑰色、浅红色等暖色调服装。

正装的色彩。正装一般遵循"三色原则",要求色彩在总体上应当以少为宜,最好控制在三种色彩之内。最标准的正装色彩是蓝色、灰色、棕色、黑色。衬衫的色彩最佳为白色、灰色。皮鞋、袜子、公文包的色彩宜为深色,并以黑色为主流。男士穿西服还讲究"三一律",即公文包、腰带、皮鞋的色彩相同。三色原则保持了正装庄重、简洁、和谐的总体风格。

几种不同场合的服装要求

不同场合有不同的服饰要求,只有穿着与环境气氛相融洽的服饰,才能产生和谐的审美效果。

1. 喜庆、欢乐场合的服饰要求

喜庆、欢乐场合包括结婚典礼、生日纪念、联欢晚会、假日游园等,具有气氛热烈、情绪昂扬的特点,因此服饰的色彩可以鲜艳丰富,款式也可以新颖一些,以烘托欢乐的气氛。

2. 庄重场合的服饰要求

所谓庄重场合,是指庆典仪式、正式宴会、高层会议、会见外宾等。这种场合一般有比较严格的礼仪要求,在服饰方面也不能随意。

凡在请柬上规定要穿礼服的,一定要按规定穿着。男士可以穿上下同色、同质的中山装、西装或民族服装;女士可以穿各式套装、旗袍、晚礼服等。

要严格遵循穿着规范,比如穿西装一定要配套,穿中山装要扣好领口、领钩,长筒袜的袜子口不要露在衣裙外面,女士不宜赤脚穿凉鞋。女士的纱手套、面罩、披肩、外套等,在室内也允许穿戴,而男士在室内任何时候都不能戴帽子、手套和墨镜。

3. 悲伤场合的服饰要求

葬礼、吊唁等活动的气氛肃穆,最好穿黑色或其他深色、素色服装,男士可以穿黑色或深色西装配白衬衣、黑领带。不宜穿有花边、刺绣或飘带等饰物的服装,以免冲淡现场庄严的气氛。女士不抹口红、不戴装饰品、不用花手帕。

男士着装礼仪

男士着装不求华丽鲜艳,应当整洁、和谐、恰如其分,色彩以不超过三色为原则。

1. 西服着装要求

西装作为一种国际性服装,穿着时应配好衬衫。衬衫应当熨烫平整,衣领硬而挺括。

衬衫的下摆应塞进裤腰里,衬衫衣袖应长于西装的衣袖。内衣要单薄。衬衫里面不宜穿厚的衣物,更不能将领子和袖口露在衬衫外。如果天气寒冷,衬衫外面可以穿羊毛衫,但以一件为宜,不能过于臃肿,破坏了西装的线条美。

正式场合穿西装都应系领带或打领结。领带、领结的颜色和图案可根据西装的色彩配置,一般应选用衬衣和西装的中间过渡色。系领带时,衬衫的第一个纽扣一定要扣好。穿羊毛衫时,领带应放入羊毛衫内。领带的长度以到皮带扣处为宜。领带夹应夹在衬衣第三、四个纽扣之间。西装必须要和皮鞋配套穿。不宜穿布鞋、球鞋、旅游鞋等,皮鞋要上油擦亮,不能蒙满灰尘。西装扣法有讲究。西装有单排扣和双排扣之分。穿双排扣西装时,应该系好所有扣子。穿单排扣西装时,特别要注意扣子系法。单排一粒扣西装,扣与不扣均可;单排两粒扣西装,只扣上面一颗,下面的不扣;单排三粒扣西装,只扣中间的一颗,上下两颗不扣。单排扣西装可以敞开,不扣扣子。在正式场合,坐下时应当将西装的扣子解开。

2. 帽子与手套

在室内不能戴帽子和手套。戴着手套与人握手极其失礼,向人致意时要将帽子取下。

3. 鞋袜

在正式场合应着黑色或棕色等深色皮鞋。袜子颜色以深色为主,单一色调为佳。穿深色皮鞋忌穿白色袜子。

4. 公文包

男士公文包的款式、颜色应和整体着装相协调。按照"三一律"原则,公文包的颜色与腰带、皮鞋的色彩相同。公文包最好选择品质较高的,以彰显个人品位。

女士着装礼仪

与男士相比,女性着装较为随意,有更多的变化,款式和色彩也更加的丰富。但还须得体、协调、端庄、雅致,适合时间、场合与目的。

1. 西装套裙着装要求

职业女性常着西装套裙。套裙的色彩、款式、质地的选择范围较广,也没有太多的限制。成套着装,搭配与外套相协调的衬衣。鞋子、袜子、饰品、皮包的选择都要与套裙搭配协调。裙子多以一步裙为宜,不宜穿大摆裙,不宜穿黑色皮裙。不宜光腿,一定要配以连裤袜或长筒丝袜。不宜三截腿,即裙子与袜子中间露出半截腿。与有跟皮鞋搭配,不宜穿旅游鞋、球鞋、布鞋等。

2. 女士着装应注意的问题

不宜过分暴露。公关人员工作时着装不宜过分性感暴露,不得露出肚脐、胸部、脊背等,否则将被视为轻浮。穿衣不能"透",内衣裤隐隐若现极为不雅,因此穿着透光性较强的衣物时应有内衬,否则有碍观瞻。衣物不宜过紧,在工作场合衣物过于紧身显得不庄重。不宜过分时髦,追求奇装异服。

（三）仪态

仪态，是指一个人举止的姿态与风度。姿态是指身体表现出来的样子，风度则是一个人内在气质的外在表现。凭借个人仪态所传递的信息我们可以判断他的学识、修养、品格、能力。正如贝多芬所说："从仪态了解人的内心世界、把握人的本来面目，往往具有相当的准确性和可靠性。"在人际交往过程中，一个人的举手投足、一颦一笑都能传情达意，它是一种无声的体态语言。仪态的美丑，既依赖于个人的内在气质，又取决于个人是否接受过严格规范的体态训练。

1. 站姿

（1）不良站姿：站立时，弓腰驼背，两肩一高一低；或无精打采、东倒西歪，将身体倚靠在墙上或其他物体上；将双手交叉在腰间或抱在胸前，或双臂随意摆动，或抖动双腿；将双手插在裤袋里，或手下意识地做小动作，如玩发辫、摸下巴、咬指甲等。

（2）规范的站姿：头部保持正直，下颌微收，两眼平视前方，表情自然放松；双肩齐平，挺胸收腹，立腰夹臀，两臂自然下垂。双手侧放，也可以右手搭在左手上交叉于腹前，或右手放到左手掌心交叉于背后。两脚跟并拢，脚尖张开 45°—60°，身体重心位于两脚之间。男士站立时可将两脚分开，但不超过自己的肩宽。女士可双脚并拢，呈丁字步站立，上体微前倾，腰背挺直，姿态更加优美。

2. 坐姿

（1）不良坐姿：入座后，前俯后仰、东倒西歪，或过于放松，瘫坐椅内。将两脚分得过开成八字形，或把脚伸得过远；跷二郎腿或抖动双腿，将脚跷在茶几上；把双手放在两腿之间或压在臀下等等。

（2）规范坐姿：入座时动作应和缓，走到座位前再转身轻稳入座，只坐满椅子的三分之二，不要靠背。穿裙装的女士入座时，应将裙子向前拢一下。起立时声音轻柔，右脚先向后收半步，然后站起。

坐定后，上体自然挺直，身体重心垂直向上，两腿自然弯曲，双膝并拢，双脚并拢或交叠，可将右手搭在左手上平放于腿面。

男士可将双手掌心向下，自然地放在膝上，也可将双手搭在扶手上，双膝可略分开，距离不大于肩宽。

女士落座双膝必须并拢，可将两脚并拢放在左侧或者右侧，也可将两脚脚跟交叠收于椅子下方。如坐在有扶手的椅子上，女士最好只搭一边扶手，以示高雅。

3. 走姿

（1）不良走姿：行走时，摇头晃脑或左顾右盼；弯腰驼背、扭腰摆臀；身体重心前倾，走态不稳；双手摆动僵硬，或摆幅过大；双手插在口袋里；背着手走路；走路"内八字"或"外八字"；松松垮垮，无精打采。多人行走时排成横队，勾肩搭背。

（2）规范走姿：抬头挺胸收腹，双目平视前方，双肩保持水平，以肩关节为轴两臂自然摆动。起步时上身稍往前倾，重心始终在脚掌前部。膝盖伸直，脚尖向正前方迈出，行走时双脚踩在一条直线上。

男士走路时步伐应当稳健有力,显示阳刚气概。女士走路时头部端正,不宜抬得过高;双手摆动幅度不宜过大,切忌扭腰摆臀;步频、步幅适中,走在一条直线上;步态轻盈、自如,显示优雅、端庄的女性之美。

第三节　日常交际礼仪

公共关系人员的素养可以通过其日常行为规范表现出来。因此,公关人员应当重视学习基本交际礼节,在人际交往活动中严格遵守礼仪规范。

一、称呼

称呼是交际语言的先锋官。在交际中首先要注意的就是称呼,它不仅直接传达你对他人的态度,还能够反映出双方的远近亲疏、了解程度,并体现出公关人员的修养及交际能力。因此,称呼要慎重、准确、恰当,才显得有礼、得体、稳妥。

(一) 称呼的一般礼仪

(1) 对于平辈的朋友、熟人、同事、同学,彼此之间可以直呼姓名。长辈对晚辈也可以这样做,但晚辈不能直呼长辈姓名。对于岁长于己者可以在其姓前加上"老"字,如称作老张、老王;对年幼于己者,则称作小张、小王。但这种称呼多见于职业人士之间,不适用于在校学生。如果双方关系密切,也可以不称其姓,直呼其名,以示亲切。

(2) 对于长辈,应当使用人称代词"您"相称,表示自己的恭敬之意。称自己的老师为老师、业师、先生、导师,称对方的老师为令师、尊师,称老师的妻子为师母、师娘。称同学、同事的父亲、母亲为伯父、伯母或叔叔、阿姨。对德高望重的长者,称呼应特别慎重,一般在其姓后加一"老"字,如徐老、谢老等;也有在其姓后加"公"字或"翁"字,如周公、廖公、莎翁、萧翁等。对于普通人,如邻居、熟人等,可称呼爷爷、奶奶、大爷、大妈、叔叔、阿姨,也可以在这类称呼前加上姓氏,如张爷爷、赵奶奶等。

(3) 在工作场合,对于普通人一般以"先生""女士""小姐"等相称。也可使用职务性称呼,以职务相称可以仅称呼职务,如局长、厂长、经理等;也可以在职务之前加上姓氏,如张主任、李书记等。对于有职称者,尤其是有中高级职称者,可以在工作中直接称其职称,以示敬意,如王教授、周研究员、刘工程师等。也可以学衔为称呼,如黄博士。或以对方的职业为称呼,如杨医生、张教练、胡律师等。

(二) 称呼的几条注意事项

1. 对陌生人的称呼

对于初次见面的人,不了解其姓名或职务时,可泛称为"先生""小姐""女士"等。或礼貌询问:"请问先生(或小姐)贵姓? 应当如何称呼您?"

2. 不叫别人的诨号、绰号

诨号、绰号仅限于一定的范围内使用,不登大雅之堂;在社交场合称呼他人的绰号有失尊重,是个大忌。

3. 不要误读他人姓名

一些人的姓名中有生僻字,或是多音字。遇到这种情况,应当事先查阅字典,做好准备,或是虚心请教对方,以免误读。

4. 称呼要准确恰当

如对对方的年纪、身份等做出了错误判断而称呼失当,会引起对方不快。如将未婚女性称为"夫人",或对海外归来的华人华侨称"同志"。

二、介绍

有人把介绍称为一切社交活动的开始,它是人们在社交活动中彼此结识的第一步。

(一) 自我介绍

自我介绍是在他人面前的第一次亮相,使人由此获得对你的初步认识和了解。

一般情况下,自我介绍的内容包括姓名、年龄、籍贯、职业、工作单位、工作经历等等。但具体介绍哪些内容,还要依据当时的时间、地点、场合和对方的需要而定,也就是要依据对方对你最关心的问题做出重点选择,满足对方对你的心理期待,进而取得良好的印象分。

进行自我介绍时,应当简洁明确、重点突出,时间不应太长。在做自我介绍的同时,还可以辅以名片。介绍时态度要真诚、自然、自信、随和,切忌傲慢冷漠,也勿羞涩扭捏。说话的语气自然,语速适中,咬字清晰。

(二) 介绍他人

在三人以上的群体交际中,可能有人是初次见面,互不认识,需要有第三方帮助引见、搭桥。

在为他人作介绍时,介绍人首先要根据双方的身份,按照"受尊敬的一方有优先了解对方的权力"这一惯例确定介绍的顺序。

介绍女士与男士认识时,应先介绍男士,后介绍女士。

介绍职位高者与职位低者认识时,应先介绍职位低者,后介绍职位高者。

介绍长辈与晚辈认识时,应先介绍晚辈,后介绍长辈。

介绍已婚者与未婚者认识时,应先介绍未婚者,后介绍已婚者。

介绍来宾与主人认识时,应先介绍主人,后介绍来宾。

介绍客人与家人认识时,应先介绍家人,后介绍客人。

介绍社交场合的先至者与后来者认识时,应先介绍后来者,后介绍先至者。

(三) 被介绍人的礼仪

作为被介绍人,应当表现出结识对方的热情。当介绍人开始为双方进行介绍时,除女士和年长者外,被介绍人应起身站立,目视对方,神情专注,面含微笑。

介绍人介绍完毕后,被介绍双方应依照合乎礼仪的顺序握手,并且彼此问候对方。必要时,还可作进一步的自我介绍。

三、握手

握手是适用范围极为广泛的国际通用礼节,它不仅用于见面致意和告辞送别,在不同场合、不同情形里还可以表示支持、信任、鼓励、祝贺、安慰、道谢等,是沟通心灵、交流感情的一种行之有效的方式。

(一) 握手的场合

(1) 被介绍与他人相识,双方互致问候时,应握手致意。
(2) 友人久别重逢或同事多日未见,见面时应握手表示问候、关切。
(3) 当对方获奖或有其他喜事时,见面应与之握手表示祝贺。
(4) 在自己接受奖状、奖品时,应与发奖人握手表示感谢。
(5) 当拜托别人为自己帮忙或感谢别人帮助自己时,应握手表示谢意。
(6) 参加宴会入席时和退席时,应与主人握手表示感谢。
(7) 在社交场合遇见友人或领导时,应握手表示问候和欣喜之情。
(8) 拜访他人辞别时,应握手表示希望再见之意。
(9) 参加追悼会告辞时,应与逝者的主要亲属握手表示劝慰。

(二) 握手的姿势

握手时距离对方约一步,两足立正,上身略微前倾,眼睛正视对方,面带微笑。伸出右手,四指并齐,拇指自然张开,握住对方的手,微微晃动两至三下即可松开,时间持续 1—3 秒,不宜过长。

(三) 握手的次序

握手有先后顺序,讲究"尊者决定"。长辈、女士、身份地位高者先伸出手来之后,晚辈、男士、身份地位低者才能伸手呼应。

女士先向男士伸手。如果女士不伸手,没有握手的意思,男方点头致意即可。

主人先向客人伸手。宾主之间,主人有向客人先伸手的义务。无论客人是男是女,主人都要主动先伸手表示欢迎。在告别时,则是由客人先伸手向主人表示感谢,并请主人留步。

若要与多人握手时,可按照以下顺序:先长辈后晚辈,先主人后客人,先上级后下级,先主人、女士。并注意不要交叉握手,不可左手右手同时与两人相握,也不宜隔着中间的人握手。在来宾较多的场合,可只与主人和熟人握手,向其他人点头致意就行了。

（四）握手的注意事项

握手看似简单，其实大有学问。手的接触极富表现力，虽是须臾之间，却反映了一个人的教养程度和交往的愿望。

（1）握手时应当热情。双目要注视对方，微笑致意，切忌漫不经心、东张西望，或眼睛俯视地面，口中嚼着东西或叼着香烟。另外，对方已经把手伸过来，你却迟迟不伸手相握，也是冷淡、傲慢、极不礼貌的表现。

（2）握手要注意力度。握手时不要抓住对方的手来回摇晃，不要用力过猛，握得过紧。男士握女士的手不能握得太紧，西方人往往只握一下女士的手指部分。握手时也不要有气无力、握得过轻，给人敷衍了事的感觉。

（3）握手时间长短因人而异。一般以 1～3 秒为宜，不要长时间抓住对方的手不放。握手时间可根据场合、对象灵活掌握。对异性，时间可短些，切忌握住异性的手久久不肯松开。对久别重逢的老朋友、老同学可远远地把手伸出，把对方的手紧紧握在手中，甚至可以长时间地握在一起。

（4）握手时要脱掉手套，摘下帽子以及墨镜，女士的装饰性手套和装饰性帽子可以不摘。不要用脏手、湿手、凉手与他人相握。握手时左手不能插在口袋中。

四、电话

（一）打电话

（1）打电话前应有所准备。先考虑好通话的内容，准备需要的文件材料。如果要谈的内容比较多，可以先写下谈话的要点，避免遗漏；并准备好纸笔，记录对方谈话的重要内容。

（2）打电话应当选择适宜的时间。若无急事，不要在早上七点以前和晚上十点以后打电话，并且应尽量避开午休和用餐时间。通话时间不宜过长，叙述简明扼要，一般以 3—5 分钟为宜。

（3）打电话时要使用"您好""请""谢谢""再见"等礼貌用语，态度温文尔雅。

（4）打电话时虽然相互看不见，但礼貌和善意会通过电话传递给对方。因此，说话时应面带微笑，声音愉快，语调温和，语速适中，口齿清晰，用音调和语言表达出诚恳和热情。

（5）打完电话挂掉时要轻，如果与长辈、上级、客户等通话，应当等对方先挂电话之后再把电话放下。

（6）打电话拨错电话号码时，应向对方道歉。

（二）接电话

（1）电话铃响后应尽快接听，力争在铃响三声内拿起话筒。接电话时的第一句话应当是"您好"，如果在单位里则可以说"您好，××公司"，如果对方没有立即应答，可以主动询问："请问您找哪位通话？"或者"有什么可以帮助您？"等。

（2）接电话时，应轻拿、轻放，仪态文雅庄重，态度热情，用语礼貌。通话过程中，可以不时轻声回应"嗯""是""对""好"等词语，让对方知道自己一直在倾听。

（3）接听重要电话，应准备纸和笔，做好电话记录，记录完毕后向对方复述一遍以核对是否正确。

（4）如果对方请你代转电话，你可以说"请稍等片刻"，然后迅速找人。如果对方指名接电话的人不在，可告之："抱歉，对方不在，需要我转告什么吗？"

（5）若接到拨错号码的电话，应礼貌告诉对方："您打错了，这里是××"。

（三）使用手机的礼仪

（1）尽量不在电梯、路口、公交车等公共场合使用手机，如果确有必要，应该尽可能地压低声音并尽快结束通话。在需要保持安静的公共场所，如电影院、美术馆、音乐厅等，应当关机或使手机处于静音状态。

（2）在上课、开会、会见或其他重要活动期间，应当关机或使手机处于静音状态，表示对他人的尊重。

（3）在开车中、在飞机上，以及油库周围不允许使用手机，以免发生危险。

五、拜访

拜访是一种常见的社交形式。通过拜访，公关人员可建立广泛的社会联系、了解沟通各方面的信息、联络感情。拜访时应当注意遵守以下礼仪。

（1）恰当选择拜访时间。拜访要选择适当的时间，一般应当安排在对方比较空闲的时候，最好是在节假日或平时的晚饭之后，尽量避开午睡和对方的用餐时间。当然可以根据不同的情况随机应变。

（2）事先预约时间，做好准备。拜访之前应当先与对方联系，告知访问目的，征求对方的意愿，不期而至的突然造访是很不礼貌的。预约的口气应是友好、请示、商量式的，切不可咄咄逼人，强求会见。如果对方拒绝，仍应礼貌而婉转表示："那么，我等您方便的时候再约时间来看您，祝您一切顺利。"诚恳有礼的态度能感动对方，为下一次约见打下良好基础。

（3）拜访应当遵时守约。赴约要遵守时间，不可迟到。如果遇到意外情况，不能准时到达或不能前往时，必须及时提前通知对方，表示歉意。应当按照事先约好的人员和人数前往拜访，未经对方同意不宜擅自带上他人前往。

（4）拜访中应当谨言慎行。进门前，应当轻声敲门或按门铃。进屋后应主动问好，适当寒暄。主人上茶水时，应欠身双手相接并致谢，抽烟应当先征得主人同意。未经主人邀请，不得随意走动、自行参观房间及设施。

（5）拜访时间有度。拜访的时间不宜过长，应当遵守事先约定的时限。或主宾双方谈完主题、叙完情谊之后，就应起身告辞。此外，当遇到以下这几种情形也应及时告辞：一是双方话不投机，或主人反应冷淡，甚至不愿搭理；二是主人反复看自己的手表或墙上挂钟,或面露倦意;三是快到用餐、休息时间。

(6)告别前,应对主人表示感谢,握手道别。如果还有其他客人,还应礼貌地向他们示意。主人送客时,应劝主人留步;在门外第一个拐弯处一定要回头看主人是否还在目送,如果主人还未返回,应挥手向主人示意,并请主人返回。

六、接待

礼貌待客是中华民族的传统美德。"有朋自远方来,不亦乐乎"这句名言千百年来一直为好客的国人所传颂。"胜友如云""高朋满座"成为事业兴旺、人缘良好的象征。接待的礼仪主要包括家庭接待和办公室接待。

(一)家庭接待礼仪

(1)接到客人来访的消息后,可作必要的精神准备和物质准备。所谓精神准备,是指搞清客人来意,估计对方的意见和要求,考虑好自己的态度以及应对方式,以期使这次会晤实现圆满与成功。所谓物质准备,是指整理房间,收拾并布置会客室,准备烟茶糖果等食品;并对个人仪容作适当修饰。

(2)客人到达时,主人应笑脸相迎,主动与客人握手寒暄,表示欢迎。如果来访者是长者或贵宾,则应全家都出来迎接,以示对客人的敬重。主人应主动接过客人的衣帽、包或携带的其他物品,放到适当的地方。如果客人带来礼物,不论是否喜欢,都应当赞美礼物并表示感谢。

(3)把客人迎进屋后,安排客人就座,并送上茶水。给客人端茶时,应当用双手,一只手抓住杯耳,一手托住杯底。如果客人抽烟,主人宜马上敬烟,在敬烟时不要用手直接取烟给客人,而要将烟从烟盒弹出一截儿,递到客人面前,请客人自取。然后给客人点烟,点烟时一般打一次火为一个客人点烟,绝对不要打一次火为所有的客人点烟。

(4)家中的所有成员对客人都应热情相待,起立招呼问候。有客人在座时,不要与家庭其他成员发生口角,有矛盾待客人走后再解决,当着客人的面争吵等于在下逐客令,是很不礼貌的行为。即使客人来时恰巧你正与家人发生争执,也应立即"化干戈为玉帛",热情迎客,并且不要向客人诉苦,更不要硬要客人当"裁判",置客人于难堪的境地。如果孩子打扰客人,也不能在客人面前打骂孩子,而要对孩子进行耐心的说服教育,或把孩子交给家里其他人看管。

(5)如果客人来访时恰好你有急事要办,则不妨向客人说明情况,如时间不长,可以让客人稍等片刻,切不可撇开客人只顾干自己的事。如果要办的事情需较长时间,可以坦率诚恳地向客人说明情况,取得对方谅解,另约时间再见。

(6)如果已有客人在座,此时又来别的客人,主人要主动介绍,使双方互相认识,一同接待。若有事和一方交谈时,对另一方要讲明情况,切不可冷漠置之,使客人感到冷遇。

(7)当自己与客人交谈时,态度要诚恳,不要三心二意,频繁地进进出出,更不要总是看表,或打哈欠,以免对方误以为你在暗下逐客令。

（8）当客人提出告辞时，主人应婉言相留。客人告辞时，主人要等客人起身后自己再起身相送。送客时，请客人走在前面并替客人开门，让客人先出门。如果送客人至电梯，主人应等电梯关门后再离开。对长辈或贵宾，主人可远送直至上车，目送客人离去后再走。

（二）办公室接待礼仪

（1）热情相待，礼貌周到。公关接待人员对客人应笑脸相迎，主动问候，请客人入座，并以茶水等招待，并礼貌地与客人交谈。交谈时不能对客人情况刨根问底，直接询问对方的级别、职称、家庭等情况，更不能在客人面前炫耀自己。

（2）对不期而至的客人，也应放下手头工作礼貌接待，否则应向客人说明情况，取得谅解，并请客人入座稍候。

（3）弄清客人的来意，并做必要的记录。对于客人提出的问题或要求，自己不能解答或解决时，要向客人解释清楚，并介绍客人去找相关部门，而不可简单推诿或直言拒绝。

（4）对所有来访者平等相待，一视同仁，不可以"衣帽"取人。

七、宴请

（一）宴请的形式

宴请的形式通常有四种：宴会、招待会、茶会、工作进餐。

（1）宴会。系盛情邀请贵宾餐饮的聚会。宴会有国宴、正式宴会、便宴、家宴之分；按照举行的时间，又分为早宴、午宴、晚宴，其中以晚宴最为隆重。

（2）招待会是指各种不备正餐的宴请形式，一般备有食品和酒水，通常不排固定席位，可以自由活动。常见的有冷餐会、酒会。

冷餐会的特点是不排席位，菜肴以冷食为主，连同餐具陈设在餐桌上供客人自取，客人可自由活动。举办时间一般在中午12时至下午2时、下午5时至7时左右。

酒会又称鸡尾酒会，是较为活泼的招待形式，便于广泛接触交谈。举行的时间比较灵活，以酒水招待为主，略备小吃、菜点，不设座椅，只置小桌或茶几，便于出席者随意走动。

（3）茶会。这是一种简便的招待形式，一般在下午4时左右举行，偶尔在上午10时举行。茶会对茶叶、茶具的选用有讲究，外国人一般用红茶，略备点心和地方风味小吃。也有不用茶而用咖啡的。

（4）工作进餐。简称工作餐，是国际交往中常用的非正式宴请形式，主客双方利用共同进餐时间边吃边谈。通常在日程、活动紧张时采用这种形式。

（二）宴请的组织礼仪

（1）确定邀请对象的主要依据是主客双方的身份，也就是主客身份应该对等。邀请的人数以及客人身份则根据宴请的性质、惯例等。宴请的形式主要取决于当地的习惯、国际惯例等。一般来说，正式、规格高的宴请以宴会为宜，人数多的可考虑举办冷餐会或酒会。

（2）宴请时间的确定以主宾双方都方便为宜。最好避开传统的节日以及忌讳的13、4

等数字。宴会地点要考虑规模、档次、特色、环境及费用等因素。

（3）邀请客人赴宴有请柬邀请、电话邀请及口头邀请三种。请柬至少提前一周发出，并可注明"请答复"等字样，以便邀请人掌握情况适时调整。

（4）桌席排次礼仪

宴会的桌次以及每一桌的席次安排均有讲究。

大型宴会中主桌一般安排在对着入门的主席台中间，也可安排在所有桌子的中心位置。其他的桌次按照"近高远低、右高左低"的原则来安排。离主桌越近位次越高，右边的桌次比左边高。

同一桌的席位的高低以离主人距离远近而定，以靠近者为尊，右高左低。一般以朝门的席位为主位，主人的右边为第一主宾位，左边为第二主宾位，其余依此类推。背对正门坐在主人对面的是主人的秘书或其他能够代表主人结账的随行人员。如有女主人参加，则以主人夫妇为基准，男主宾位于主人右侧，主宾夫人坐在女主人右侧。国外则习惯男女穿插安排，以女主人为准，男主宾位于女主人右侧，主宾夫人坐在男主人右方。

（三）参加宴会的礼仪

（1）接到请柬应尽早回复，如果有事不能出席，要提前通知主人表示歉意。

（2）严格遵守宴会时间，不宜太早也不能迟到，可按照主人指定的时间准时或提前五分钟到达宴会地点。

（3）出席宴会要讲究仪容仪表、注重仪态，蓬头垢面、穿戴随便都是对主人的不尊重。女性不要喷洒过量香水。

（4）进入宴会厅后，首先要向主人招呼致意，礼貌对待其他客人，对长者更要恭谦有礼，起立让座并致以问候。

（5）按照主人安排的位子就座。如果旁边是老人或者女性，应给予照顾或礼让。注意选择适当话题与同桌客人交谈，沉默不语或大声喧哗都是不礼貌的。

（6）从左侧入座，入座后坐姿端正，上身挺直，和餐桌保持约一个拳头的距离，不要用手托腮或将双臂肘放在桌上，脚不要随意伸出影响别人。

（7）宴会结束时，应向主人致谢，并握手告辞后离开。不能不辞而别，扬长而去。

（四）用餐礼仪

（1）开席前不要摆弄餐具，不可手拿餐具指点议论别人，不要用餐巾等擦拭餐具。用餐前应先将餐巾打开铺在膝上，不要把餐巾塞入领口，餐巾可擦嘴不可擦汗。

（2）进餐时动作要文雅，以食物就口，不可将口去就食物。咀嚼食物时应闭着嘴，不要发出声响。如果食物太烫，可待凉后再吃，不要用嘴去吹。嘴里的鱼刺、骨头等不要直接吐出，可用筷子取出，或轻吐在叉上，放在盘子上。不要在餐桌上擤鼻涕、打嗝、打呵欠或当众剔牙，嘴里有食物切勿说话。

（3）中餐的主要工具是筷子，应当正确使用筷子。在用餐时不能用筷子敲击碗盘，不能用筷子在菜盘来回翻动寻找食物,不能将筷子的一端含在嘴里来回去嘬,用筷子夹菜时将菜掉在桌面上也是失礼的行为。

西餐的餐具是刀叉,基本原则是右手持刀或汤匙,左手拿叉。使用刀叉时应从外侧向里侧按顺序使用。进餐时,一般应由左右手互相配合,成双成对使用刀叉。但在喝汤时,可只用右手持勺。如果吃到一半想放下刀叉略作休息,应该将刀叉呈八字形平架在盘子两边,表示还要继续吃。反之,刀叉柄朝向自己并列放在盘子里,则表示这一道菜已经用好了,服务员就会把盘子撤去。

（4）席间不要随便离开座位,随意走动。除鸡尾酒会、自助餐外,在正式宴会中赴宴者不要随意走动。

案 例 分 析

小张接到东海公司的面试通知,要求他在当天下午3点整到东海公司人力资源部面试。小张接到通知后兴奋不已,特地穿上了新买的西装,换上黑皮鞋。当他准备妥当兴冲冲赶到东海公司时发现才2点半。他犹豫了一下,还是找到了人力资源部的林经理,说:"您好,我是来面试的,我叫张×"。林经理一愣,停下手中的工作,请小张坐下,给他倒了一杯水,然后翻看小张带来的自荐材料。小张坐下后,觉得有点紧张,双腿不自觉地抖动起来,为了缓解紧张情绪他开始左右环顾,观察办公室的布置。林经理看完材料,向小张提了几个问题,小张觉得自己回答得还不错,顿时放松了下来。他换了个姿势,跷起了二郎腿,露出了白色的袜子。当林经理问到一个知识性问题时,小张有点犯难,习惯性地搔了搔头。最后林经理问他对这份工作有什么要求,小张才说了几句话,手机就响了起来,他赶紧关掉关机。小张说完后,林经理说道:"这样吧,我们综合考虑你的情况后,有消息会再通知你的。"小张连声道谢,并主动和林经理握手道别。

请指出小张的失礼之处。

☞ **思考与练习**

1. 什么是公共关系礼仪？公共关系礼仪具有哪些特征？
2. 公共关系礼仪具有哪些原则？
3. 化妆礼仪应当注意哪些问题？
4. 服饰得体有哪些基本要求？
5. 握手有什么次序要求？
6. 使用手机应注意哪些礼仪？
7. 宴请的形式有哪些？

第八章
公共关系调查与策划

☞ **学习目标**

1. 了解公共关系调查与策划的含义、基本步骤与方法
2. 掌握公共关系策划的作用与原则
3. 掌握公共关系策划的基本要素与技巧
4. 掌握公共关系调查的基本方法

公共关系调查是公共关系工作的基础和首要环节,属于公共关系人员需要掌握的专业技能。公共关系策划是公关工作取得良好效果的保证。

第一节　公共关系调查

一、公共关系调查的含义、作用及原则

1. 公共关系调查的含义

公共关系调查是指社会组织通过运用科学方法,收集公众对组织主体的评价信息,进而对组织公共关系状态进行客观分析的一种公共关系实务活动。公共关系调查是全部公共关系工作的起点,为公共关系目标的确立和公共关系计划的制定提供了依据,也为公共关系方案的实施提供了保证,属于社会调查的一种具体形式。

公共关系调查不是对公共关系现象的猜测或推断,而是通过对社会组织公共关系现象进行具体考察、收集相关信息并通过科学程序和科学方法对信息加以分析,有计划、有针对性地掌握社会组织公共关系现象的客观现状。要想对观察到的现象做出客观的解释,必须以经验事实、逻辑关系作为依据。

任何组织都存在公共关系,任何组织的公共关系都要受到组织内外部环境的制约,这些影响因素都具有不同的内容和结构形式,有着不同的表现形式。所以,我们要评价社会

组织公共关系的好坏以及开展公共关系活动,都要首先对公共关系及其影响因素进行广泛、细致的调查。

公共关系的调查方法是一套完整、科学、系统的认识方法。公共关系调查首先通过感性认识的方法,深入到社会、公众当中收集一手资料,在感性认知的基础上,对信息进行定量分析,即对资料进行整理、分析、处理、研究,最后形成对社会组织及其影响因素的客观状况的准确描述与可靠预测的结论。

2. 公共关系调查的作用

随着经济社会的发展,越来越多的组织开始重视并加强社会公共关系调查能力。公共关系调查在公共关系工作中具有十分重要的作用,主要体现在以下几点:

(1)塑造组织形象。在组织调查过程中,组织形象信息,包括产品形象信息、服务形象信息、人员形象信息、实力形象信息以及调查人员的精神风貌都会直接或间接地传递给公众,使公众更加了解组织,从而起到塑造组织形象的作用。另外,组织开展公共关系调查会深入接触公众,与公众打成一片,听取公众的意见和建议,这样客观上拉近了组织与公众的距离,为塑造组织形象创造条件。

(2)进行问题预警。公共关系调查能对社会组织可能出现的公共关系问题提供警示信息,为组织的"论题管理""组织危机"管理提供决策依据。所谓"论题管理"是指社会组织对于具有争议的社会问题进行分析、预测并制定反应方案,使组织在环境变化中具有良好的应变能力和主动性。"危机管理"是指对组织已经出现的或即将出现的公共关系问题进行分析,并制定相应的对策和行动方案,以保证组织顺利渡过难关,转危为安。

(3)组织环境监测。组织要想有效地开展公共关系工作,必须注意监测组织自身的公共关系环境。公共关系环境具有确定性、可变性和复杂性,因此对公共关系环境的监测必须依靠持续、广泛深入地开展公共关系调查活动。通过公共关系调查活动,组织可以确定目前公共关系环境的结构信息、性质特点以及干扰的大小,另一方面还可以把握公共关系环境变化的内容、方向和速度以及变化的特点,有利于制定相应的公共关系战略与行动计划。

二、公共关系调查的对象范围

公共关系调查的对象十分广泛,涉及公共关系状态的多种因素。根据公共关系环境中的主要影响因素及公众对现有组织形象的接受度,可将公共关系调查对象分为五类:

1. 组织内部情况调查

(1)组织基本情况调查。具体包括组织总体情况:组织性质、任务、类型、规模、管理体制、组织结构、隶属关系等;组织经营情况:经营发展目标、产品或服务特色;组织发展历程:组织发展过程中的重大事件、特殊荣誉与社会贡献等;组织文化情况:组织精神、组织宣传口号、组织行为规范等。

(2)组织实力情况调查。具体包括组织的物质基础情况:组织办公条件、组织配套附属设施等;组织技术力量情况:组织技术人员的数量及知识背景、组织技术专利数量、技术领先程度、技术储备等情况;组织的经营能力;组织的资产情况:组织的资产总额、流动资产总额等;组织福利待遇情况:人均工资、津贴数额、劳动保护等。

2. 公众基本情况调查

(1)公众构成情况调查。具体包括内部公众情况和外部公众情况。内部公众情况包括:组织成员的数量结构、年龄结构、性别结构、文化程度、角色构成、能力构成等。外部公众情况包括:公众的数量、空间分布、特征结构、与组织联系的紧密程度、公众利益与组织的关联程度等。

(2)公众需求情况调查。满足公众需求是组织生存、发展的基础,组织必须进行仔细的研究,从而为公共关系工作指明方向。公众需求包括公众的物质需求和精神需求两个方面,其中物质需求包括:公众获得高质量的产品或服务的需求;精神需求包括:组织接纳、合法权益保护、获取组织信息等方面的需求。

(3)公众评价情况调查。公众评价情况包括对组织产品或服务质量的评价、对组织人员素质、管理水平的评价。

对组织人员素质的评价具体包括:组织成员的工作能力、素质、工作态度的评价;管理水平的评价具体包括组织办事效率、创新能力、战略转型能力等方面的评价。

3. 传播媒介调查

(1)大众传播媒介调查。大众传播媒介主要包括电视、广播、报纸、杂志四个媒体。调查的主要内容包括大众传播媒介的分布及媒介效果两个方面。媒介分布具体包括:地区、行业、数量等方面;媒介效果具体包括:覆盖范围、到达率、媒介影响力、媒介价格等方面的情况。

(2)推广活动媒介调查。推广活动媒介调查包括专题活动筹办情况、专题活动效果情况两个方面。专题活动筹办情况具体包括:拟办活动的主题、内容、规模等情况;专题活动效果情况包括:活动的宣传效果评价、主办方自我评价、专业人士的评价及公众和社会媒体的评价。

4. 组织外部情况调查

(1)基本社会环境状况调查。社会环境是指与社会组织生存和发展相关联的外部社会条件的总和。基本社会环境调查包括政治环境、经济环境、人口环境、文化环境等方面。政治环境状况具体包括:国家或地区的政治体制、方针政策和法令法规的制定、颁布、实施等。经济环境状况包括:国家或地区的经济体制、产业结构、分配结构、消费结构等方面。人口环境状况包括:人口总量、增长速度、年龄结构、性别比例、地理分布、教育状况、就业状况、婚姻状况、人口流动性等方面。文化环境状况包括:民族文化传统、宗教信仰、风俗习惯、社会价值观、生活方式等。

(2)市场环境状况调查。市场环境是指与社会组织公共关系活动相关联的市场因素组成的中观社会环境系统。市场环境调查包括市场需求调查、消费者调查、市场竞争状况调查。市场需求调查具体包括：市场容量、购买力、消费水平、需求变化趋势等。消费者调查具体包括：消费动机、消费决策、消费偏好等方面。市场竞争调查具体包括：产品特色、销售政策、与供应商和分销商的关系、广告宣传、促销措施等方面。

（3）行业环境调查。行业环境调查包括行业基本情况、行业组织情况、行业合作情况、行业竞争对手情况。行业基本情况具体包括：行业发展水平、行业在国民经济中的地位等。行业组织情况具体包括：经营方针、技术力量、管理水平、行业竞争地位等。行业合作情况具体包括：组织之间合作项目的数量、类型及可能取得的效果等。行业竞争对手情况具体包括：对手的历史、关键技术、公共关系情况等。

5. 组织与公众关系调查

组织与公众关系调查可根据认知度、美誉度、和谐度三大指标开展相关工作。

（1）认知度。是衡量社会组织与公众关系现状的一个重要指标，包括知晓度和熟悉度两个方面。知晓度反映一个社会组织在公众中的知名度。知晓度调查具体包括：相关公众总量、公众的分布情况、一定区域内知晓组织的公众数。熟悉度调查具体包括：公众对组织名称、行业属性、竞争地位、历史、业绩、组织个性、组织文化等方面的熟悉程度。

（2）美誉度。是指对社会组织具有一定认知度的公众中，对社会组织持好感、赞誉、信任态度的人数的百分比。美誉度调查的内容可分为公众对组织理念的赞誉程度、对组织行为的赞誉程度、公众对标识的赞誉程度以及公众对产品或服务的赞誉程度。

（3）和谐度。和谐度调查包括：公众对组织理念、行为的赞同程度、公众与组织合作的情况、公众与组织的心理距离等方面。公众与组织合作的情况具体包括：公众对组织在产供销、融资等方面的合作情况。公众与组织的心理距离具体包括：公众对组织存在的冷漠、敌视、怨恨等情感障碍的情况。

"三度"的调查能掌握社会组织与公众的关系状态，即组织的形象识别，为公共关系活动提供了依据。

三、公共关系调查的一般程序

公共关系调查必须根据认识规律，科学地安排工作程序。公共关系调查的一般程序可以分为五个基本阶段。

1. 调查准备阶段

调查准备阶段是公共关系调查的基础阶段，这一阶段主要包括三项内容：确立调查任务、开展调查设计、调查条件准备。

（1）确立调查任务。公共关系调查者要通过对社会组织面临的现实问题进行讨论，根据组织公关工作的实际需要，确定明确、具体的公共关系调查任务。

（2）开展调查设计。公共关系调查设计的任务较多，包括调查指标、样本、问卷、过程、调查方案的设计等，并形成最终的调查方案。

（3）调查条件准备。公共关系工作的开展需要一系列的条件准备，包括人员条件、经费条件。调查准备要保证工作人员的数量及质量,又要事先做好预算,确保经费到位。

2. 资料收集阶段

资料收集阶段首先要协调好与被调查者的关系,还要协调好与被调查者有关的组织及团体,取得他们的支持与合作。公共关系调查中所要收集的资料可分为两种:一种是一手资料,另外一种是二手资料。公共关系调查资料收集的重点在于收集一手资料,二手资料作为一手资料的补充。无论是一手资料还是二手资料都应保证资料的真实性和准确性。

3. 整理分析阶段

资料的整理分析阶段也称为研究阶段,收集的现场资料一般就真实性和准确性需要进一步确认,剔除掉不符合要求的信息内容,然后对资料进行分类,最后按照系统化、规范化的要求对资料进行加工。

通过对信息定性与定量分析,发现信息之间的内在联系,进一步对分析结果进行比较、推理、判断,找出资料中的关于关键问题的重要信息,形成公共关系调查的认识成果。

4. 报告写作阶段

在完成了调查资料的整理分析之后,需要撰写调查报告。调查报告是反映公共关系调查所获得的认知成果的书面材料。调查报告撰写的要求包括:

第一,保证调查报告的内容真实可靠,基本情况的概括与观点的提炼都要以真实的信息资料为依据,不能脱离实际、弄虚作假。

第二,调查报告的结构要完整,一般来说调查报告的框架包括题目、目录、摘要、正文、结论、建议和附件等。

第三,调查报告的表述要准确,具有可读性,行文要简洁、通俗易懂,避免对表述进行过分的修饰。

5. 总结评估阶段

总结评估阶段是公共关系调查的最后阶段,公共调查的总结评估主要包括本项公共关系调查的完成情况、取得的成果以及获得的经验教训等内容。

四、公共关系调查的基本方法

1. 根据调查对象范围的不同分类

(1)普遍调查。是专门组织的一次性的全面调查。普查是对公共关系调查对象总体逐一进行调查,以收集总体情况的调查方法。普查的主要作用是对社会公共关系现象做出全面、客观的描述,得出具有普遍意义的、具有高度概括性的结论。

普查存在的不足在于,投入相当多的人力、物力财力及时间,成本较高。普查通常调查内容比较少,不能得出更多与信息内在联系相关的结论。大范围的普查对于一个普通的社会组织来说是不现实的。

（2）典型调查。是调查者从调查对象总体中选择有代表性的少量对象进行调查，以实现对同类公共关系现象本质及发展规律的认识的调查方法。典型调查的认识过程是从具体到抽象、从特殊到一般。典型调查要求收集大量的第一手资料，对典型对象的各个方面的情况进行系统、深入的分析。典型调查法可采取直接接触被观察对象，进行观察，也可以通过个别访问或开调查座谈会的方式进行。

典型调查的不足在于，调查结果可能受到调查者主观看法影响，产生一定的主观随意性，典型调查一般适用于定性研究。

典型调查法适用于研究尚未充分发展、处于萌芽状态的新生事物或有某种倾向性的社会问题，或用来分析对象的不同类型，研究他们之间的差异及相互关系。

2. 基于资料收集方式的不同分类

（1）询访调查法。是指公共关系调查者根据一定的调查目的和任务，通过对被调查对象提问或面对面交流的方式收集相关信息的调查方法。具体方式包括面谈询访、书面询访、电话询访、电子邮件询访等。在询访过程中，询访内容可以是结构性的也可以是非结构性的。·

询访调查方法对被调查者在表达能力和综合分析能力方面的要求较高，并且需要询访者具有丰富的访谈经验和相关的专业知识。一般适用于收集公开方式难以获得的相关信息。

（2）问卷调查法。是通过问卷作答的方式向被调查对象收集相关信息的调查方法。问卷是一份经过科学设计的问题表格。问卷根据预设问题的结构特点，可分为开放式问卷和封闭式问卷，开放式问卷的问题设置了备选答案，而封闭式问卷的问题则由被调查对象进行自由作答。

问卷调查法收集的信息便于定量处理和分析，但回收率通常较低。

（3）量表测量法。是借助量表对调查对象的主观态度和潜在特征进行测量，以收集公共关系信息的调查方法。量表是适用于较精确地调查人们主观态度的测量工具，由一组问题构成，用以简洁测量人们对某一事物的态度或观念。量表通过间接的方式衡量那些难以直接观察和客观度量的社会现象。量表的类型按照其测量内容分，包括：态度量表、能力量表、智力量表、意愿量表、人际关系量表等；按其作用分，有调查量表和测试量表。公共关系调查可根据不同的调查目的进行选择。

（4）文献调查法。是通过对现有文献的收集来获取公共关系资料的一种调查方法。文献是指以文字、图像、符号、音频、视频等为主要记录形式的一切载体。文献根据文献的加工程度及在信息交流过程中作用的不同，可分为一次文献、二次文献、三次文献等；根据文献的编写和出版方式的不同，可分为图书、报纸、期刊、政府出版物、会议文献、学位论文、档案、内部资料等。文献的收集可采取借阅、购买、交换等方式实现。在计算机网络技术迅猛发展的今天，人们通过网络数据库，检索各种文献详细资料，大大节约了信息查询的时间。

第二节　公共关系策划

一、公共关系策划的作用与原则

公共关系策划是指公共关系策划者利用有限的资源,为实现公共关系目标,对公共关系活动的性质、内容、形式和行动方案进行谋划与设计的过程。

(一)公共关系策划的作用

1. 指明方向

公共关系策划是对未来公共关系活动进行设计、安排的思考过程,需要很强的目的性、整体性和指导性。通过公共关系策划,为公共关系工作指明了方向,分清了主次,环环相扣,层次分明,使公共关系的实施者能够高效地开展工作,避免工作的盲目性。

2. 启发创意

公共关系工作并没有现成的蓝本,每次公共关系活动都要突出特色。公共关系活动效果的保证需要公共关系活动具有足够的创新性,让公众眼前一亮,产生足够的活动吸引力,使公众对活动产生足够的关注度,并进一步激发兴趣,使公众对活动的内容、主题产生较深刻的记忆,达到过目不忘的效果。

3. 树立形象

通过优秀的公共关系策划,可以协调组织与公众的关系,建立沟通渠道,从而树立组织形象,使组织形象获得公众的认可、支持和信赖。良好组织形象的建立是组织的宝贵无形资产,对强化组织竞争力具有关键性作用。优秀的公共关系策划,关键在于挖掘、培养具有高水准的专业公共关系策划人员。

(二)公共关系策划的原则

1. 目标导向原则

明确的活动目标使公共关系策划者能够发现活动可能出现的问题及障碍,提前将解决问题的方法制定出来,并通过量化目标体系,可以对活动效果进行有效的评价,衡量活动成功与否。活动的目标通常包括认知度、美誉度、和谐度的提升。所有的策划活动都必须围绕既定目标进行。

2. 真实性原则

在策划的过程中要尊重事实、尊重客观规律、尊重受众的信息接收习惯。公共关系策划要建立在大量调查、全面的信息收集基础之上。社会组织需要根据组织环境的实际情况和组织现有资源,设计符合公众需要和组织自身利益的公共关系活动策划方案。

另外,公共关系策划向公众传递的信息必须及时、准确、全面、客观,不允许有任何的虚假信息。公共关系策划虽然强调创意,但不能离开组织真实需要和现实环境的约束,片面追求轰动效用,而做出一些与组织、公众利益不符的事。

3. 创新原则

创新原则主要是指公共关系策划要寻找问题解决的最佳方案,不能墨守成规,将创新理念融入方案策划的全过程中,即策划方案的每一个环节、每一个细节都要具有相当的弹性,能够跟上环境的变化,力求能够另辟蹊径、推陈出新,用最有效的方法、最低的成本取得最佳的效果。

4. 可行性原则

公共关系策划的可行性原则需要策划者注意到策划方案的风险性、经济性、合法性等方面。

在策划活动执行的过程中可能会出现各种各样的突发情况,使方案不能顺利实施。这就要求策划者能够在方案制定的过程中充分考虑到不利因素可能造成的影响,将风险出现的可能性降到最低。

公共关系策划的质量还体现在方案的经济性方面,花更少的钱,办更多的事,提高成本效率。

公共关系策划还要考虑到方案是否和国家或地区的法律法规及当地的风俗习惯、宗教信仰、文化传统等因素相冲突,应避免违反法律的情况的出现或引起公众的反对及舆论谴责。

二、公共关系策划的基本要素

(一)确立目标

制定合理的策划方案,首先要对组织的优势、劣势、机会与风险进行评估,根据组织的资源状况对目标的重要性进行排序,最后确立总的策划方案目标。

公共关系策划方案的目标必须是一个具体的、可量化的、具有可实现性的目标。例如,"在某区域将组织认知度提升6个百分点""与公众的和谐度提高5个百分点"等。

在设定目标时需要考虑到目标的设定是否合理,是否能够在规定的时限内完成该目标。

(二)凝练主题

所谓主题是指公共关系活动中连接所有项目、指导整个活动的核心思想。能否提炼出鲜明的活动主题,是关系到策划方案成败的重要因素。主题的提炼需要反复推敲、琢磨。提炼主题需要注意主题的实效性、稳定性、唯一性。

好的主题不在于辞藻的华丽和技巧的运用,而在于能真正引发公众的共鸣,符合公众的需求。每个策划方案都只有一个主题,这样才不会造成信息的杂乱,影响受众对信息的接收和判断。主题应贯穿整个公共关系策划活动,这样才能强化活动效果,实现策划目标。

（三）目标公众

公共关系策划应确定具体的目标公众，即公共关系活动所针对的对象。目标公众范围一般应根据策划方案的目标及组织的方案预算来确定。目标公众范围太广，会影响活动效果，并且成本过高，不会得到高层管理者的支持。目标公众应选择那些与活动主题、目标密切相关，能够产生较大影响力、需求相对迫切的对象作为公共关系活动的重点人群。由于公共关系活动的主题灵活多变，所以每次目标公众的选择，应由策划者根据实际情况来确定。

（四）项目设计

项目设计是指对围绕公共关系目标而确定的不同时期进行的各种形式的活动进行设计，以保证策划方案有序开展，直至完成。

（五）时机选择

公共关系策划的时机把握，是公共关系策划水平的体现。组织可选定的时机包括组织创办或成立、组织并购、组织内部改组、推出新产品或服务、组织周期性纪念活动、各种节日、组织形象出现危机、组织内部资源条件发生变化等。在时机选择的过程中要注意重大公共关系活动同一时间不要开展两项以上，还要能够配合目标公众的日程安排，保证目标公众的参与，同时也要关注策划实施的时间点有没有其他重大事件发生，使组织的公共关系活动无法有效利用媒介资源而影响活动效果。

（六）媒体整合

不同的媒体有着不同的媒体特点，公共关系策划者必须掌握各种媒体的优缺点，并通过媒体整合的方式，形成信息统一、传播效果最大的媒体策略。媒体选择应首先考虑到目标受众的试听习惯以及媒体本身的传播覆盖范围、有效到达频次以及媒体的影响力，当然还要考虑到媒体的性价比。根据目标公众的地理分布情况，在不同区域选择不同的媒体组合策略，以合理分配预算。

（七）经费预算

经费预算是对公共关系策划实施进行控制的有效手段。

公共关系活动的经费开支主要包括四个部分：日常行政开支、器材设施开支、具体活动项目开支、劳务报酬经费。

日常行政开支包括房租、水电费、电话费、办公用品、交通费、差旅费、资料购置费等。

器材设施费包括购置、租借或维修各种视听器材、通信器材、摄影器材、交通工具等。

具体活动项目开支包括宣传广告费、调查活动费、人员培训、场地租用费以及各种办公、布展、接待参观的费用。

劳务报酬经费包括公共关系人员的工资、奖金及其他福利以及外聘专家顾问的工作报酬。

（八）策划方案

公共关系策划方案是活动的行动指南，公共关系策划方案的基本格式包括五个部分，分别是封面、序文、目录、正文与附件。

封面包括题目与策划单位的名称、策划方案完成的日期等。序文是当方案内容比较复杂，加入的以简洁的文字作为引导的部分。目录是标题的细化和分解，让读者通过看标题和目录，便可以快速了解方案的整个概貌。正文包括八个部分：活动背景分析、活动主题、活动宗旨与目标、活动程序、媒体方案、策划预算、预期策划效果。附件包括：活动日程表、职责分工、经费明细表、场地使用安排表、相关资料与注意事项。

三、公共关系策划的方法技巧

（一）利用环境变化趋势

公共关系策划要求组织必须积极、敏锐、全面地了解外部环境的变化趋势，能够审时度势，跟上形势、顺应形势。当环境不利于组织进行公共关系活动开展的时候，要积极地谋划行动方案，在实力、心理状态、舆论倾向、士气斗志方面积蓄力量，等待时机的成熟。

例如，可以借助节日、名人、文化或舆论之势来推动公共关系活动的进行。

当环境不利于公共关系策划的实施时，可以考虑进行造势，凭借组织的资源、力量，积极主动地营造出有利于组织公共关系活动的环境态势、格局和倾向。

（二）创意技巧的巧妙运用

公共关系策划要使策划方式富有创意。所谓创意是指不走老路、跳出常规、突破约束。公共关系策划中的创意具体包括：目标新奇、视角独特、效果新奇、手段新奇等内容。创意可以使公共关系策划实施效果得到强化，避开有力竞争者的优势所在，另辟蹊径，创造出一个新的竞争空间。只有具备优秀创意表现的策划方案才可能使组织在竞争中取得主动、脱颖而出。创意的具体方法包括利用开放式思维方式，考虑策划目标和需求的组合、传播媒介组合、信息形式的组织、组织资源的组合、时间与空间的组合，从而产生综合效果，给人以耳目一新的感觉。所以正如广告大师詹姆斯所说的"在某种程度上，创意其实就是元素的新组合"。

案例分析一

宝洁的品牌发展案例
——"沙宣再创辉煌，世纪大行动"

（一）案例介绍

1998年7月，沙宣在北京成功地举办了全国性品牌推广活动，从而使沙宣在不到一年的时间内,迅速进入中国护发产品市场的前列。此时,沙宣机构正推出新徽标及新产品,以展示其世纪新形象。为加强沙宣品牌知名度以及让广大目标受众了解沙宣品牌的发展状况,爱德曼公关公司与宝洁(中国)有限公司计划于1999年7月在北京隆重举行"沙宣再创辉煌,世纪大行动",旨在通过一系列公关活动扩大沙宣目标群体的数量,使其覆盖面涉及专业发型师、零售商、媒体和消费群体。

(二)项目调查

项目策划之前,爱德曼公关做了大量调查研究工作,通过对消费者做电话及当面询访、新闻报道分析及市场报道分析等工作,取得了沙宣品牌在中国的形象树立及市场营销的第一手资料。

(三)项目策划

1. 活动策略

(1)以独特方式展示沙宣新世纪形象。

(2)向媒体、消费者和发型师讲解沙宣新产品系列的优越性。

(3)聘请沙宣发型师举办专业发型创作展,宣传沙宣作为美发界权威的形象。

2. 活动主题

世纪风采由你而来。

3. 目标群体

(1)年龄在18岁—34岁的消费群体;

(2)专业人士;

(3)新闻媒体;

(4)美发协会及发型师团体。

(四)项目实施

1. 工作安排

"沙宣再创辉煌,世纪大行动"项目计划于1999年4月正式启动。最初由爱德曼公关与伦敦沙宣发廊的一批著名发型师举行碰头会,提出初步设想以便推出适合中国市场的新世纪发型表演。爱德曼所承担的主要任务是策划项目内容和协调整个项目规划,制订并实施针对各个目标群体的各项活动。

2. 前期新闻资料发放

为了向媒体发送活动信息,并为它们提供背景资料,爱德曼公关公司于今年6月就提前向媒体发送了关于沙宣世纪大行动的前期新闻稿,为媒体提供在发型展示会之前就能发布消息提供了条件。

爱德曼公关公司还充分考虑到杂志社的截稿时间往往比发稿时间提前30天左右,就此爱德曼公关公司向杂志社发送新闻稿的时间又比报社提前了一个多月。在活动前期共收到30余篇新闻简报,报道面涉及北京、天津、上海、广州、大连、沈阳、长春和哈尔滨等城市。

3. 与合作伙伴的系列公关策划

（1）与沙宣伦敦发型师合作拍摄沙宣中国特色发型照片

为了展现具有中国特色的沙宣新世纪发型,爱德曼公关公司特约沙宣国际创意总监、国际知名摄影师及名模胡兵等共同在具有中国古典建筑风格的古庙——智化寺拍摄了一组极具中国特色的沙宣新世纪发型。爱德曼公关公司为成功组织拍摄这组照片进行了大量工作:寻找地点、预订拍摄场景、协调摄影师的工作、用计算机进行加工处理、预约模特儿、对摄影场景的现场管理、挑选及复印照片和向媒体发送等。

从媒体发稿情况来看,这组照片得到媒体的青睐,超过 50％的媒体选用了部分或全部照片。

（2）与亚洲音乐电视（MTV）合作

这次活动所选中的合作伙伴是 MTV 电视网亚洲部。对方所承担的工作包括提供两位名牌节目主持人,录制并播放 5 次长达 5 分钟的促销电视片和为时 10 分钟的专题片。播放的内容包括:

①沙宣 1999 年发型展示会;

②为著名节目主持人制作发型的过程;

③发型的未来趋势;

④沙宣的辉煌经历;

⑤"沙宣再创辉煌,世纪大行动"整体活动内容及对社会名流和模特的采访。

爱德曼公关公司与 MTV 电视网亚洲部进行了密切合作,向节目主持人、电视制作组及导演等人员介绍情况,编写主持人台词及有关沙宣的文字及图像资料。此外,爱德曼公关公司还安排了对中国宝洁洗发护发用品总经理戴怀德先生（David Taylor）和沙宣国际创意总监夏特里先生（Tim Hartley）的专访,并与主持人一起安排新闻发布会。由于对发型展示会及主持人的活动进行了实地排演,从而确保了新闻发布会及发型表演的顺利进行。

（3）与时尚界名流的合作

台湾名模、影星兼电视节目主持人孟广美是沙宣选定的 1999/2000 秋冬季沙宣发型亚裔女性代表。她还出现在最近国内拍摄的沙宣去头皮屑洗发露广告片中。在发型展示会上,孟广美身着由中国时装设计师王一扬设计的逸飞品牌时装。在新闻发布会上,她作为发言人,对沙宣品牌及其新款去头皮屑洗发露产品给予了极有价值的赞誉。

中国名模、演员兼歌手胡兵是去年沙宣发型展示会的主持人。在今年的活动中,他作为模特在沙宣中国特色照片中亮相,并在新闻发布会上发言。

王一扬是中国逸飞女装公司的设计师。他在 5 月的上海时装周上就崭露头角,但这是他首次与沙宣合作。孟广美就是身着他设计的服装出现在 T 型台上的。他还应邀在新闻发布会上与媒体对话。

从媒体对活动的报道看,邀请社会名流参与活动成效显著。爱德曼公关公司不仅为活动找到社会名流作为合作对象,而且还就发邀请函、签约、介绍情况、编写发言稿及现场管理等事宜进行了协调工作。

4. 新闻发布会及为媒体举办的发型展示会

共有161名文字记者和摄影记者出席了在北京举办的"沙宣再创辉煌，世纪大行动"新闻发布会，其中56位记者专程从外地赶来参加此次活动。爱德曼公关公司还为新加坡媒体的专访安排了日程，并协调了两家国际新闻机构——路透社和美联社的报道工作。此外，爱德曼公关公司还向另外8个省市发送了专题资料并安排了所有活动的细节。包括制定媒体代表名单，与有关地方媒体进行协商，发送邀请函及新闻资料，为所有发言人员编写发言稿，向宝洁管理人员及沙宣伦敦工作组介绍情况，组织排练，现场管理及对全国媒体报道的跟踪等事宜。

5. 媒体专访

在为期三天半的活动期间，59位媒体代表对沙宣伉俪及宝洁（中国）有限公司洗发护发用品总经理戴怀德先生（David Taylor）和逸群女士（Yvonne Pei）进行了单独或集体采访。三个采访室的活动都是由爱德曼协调管理。其工作内容包括媒体采访日程、现场接待、准备媒体资料、与客户联络、日程的最后一分钟修改、回答媒体咨询等方面的工作。

6. 摄像与摄影服务

在这项活动中，录像与摄影起着关键作用，有利于对沙宣新产品的报道。爱德曼于1999年7月8日这一天与摄像人员一起干了个通宵，编辑所有新闻资料及照片，以便在次日发送给媒体。录像资料不仅包括活动现场内容，而且也包括由沙宣赞助的伦敦时装周的内容。这项工作确保了各家电视台获得了有关活动的全部资料，为促进媒体报道起到重要的作用。媒体单位由于获得高质量的资料，因而愿意进行深入报道，编辑较长的电视节目。

7. 媒体报道情况

爱德曼不仅为这次"沙宣再创辉煌，世纪大行动"邀请了来自119家新闻媒体的161位文字记者、摄影记者和电视制作人员，而且还邀请了来自31家外地新闻单位的56位记者到北京参加这次的各项活动，新闻发布会开得异常成功。媒体的有关报道非常踊跃。共有11个省市的电视台做了报道，媒体对由爱德曼编辑合成的新闻资料带的应用极其成功。此外，文字媒体对孟广美的照片和沙宣发型展的照片及沙宣中国特色发型照片都进行了广泛报道。

8. 专业美发师培训及发型展

爱德曼与宝洁品牌业务部及沙宣伦敦创作组人员密切合作，为中国的发型师举办了两次发型培训及发型展，包括现场剪发和染发，许多国内知名的发型师应邀出席。此次发型培训及展示会在发型界引起极大的反响。

9. 晚宴及发型表演

爱德曼公关公司代表沙宣夫妇及宝洁（中国）有限公司，邀请了200名社会名流及演艺界人士出席了这次晚宴及发型表演，包括艺术家陈逸飞、世界花样滑冰冠军陈露、流行歌星井冈山、黄格选、杭天琪、艾静、张咪、耿乐、谢雨欣、潘劲东和满江等,再一次利用沙宣夫妇的名人效应唤起了中国的社会名流对沙宣品牌的关注和赞誉。

(案例来源:"第四届中国最佳公共关系案例大赛")

结合以上案例,请思考:

1. 本案例中公共关系活动的目标是什么?公共关系活动的公众都有哪些?
2. 本案例中都运用了哪些调查方法?选择了哪些媒介?
3. 本案例中都运用了哪些传播方法?
4. 本案例中取得成功的主要原因是什么?

案 例 分 析 二

联合利华公司的中国本土化公关

联合利华公司是世界上最大的跨国公司之一。该公司成立于 1930 年,由荷兰的尤尼麦格林公司与英国利华兄弟公司组成。目前,联合利华公司在全世界拥有 500 多家分公司,1997 年全球销售额超过 500 亿美元,在世界大型跨国工业企业中列第 20 位左右。联合利华公司在全球执行同样的准则,即成为一个"本土化的跨国公司",联合利华公司在中国同样遵循这一准则。早在 1932 年,联合利华公司就在上海开办了第一家工厂——上海制皂厂,生产"日光牌"香皂。1986 年,它重新回到中国投资建厂。截止到 1997 年,联合利华公司在华总投资超过 6.4 亿美元,投资行业为日用消费品和食品。1997 年以前,联合利华公司每年向中国政府交纳税收 5 亿元人民币。

为了达到本土化的目的,1998 年,联合利华公司针对中国市场酝酿了一系列重大的举措。首先,调整联合利华公司内部的组织结构,中国分公司被提升为一个业务集团,同时把区域性总部从新加坡转移到上海;其次,动用大量资金,准备采取多种形式发展包括"中华牙膏""京华茶叶""老蔡酱油"等多个中国民族品牌;再次,准备对在华的联合利华公司企业进行资产重组,成立一系列控股公司,达到资本优化,提高市场竞争力;最后,组织有才华的中方雇员到海外接受培训,实现本土化管理。在此基础上,联合利华公司认为,在今后一段时间内,运用各种手段,实现由联合利华公司控股的公司在中国上市,其本土化进程才能实现阶段性成功。优化外部环境,为本土化进程铺平道路,成为联合利华公司1998 年乃至今后公共关系工作当中不可回避同时也是最为重要的任务。基于强烈的本土化愿望,联合利华公司 1998 年在中国的各项工作都围绕这一主旨展开。经过详尽的调研分析,联合利华公司针对存在的问题展开了以下公关:

争取政府认同。首先,面对联合利华公司大规模的收购计划,政府主管部门的态度显得十分重要。其次,联合利华公司处在食品及日用工业品行业,并不属于我国政府希望优先注入外资的行业。从这个意义上讲,与我国政府的沟通显得十分必要。另外,当时针对外资或合资企业在华上市的问题,我国还没有明确的政策。为此,要解决上述问题,首先要进行政府游说工作,获得政策的支持,即公开表示允许外资控股公司上市。在条件成熟的情况下,允许联合利华公司作为第一批外资控股公司上市。

忍受重组"阵痛"。在准备实施大规模收购计划的同时,联合利华公司准备将在中国的资产进行重组。资产重组必然带来部分企业的关闭以及企业与部分员工提前解除劳动合同,势必带来地方经济利益的损失和人员下岗。在当时的社会条件下,各方面对"下岗"问题十分敏感,一旦处理不当,激化了矛盾,"下岗"问题有可能对联合利华公司的资产重组行使"一票否决权"。

面对舆论压力。在国内,保护国有资产和国有品牌的呼声很高,有些媒体甚至喊出"狼来了"的感叹。其实,联合利华公司的做法实际上是把引进外资与保护国有品牌统一起来,既发展自己,同时也为民族品牌注入新的生命力。但这种做法容易产生误解,需要必要的舆论支持。

转变社会心理。在对待外资的本土化问题上,公众在心理上的接受需要一个相对较长的公共关系的过程。在这个层面上,联合利华公司还需做长期、细致的工作。

具体公关实施:

在1998年6月,联合利华公司的两位总裁同时访问中国。通过这次在联合利华公司的历史上破天荒的举措,再次表明联合利华公司在我国长期投资的信心与诚意,进而通过以下举措完成既定公关目标。

1. 会见

1998年6月10日下午,国务院总理朱镕基接见了联合利华公司两位总裁。会谈期间,联合利华公司表达了在中国长期投资的信心,同时就本土化进程中的一些问题与朱总理交换了看法。在早些时候,上海市市长徐匡迪也接见了联合利华公司的两位总裁。借此机会,联合利华公司向徐匡迪市长通报了将总部设在上海,并就联合利华公司资产重组问题与徐市长交换了意见。

2. 宴请

6月10日,联合利华公司的两位总裁在人民大会堂宴会厅宴请我国有关政府机构的负责人、中方合作单位代表及社会知名人士。同时,两位总裁借此机会宴请联合利华公司的退休职工,表达关爱之情。

3. 公益活动

6月10日,联合利华公司还资助125名贫困大学生的学习生活费用。这125名"联合利华希望之星"来自江西、陕西、云南、湖南和重庆市的三峡库区,每名学生每年获得4000元的资助。

4. 媒体宣传

6月10日下午,联合利华公司在人民大会堂河北厅举行新闻发布会。两位总裁及来自北京34家新闻单位的42名记者出席了新闻发布会。会议期间,两位总裁透露了联合利华公司在我国进一步发展的设想并回答了记者感兴趣的问题。在早些时候,在上海举行了同样内容的新闻发布会,会议上着重强调联合利华公司将总部迁往上海的理由,从而获得了上海媒介的认同感。

联合利华公司两位总裁于 6 月 10 日在天安门前与中国少年儿童共同品尝"和路雪",同时邀请在京主要新闻单位的摄影记者到现场采访。两位总裁以这种轻松、独特的方式"亮相",巧妙地表达了联合利华公司对中国的友好与亲近,预示着联合利华公司在华实施本土化战略的强烈愿望。当日,联合利华公司两位总裁接受中央电视台"世界经济报道"栏目的专访。利用中央电视台的金牌经济栏目,集中发布联合利华公司的声音,可以系统地阐述联合利华公司在我国发展的长远设想,全面地表达了本土化的意愿,对我国有关方面产生了影响。

(资料来源:《公共关系》东北财经大学出版社)

结合以上案例,请思考:

1. 本案例中的公关活动模式是何种类型? 在实际应用中应注意什么问题?

2. 你认为营利性组织的公关部除了案例中所述外,还有什么职能?

3. 本案例策划最精彩之处是什么?

4. 怎样理解公关部的"智囊"作用?

5. 公共关系只是公关部的事情吗? 企业公关与营销有何关系?

☞ **思考与练习**

1. 请举例说明公共关系调查是公共关系工作的基础。

2. 请设计一份调查问卷,其中应有封闭式和开放式两类问题。

3. 请为一个具体的社会组织设计一个公共关系调查方案。

4. 请简述公共关系策划的基本原则。

5. 为你熟悉的某组织提出一个公共关系活动创意。

第九章
公共关系实施与评估

☞ **学习目标**

1. 掌握公共关系实施的特点与原则
2. 理解实施方案设计及相关的管理办法
3. 掌握公共关系评估的含义、标准、程序、步骤与内容以及评估报告的撰写

公共关系实施是公共关系方案的执行过程,有条不紊、主次有序是公共关系实施的基本要求。公共关系评估是公共关系工作的最后一环,通过公共关系评估可以对已完成的公关工作进行总结,并为下一步工作提供决策依据。

第一节 公共关系实施

公共关系实施是指公共关系主体为了实现既定公共关系目标,充分利用公共关系调查结论及资源条件,实施公共关系策划方案,并进行管理的过程。

公共关系实施关键是通过扎实、有效的实施方案,解决公共关系方案中的实际问题,从而提高方案执行能力。有效的公共关系实施,不仅能忠实地对策划方案进行展开,还能创新性地对方案进行修改和调整,以弥补方案的不足之处。

一、公共关系实施的特点与原则

(一) 公共关系实施的特点

公共关系实施的特点包括:艺术性、文化性、人情性、形象性、关系性、传播性、适应性。

艺术性主要体现在方案实施过程中创意表现要富有美感,给人以艺术上的享受。

公共关系实施要具有鲜明的文化色彩,要充分利用传统和现代的各种文化资源,要体现文化品位,提高公共关系实施方案的层次。

公共关系实施过程是一种情感交流，要研究、利用公众的心理变化规律和感情倾向，以情动人、以情服人，使整个方案实施过程充满人文关怀，这是公共关系工作的需要，也是公众的情感需求。

公共关系实施的手段与方法必须具有良好的公众形象和社会形象，以赢得公众的信任与喜爱。

公共关系实施的前提是与公众具有良好的关系基础，通过公共关系实施过程中对交际方法和手段的运用，进一步强化、巩固与发展广泛的关系网。

公共关系实施过程从本质上来说就是组织与公众之间的双向信息沟通过程。要把人际传播与大众传播有机结合起来，熟练掌握其各自的特点，以实现最大的传播效果。

公共关系的实施要能够适应环境的变化，增加实施方案的可行性、操作性，公共关系人员还需要根据环境、资源条件的变化对方案进行调整和完善，不能机械地执行。

（二）公共关系实施的原则

公共关系实施的原则包括准备充分原则、策划导向原则、控制进度原则、整体协调原则、反馈调整原则。

在正式实施公共关系策划方案之前，需要做好前期准备工作，包括方案实施准备工作中的工作岗位与职责的设定，并将工作落实到人，严格执行。

公关关系实施方案要遵循导向原则，具体包括目标导向、策略导向和实施方案导向。

公共关系实施进度要按照计划进行，并进行监督控制，及时发现任务进度滞后或超前的情况，做好协调与调度工作，确保计划按时完成。

公共关系方案实施过程中，要从整体上协调公共关系人员的思想和行动，保证实施活动的同步与和谐，提高工作效率与效果。

在公共关系方案执行的过程中，通过监督控制机制可能会发现工作中的目标、方法、手段等方面存在偏差，需要及时查明原因，排除干扰，纠正偏差。监督控制机制要敏感、有效，能够在问题出现之前，发现问题征兆，以最短的时间、最有效的方法对方案实施计划、实施手段或实施人员进行调整。

二、公共关系实施流程与实施准备

（一）公关关系实施流程

1. 确定公共关系实施机构及人员

组织公共关系实施主体通常包括三种类型：组织内部公共关系部门、专业公关公司和公共关系社团。这些公共关系实施主体，即所谓的公共关系实施机构，一般采用层级式组织结构，权利依次向上增大，形成金字塔式的权利关系。领导层一般下设执行机构与监督管理机构及相关的参谋部门。公共关系实施机构的建立首先应建立机构的目标与任务，按照工作量与工作性质确定岗位数量及隶属关系，任命各岗位的工作人员。做到每项工作都有直接负责人,明确的职权关系,避免多头领导,使组织能够高效、顺畅的运作。

2.制定公共关系实施的工作要求,确定工作方法

公共关系实施工作要求是指各项公共关系活动的行动目标、原则及注意事项。公共关系活动在实施过程中,可能会出现各方面的障碍,阻碍公共关系方案的顺利实施。对可能出现的各种问题应采取相应的对策加以解决。阻碍可能来自于以下三个方面。

第一,由于组织机构职能重叠,导致工作效率低下,信息传递不畅。这就要求对公共关系机构进行精简,减少不必要的环节,保证决策效率及信息沟通的及时性和准确性。

第二,为避免组织机构分工混乱,要制定相应的规章制度,并狠抓制度的执行与落实。明确各种信息传播路径,保证机构有序运行。

第三,组织机构内部工作缺乏协调性。通过改进管理方式,听取下级的意见、建议来强化机构成员的凝聚力,增强员工的责任感,实现目标的统一。

公共关系实施的工作方法的设计要具体、直接,具有可操作性,需保证以最小的工作量取得最大的效果。工作方法要能够与组织形象保持一致,要制定多个备选方式,以保证方案的可选择性。另外,公共关系实施的工作方法要符合目标公众的需求、国家政策、法规以及社会伦理道德的要求。

以医院公共关系实施工作为例,医院为充分发挥自身优势,利用有利的宣传机遇,在加强自身建设、增强竞争力的同时,最大限度地进行宣传工作,扩大自身影响,在一定区域内形成良好的舆论氛围,为最终成为区域内的医疗技术领导者而创造环境条件。

具体的工作方法包括:通过对各种医疗合作中心的揭幕仪式进行宣传报道,确定需对外传达的核心信息;通过对揭幕仪式的预发布,为活动造势,吸引目标公众的关注,可在活动之前一周的时间内,通过网站上的新闻频道进行信息的预发布;在揭幕仪式当天,安排相关的媒体发布活动,要事先将当天的主要领导、来宾、同行及相关企业人员组成名单交给媒体;安排媒体对专家进行采访,并进行纪实的报道。在活动结束1—2个月后,组织媒体对核心的领军人物进行深度访谈,可以考虑以讲故事的形式来宣传几个成功的病例,并深入挖掘医院管理现代化和国有医疗机构制度创新等方面的探索,形成专栏文章。

3.确定公共关系实施的时机

公共关系实施时机是指能够使公共关系实施获得最佳效果的活动时间段。公共关系实施的一般时机类型包括:国家或地区政治、经济方针政策发生变化、组织重大活动或节庆日、组织代表人物的重大活动、组织重要人事变动、具有新闻价值的偶发事件、消费淡/旺季的交替、消费趋势的改变、节气的变化等。对于公共关系创意的实施往往更要关注实施的时机问题,特别是与公众发生直接利益关系的工作内容,更要审慎考虑、科学决策。

4.设定公共关系实施进度

在确定公共关系实施的时机后,需要对公共关系实施工作的内容所需的时间进行规定,并制定工作进度表。工作进度表是在方案实施过程中对各阶段的进展程度和项目最

终完成的期限所进行的管理。

在编制工作进度表前要详细分析整个方案的构成及结构,包括实施过程与细节,系统地进行项目分解,形成一个分级的树状结构示意图。在任务分解结构示意图中,方案被分解成相对独立、性质一致、易于进行成本核算的基本任务单元,将每个基本的任务单元落实到人,以任务的重要性及完成的先后顺序为依据,制定相应的完成时间段,任务单元的完成时间段可以重叠。工作进度表编制的主要工具是网络计划图,通过绘制网络计划图,确定关键路线和关键工作。

5. 协调公共关系实施步骤

公共关系实施过程中,要使各项工作任务之间相互协调、合理搭配、互为补充。只有各任务间进行高度配合,才能节约资源投入,达到最佳的综合效果。这就要求参与公共关系方案实施的人员要在思想、目标、行动上高度统一,协调一致。

6. 公共关系实施预算分配

在公共关系方案实施过程中,要将总预算合理分配到各项具体的工作任务当中去,形成预算方案。通过制定合理的预算方案,可以有效地调配资源以实现活动目标。预算方案的制定强调选取实现目标的最佳途径,同时也需要对不同的工作方案进行费用效果分析,即对不同工作方案所能实现的效果与所需费用进行总和对比分析,最终确定最佳工作方案。通常在进行费用效果分析时,所考虑的标准是以最少的费用实现目标,或以现有资源实现最大效果。

(二) 公共关系实施准备

1. 公共关系实施人员培训

对公共关系实施人员进行良好的培训,是在公共关系方案实施之前的必要准备工作。培训主要针对实施工作的制度安排及具体实施方法、技巧开展集中集体学习。培训活动能够使公共关系实施人员清楚方案实施的目的及对组织的意义,并且将实施过程中可能出现的问题及处理方法交代给实施人员,以应对突发情况的出现。

通过全面的培训要能够提高实施人员的操作熟练程度,降低工作中出现失误的可能性。在不能满足方案实施条件的情况下,对备选方案进行演练,熟悉各种方案的转换条件及方案的组合关系,保证方案之间的衔接顺畅,发挥最大的活动实施效果。

2. 公共关系实施调查与实验

公共关系方案的实施可能会遇到各种各样的问题,为保证方案能够按计划开展,应对可能出现的各种障碍进行充分的调查研究。通过深入的调查,对障碍的类型、障碍出现的可能性及解决的方法进行确认。

一般来说公共关系实施过程中有三种类型的障碍:实施主体障碍、实施沟通障碍和实施环境障碍。

公共关系实施主体障碍包括:实施人员障碍、目标障碍、创意障碍、预算障碍、实施方案障碍。应对这些可能出现的障碍,主要方法包括:选择具备工作能力的实施人员并进行严格的培训,建立有效的激励、约束机制;对方案实施目标进行可行性论证,使目标明确,具有可操作性;提高创意策划的水平,通过与组织外部专业机构进行合作,集思广益,使创意易于公众理解、接受、记忆;方案预算要留有余地,保证追加经费的能力;方案设计要科学合理、有效、节约。

公共关系实施沟通障碍包括:语言障碍、风俗习惯障碍、观念障碍、心理障碍及组织障碍。应对沟通障碍需要使用特定区域公众的语法即用词习惯,避免使用片面、极端的观念;尊重其文化心理特征;选择适当的沟通媒体,避免信息失真或传播效率低下等情况的出现。

三、公共关系实施的管理与控制

(一) 公共关系实施的领导与指挥

公共关系实施的领导与指挥是指方案实施过程中所使用的计划、组织、领导、控制、创新、激励、沟通等职能。

1. 公共关系实施领导者的工作职责

公共关系实施领导者的主要工作职责包括:建立专门组织,进行岗位的设计及人员的配备;统筹安排,协调实施方案的执行过程;保证方案实施团队的信息沟通渠道顺畅;保证方案实施的手段、技巧符合公众利益;提供方案实施过程中的各种资源保障及必要的支持政策;提高团队的凝聚力,调动成员的工作热情;定期对工作进度、质量、效果进行检查监督,对出现的偏差进行及时修正,并将结果向上级领导进行反馈。

2. 公共关系实施组织与领导的工作原则

公共关系实施组织与领导的工作原则主要包括:目标原则、系统原则、分工原则、协调原则、激励原则等。

目标原则需要始终以公共关系目标与实施方案作为管理活动的出发点和落脚点;系统原则要求实施方案要形成整体、协同工作,避免多头领导;分工原则要求岗位职责明确、任务落实到人;协调原则要求不同层级的纵向关系以及相同层级的横向关系要协调一致、各司其职;激励原则要求建立有效的激励机制,实现责、权、利的有机结构,调动人员的工作积极性、创造性。

3. 公共关系实施的管理方法

公共关系的实施需要切实有效的管理方法来保证方案的顺利实施。管理方法是否有效与公共关系实施方案的具体任务情况、工作人员的素质与性格特征直接相关,所以需要将科学的管理方法与公共关系活动的具体情况相结合,对管理方法加以巧妙的综合运用。常用的管理方法包括:目标管理法、系统管理法、心理管理法、行政管理法等。

其中,目标管理法需要把公共关系活动任务进行层层分解转化为具体的相互关联、相互支撑的目标体系。鼓励全体方案实施人员参与目标的制定,并将任务目标落实到人,为实行民主化管理创造条件。围绕目标建立一套规章制度与行为准则,例如,岗位责任制度、绩效考核制度、奖惩制度、内部控制制度、审计制度与决策制度。利用制度管理的高效性，找出方案执行过程中出现偏差的原因，并采取有效措施纠正偏差。实际绩效与实施目标存在偏差的原因一般可分为两大类：一类是由于目标定得过高，组织没有足够的资源或能力在规定的时限内完成目标；另一类是由于方案实施过程中的工作失误或管理混乱，引起工作效率下降或偏离目标方向。

系统管理方法是将公共关系实施看作一项系统工程，重视工作目标之间、人员之间的层次性、关联性与协调性。利用系统思考的原理加强组织内部的协作性，从而发挥团队优势，创造最佳的活动效果。

心理管理方法是指公共关系实施的领导者要唤醒方案实施人员在精神、情感、观念、品行等方面的潜能。首先要让实施人员从心理上建立起个人目标与组织目标高度一致的观念，当组织目标得到实现的同时，个人利益及需求也得到满足。另外，管理者要给予工作人员充分的尊重与信任，充分发挥下属的才能，使工作人员在心理上得到满足，从而产生一种愉悦舒畅的工作心理状态，提高工作效率，保证工作效果。

行政管理方法是利用组织中的职权，通过下达各种命令、指示和工作方案，对活动实施进行统一指挥，从而完成公共关系任务，实现公共关系目标。行政管理方法的特点是具有强制性、约束力，在固定的时限内人员必须无条件地按上级的指示、命令来完成相应的工作任务，工作效率较高，但工作效果不易得到保证，常常需配合其他的管理方法共同使用。

（二）公共关系实施的控制与反馈

公共关系实施的效果保证，是通过控制与反馈职能实现的。没有控制与反馈，再完美的实施方案都有可能最终落空。公共关系实施的控制与反馈是由公共关系实施控制系统完成的。

1. 公共关系实施的控制原则

有效的公共关系实施需要坚持的原则主要包括：控制点原则、及时准确原则、弹性原则等。

控制点是指公共关系实施过程中的重要工作环节、方法、内容、标准等。在实际的工作过程中控制点都是最有可能出现偏差的部分，并且控制点出现偏差将影响整个方案的实施效果。因此，对控制点进行连续、有效的监控，并及时发现偏差，对保证方案实施进度及效果具有重要意义。

及时准确原则是指在公共关系实施过程中，控制信息要做到真实、准确，要根据客观事实，用数据说话，并保证信息传递的渠道畅通，能够保证控制信息的双向流动。避免在控制信息的传递过程中出现信息失真或延误等情况。因此，需要通过建立相应的岗位关系，形成正式的报告制度，来保证控制信息的传递效率。

弹性原则是指公共关系实施控制，需要具有较强的应变能力。因此，必须保证控制标准的合理性并留有余地，即设定合理的控制范围，包括控制上线及下线。这样，在控制过程中,才能避免控制标准的绝对化。在公共关系实时控制过程中,不存在绝对的标准,只能追求相对满意的结果。

2. 公共关系实施的控制对象

公共关系实施控制的对象包括:人力、物力、时间、进度、流程、工作方法、阶段性目标等。

在公共关系实时控制过程中,要保证人员的任用要满足任务要求,人尽其才、用人所长,使人员素质能力与任务目标相匹配;对使用的相关设备、器材,在数量、使用方法、损坏与赔偿制度上进行控制;对公共关系实施的进度安排及阶段性任务的实施时机之间的关系要进行有效控制,确保不因为前期方案实施的拖延而造成错过最佳方案实施的时机;对于工作方法的控制主要通过对工作操作的技巧、工作方法之间的协调配合、备选方法的启用条件等方面进行监控来实现。

3. 公共关系实施的控制方法

公共关系实施的控制,是通过建立公共关系实施的反馈系统,不断对事前、事中与事后的情况与事先制定的实施控制标准进行对照,发现偏差并纠正偏差的过程。公共关系实施控制方法包括:事前控制法、事中控制法和事后控制法三种。

事前控制法,是指在公共关系实施开始之前,充分调查、分析影响实施的各种障碍因素,并采取控制措施,将可能导致产生偏差的各种因素出现的可能性降到最低。事前控制体现了"防患于未然"的管理思想,是一种高效的控制方法。实施事前控制需要大量准确、可靠的信息,并对信息进行处理,需要很强的分析预测能力。

事中控制法,是指采取各种检查方式及时发现实施行为的偏差并及时纠止的方法。事中控制是针对方案的实施过程,对实施的内容、要求和方法进行控制。进行事中控制要求管理人员具有高度责任心,并对方案实施进行连续的监督检查。常见的检查类型包括行政检查、专业检查和社会检查等。

事后控制法是将阶段性任务目标完成后,将其与既定目标进行对照,发现偏差,并采取相应的补救措施,确保方案总体目标的实现。具体内容包括:当出现偏差后,通过调整工作方法或启用备选方案的方式,将损失控制在最低限度,但由于偏差已经产生,并已形成相应的损失,所以事后控制法实施得再成功,也会增加工作成本。在实施事后控制法后,要对相关的经验教训进行总结,在以后的工作中如果出现类似的情形,应通过做好事前控制来避免损失。

第二节　公共关系评估

公共关系评估是公共关系四步工作法的最后一个环节,其目的是获得关于公共关系工作过程、效率和效果方面的反馈信息,以便对公共关系实施活动进行总结,并为下一步工作计划的制定提供参考依据。

一、公共关系评估的含义

公共关系评估是指公关评估部门或机构依据科学的评估方法,对公共关系的方案策划、实施准备、实施过程及实施效果进行衡量、检验、判断、评价的整个过程。其目的是取得与公共关系活动的成本、绩效有关的信息,并对公共关系工作进行总结,为新计划的制定提供依据。

1977 年,美国公共关系效果测量联合会在马里兰大学成立,标志着公共关系评估行业逐渐被社会所接受,并不断发展壮大。进入 20 世纪 80 年代,美国近半数的企业在使用各种公共关系评估方法对公共关系活动进行评价,但一些企业仍然没有建立起正确的公共关系评估观念,认为公共关系评估不需要专业组织来完成,仅靠企业自身力量就可以获得客观、全面的评价结果。出现这种情况的原因主要包括:企业缺乏公共关系评估的专业知识,以及对公共关系评估的作用认识不足。随着公共关系活动费用的逐渐增高,公共关系评估的作用被越来越多的企业所认可。

二、公共关系评估标准

(一)公共关系评估标准

公共关系评估标准是公共关系评估专家开展评估活动的依据,一般情况下,公共关系评估的标准与公共关系活动的目标相一致,即以是否完成活动目标作为评估标准。

具体的公共关系评估标准集中在所谓的"三度"上,即认知度、美誉度、和谐度。公共关系评估标准要体现层次性,评估标准要逐级向下分解,形成标准体系,各层次标准之间具有很强的关联性,形成一个统一的整体。

公共关系评估的基本标准一般包括定性和定量两大类。定量标准即将认知度、美誉度、和谐度三个方面的目标进行数量化的定量表示,数量的表示可以采用绝对数或相对数。比如,"当公共关系活动结束后一个月,将对企业有好感的受众数量提高至 5 万人"属于绝对数,而"活动结束后一个月,企业的知名度提高 10%"就属于相对数。定性标准是对评估对象进行文字描述,如"当公共关系活动结束后一个月,对企业有好感的受众数量会明显增加",或"活动结束后一个月,知道企业产品的受众人数非常多"等。

(二)公共关系评估的程序、步骤与内容

1. 公共关系评估的程序

公共关系项目效果评估的基本程序如下:

分解评估标准,形成评估人员开展评估工作的依据。评估标准需要统一,不然不仅难以收集相关信息,还会影响评估效果与效率。要将公共关系评估纳入到整个公共关系计划当中。公共关系评估环节不是可有可无,或是实施计划的附属物,而是整个公共关系计划中不可或缺的重要组成部分。只有明确公共关系评估的地位、作用,才能对整个公关计

划进行全面的总结。在评估过程中应通过多轮专家座谈、讨论的形式,在评估部门内部就评估方案达成一致意见。设计收集相关数据资料的途径及方法,如果通过问卷调查的方式收集信息,则应对问卷的评估目的、问题提问方式进行设定。对公共关系实施过程进行全程的记录,实施记录主要反映活动方式、活动执行效率及存在问题。在公共关系实施过程中的每一个阶段都要正确使用评估结果,指出阶段性的问题及解决方案。

将评估结果定期向组织管理者汇报,管理者能够及时掌握活动执行情况,将有利于管理者对公关活动的实施进行全面的协调,同时也强化了公共关系评估在实现组织公关目标过程中的重要作用。

2. 公共关系评估的步骤

公共关系评估的步骤分成三大阶段,分别是准备过程评估、实施过程评估及活动效果评估。

(1) 第一阶段即对准备过程的评估包括三个步骤:

评估背景资料,在评估过程中及时发现被遗漏的重要信息,对资料的真实性、准确性进行分析判断。例如,对公共关系目标公众的选择是否适当,关于目标公众属性的判断是否正确,需要披露或主动进行曝光的信息资料是否齐备等。

评估信息内容,如分析公共关系活动中准备的信息资料是否符合公众的需求和媒体的预期,信息沟通活动所选择的时间、地点、方式是否符合目标公众的生活习惯,是否能有效地接触到目标公众等。

评估信息的表现形式,这一步骤是对活动主题、创意表现等方面进行检验,信息的表现形式需要满足新颖、合理、符合公众审美观念、能够有效吸引公众注意力、易于理解、便于记忆的要求。

(2) 第二阶段即对实施过程进行评估包括三个步骤:

评估发送信息的数量,统计在活动期间各种信息传递形式的数量。例如,活动期间发表了多少篇新闻稿件和专业文章,张贴了多少活动宣传海报,发放了多少活动宣传册以及相关的摄影、摄像作品等。

信息传播媒介的数量,通过统计信息被传播媒介所采用的数量,例如,可对报刊索引、简报、广播、活动推广的次数进行统计。

评估接触及注意到信息的公众数量,通过对各种媒体的覆盖范围、收视率、收听率、影响力等方面的调查,可对信息的到达率及实际接触信息的公众数量进行估计。

(3) 第三阶段即对活动效果的评估包括四个步骤:

评估了解信息内容的公众数量,可通过问卷或电话访问的方式收集信息,例如,在节目播出之后,对接触信息的公众进行访问,了解其对信息内容的理解程度。

评估改变观点或态度的公众数量,在公关活动结束后,对公众观点或态度的改变程度进行评估,例如,通过公关活动,是否拉近了组织与公众的心理距离,公众对组织的印象是否向预期的方向转变。

评估实施期望行为的公众数量,即在公关活动的影响下有多少公众在行为上产生对组织有利的变化。可通过自我报告法、直接观察法或间接观察法来进行评价。

评估重复期望行为的公众数量,这项评估可以看出公关活动对公众产生影响的程度,当公众从偶然的或不自觉的有利于组织的行为转变为一种行为习惯,并对组织产生某种偏好及忠诚,证明公共关系活动取得了良好的效果。

3.公共关系评估的内容

公共关系评估的内容包括公关活动的方方面面,但评估内容可以根据公关活动要求有所侧重,一般来说,公共关系评估的重点内容包括:公共关系的工作程序、公共关系状态及公共关系工作绩效的评估。

公共关系工作程序的评估主要是对公共关系调查过程、计划制定过程和计划的实施过程进行评估。

公共关系状态评估包括:内部关系评估和外部关系评估。

公共关系工作绩效评估包括:市场营销分析、广告研究、新闻宣传评估、专题活动评估以及管理绩效评估。

三、公共关系评估报告的撰写要求

公共关系评估报告是提供给组织的一种正式的文件,是对公共关系活动在取得的成果、经验教训及下一步工作建议等方面的书面总结,通常具有理论性强、专业性强、经验性强等特点。

(一)撰写公共关系报告的基本原则

公共关系评估报告是对公共关系工作全面的书面总结,除应坚持报告的科学性、客观性和公正性以外,还应符合以下原则:

针对性,公共关系报告通常是针对特定单项活动的评估,例如,产品推广活动、庆典活动、赞助活动、集会活动、展览活动、危机公关活动等。

完整性,公共关系报告通常包括三个方面的内容,首先是公共关系评估工作的背景,包括工作的目的、对象、原则、方法等。其次是评估报告的正文部分,对评估的各个方面进行详细的说明。最后是对正文部分起补充、说明作用的相关附件资料。

及时性,公共关系评估报告具有很强的时效性,在活动开展的期间就应该连续收集相关资料,并进行及时的分析整理,力求资料能够完整、有效地还原公共关系活动的全过程。当活动结束以后,及时完成并提交评估报告,否则将失去评估的意义。

独立性,评估报告的撰写人要坚持独立的评估结论,不能受到主办方管理人员及员工意见的影响。

1.公共关系报告的内容与格式

公共关系评估报告具有特定的目标,因此针对不同公关活动的评估报告的内容并不完全一致,但共同的报告内容包括:评估的目的及依据、评估的范围、评估的标准和方法、评估过程、评估对象的基本情况、分析与结论、存在的问题及建议、附件、评估人员名单及评估时段等。

公共关系评估报告的格式,通常包括封面、评估成员、目录、前言、正文、附件及后记。

2. 撰写公共关系报告应注意的问题

公共关系评估报告的写作要求相对来说是比较高的,即要求评估人能够客观、公正、全面地反映活动过程及活动效果的情况,又要求报告的内容简洁、易懂、可读性强,因此在撰写公共关系报告时应注意以下问题:

定量与定性相结合,可考虑使用各种描述性统计方法与推断统计方法,对数据信息进行加工,实现定量分析与定性分析的结合。

建议和改进措施应具有可操作性,评估报告要符合实际情况,在提出建议和改进措施的同时,要考虑到组织的需求及资源能力,保证评估报告的建设性作用。

语言精练、准确,公共关系评估报告尽量使用数字、图表、图形来说明相关的问题,减少文字数量。如必须使用文字进行描述,则需要对文字部分进行仔细推敲,凝练主题,使文字部分言简意赅。

结论全面客观,公共关系评估报告的结论要做到全面客观,既要看到成绩、效益,同时也要看到不足与经验教训。在评估报告中要避免使用模糊的字眼,结论要有充分的数据、资料做支撑。

案例分析一

国际狮子会非营利机构长期公关案例

国际狮子总会,是世界上最大的服务性组织,其总部坐落于美国的伊利诺伊州橡树溪镇(Oakbrook)。该会选择凯旋公关公司为其全球性的公关顾问,以宣传和促进它对世界各地视力维护服务活动的投入和贡献,国际狮子总会全球新闻咨询中心始创于1997年岁末,现在11个国家和地区与凯旋公司的12家办事机构协同工作。在我国政府和国际狮子总会的合作项目"视觉第一中国行动"中,国际狮子总会与各方协同努力为中国175万盲人带来光明。由凯旋——先驱公关公司(香港)管理和运作的国际狮子总会香港——北京新闻咨询中心在宣传国际狮子会的努力方面成绩卓著。

凯旋——先驱公关公司展开了详尽的公关调研策划和有效的实施。"视觉第一中国行动"是由港澳303区的国际狮子会率先发起的一个雄心勃勃的五年合作计划,目的是在中国31个省份的偏远贫困地区施行175万次白内障治疗手术。中国有900万盲人,其中有400万人身受白内障导致的失明之苦。在过去的两年半中,由"视觉第一中国行动"计划培训的眼科医护人员组成的国家级、省级医疗队已完成了近100次医疗任务。其成果令人叹为观止。迄今为止已有91万多例白内障手术得以实施。"视觉第一中国行动"活动所做出的重大贡献最近得到国际防盲协会的认可,且该计划因帮助中国控制住积压至

1999 年底的白内障病例情况而成为防治失明的最佳典范。

1. 传播挑战

对于像"视觉第一中国行动"(1997 年—2002 年)这样的持续性项目来说,策划者需要独具匠心,才能将媒体的兴趣维系在宣传香港国际狮子会的贡献和该计划的成果上。且由于该任务和受益人都处于中国内地,要在香港本地媒体和国际媒体上取得举足轻重的新闻覆盖率更是难上加难。凯旋——先驱公司的挑战就是要创造并贯彻执行宣传创意与谋划,以此吸引聚焦本地、亚洲区内乃至国际媒体和广大公众的注意,并从启动的宣传活动中产生最大的新闻报道覆盖率。

2. 公关目标

在香港媒体(包括印刷和电子媒体)获得最高质量和有深度的新闻报道,以使国际狮子总会对世界最大规模的防盲治盲计划给予支持的崇高精神和努力得以彰显,也使其执行单位——中国残疾人联合会与本国政府的合作取得成果。

3. 公关策略与实施

中国早些时候在联合国发表宣言:宣布 1999 年 5 月 16 日国际狮子总会港澳 303 区从日本和香港邀请了十余名资深眼科专家,于当天在我国的 31 个省市提供免费视力检查、白内障手术示范和咨询服务。

为强调该活动的意义和规模,凯旋——先驱公司策划了一个战略性宣传计划,其中包括邀请香港诸家大报刊社,如:《明报》和《香港经济日报》以及两家高发行量的公共事务周刊《东周刊》和《亚洲周刊》来报道在北京举行的重要活动,这些活动包括:访问即将接受香港杰出眼科医生实施白内障手术的患者;采访来访的香港眼科医生和内地的眼科专家以及拜访那些已恢复视力的受益者及他们的家人。这些独特的经历使受邀请记者对"视觉第一中国行动"的恢宏与高效产生了深刻的印象,而且令他们有机会目睹"视觉第一中国行动"是如何优于其他组织所承办的相关的维护视力计划。那些计划由于基础设施支持匮乏或缺少一套系统性的长期展开办法而无法帮助中国为数众多的盲人重见光明。当然,由此国际狮子总会作为致力于攻克失明顽症的世界龙头服务组织的形象和地位,通过媒体对其所投入时间和精力的理解,也得到进一步的强化。

4. 组织亲善访问团——云南之行

永远不要低估美的力量。至少对香港公众来说,影星和港姐都被看作是在当地社会颇有影响的人物,邀请香港选美皇后参加"视觉第一中国行动"的云南之行。"视觉第一中国行动"中,虽然每次任务的规模和工作变化不大,但当一支由各省眼科医护人员精锐组成的国家级医疗队来到偏远贫困地区为设备匮乏的县级医院患者手术时,情况就不同了。

1999 年 11 月的云南之行是"视觉第一中国行动"的主要任务之一,此行有国家级医疗队的加盟。此次云南之行的目标是完成 1000 例白内障手术,为了加大此行的宣传效果,凯旋——先驱公司邀请在任的香港小姐冠军和亚军参加这次任务,并召开记者招待会介绍此行的具体情况及参与此行的国际狮子总会港澳 303 区的亲善访问团,其中有:"视觉第一中国行动"主席谭荣根博士,1999年香港小姐郭美妮和亚军王倩以及一位著名的香港眼科专家周伯展医生。来自《东周刊》《大公报》《文汇报》的香港记者精英应邀报道此行并访问在昆明、漓江、楚雄彝族自治州居住的患者及其家庭,以便把亲历的所有动人时刻融入报道和特写中。

（资料来源：《中国公共关系案例评选》复旦大学出版社）

结合以上案例,请思考:

1. 国际狮子会确定的公关目标是什么？为实现公关目标策划了哪些公关活动？

2. 本项目的目标公众有哪些？

3. 本项目选择了哪些传播媒介？

4. 本项目的活动模式属于哪种公关活动模式？

5. 公共关系活动效果如何？

案例分析二

杜邦"Nomex"纸借势造势市场推广

一、案例背景

"Nomex"——一种合成的芳香族聚酰胺聚合物,是杜邦众多专利产品中的一种科技含量很高的产品。作为杜邦中国先进纤维部拳头产品之一的"Nomex"纸是应用于H级干式变压器的一种高性能的首选阻燃材料。杜邦中国先进纤维部在中国已有10余年发展历史,产品范围广泛,有非常成熟的经营理念和营销策略。

中国政府计划在今后两年内投资2800亿元人民币用于城市电网与农村电网改造工程。中国变压器行业正在利用这一契机积极进行产品的更新换代,处于由老式油浸式变压器转向新一代干式变压器的转型阶段。

十余年来,中国环球公共关系公司与杜邦中国有限公司一直有着友好的合作历史,其中包括成功地为其高科技产品"特富龙"进行的市场推广活动。此次杜邦中国先进纤维部再次委托中国环球公共关系公司就"Nomex"纸打入中国市场进行公关策划与实施工作。结合杜邦中国的市场经营理念,为营造高性能干式变压器的市场,直至推广"Nomex"纸的应用,中国环球公关公司策划了"Nomex"纸的终极用户,中国电力企业的行业主管部门——中国电力企业联合会主办的"中国城市电网发展与城网改造技术研讨会"这一高性能干式变压器的推广与应用的公关活动。

二、公关活动的计划与实施

首先,采取多种渠道展开调查:利用媒介监控,分析目前"Nomex"纸的直接用户和终极用户市场状况。利用环球资深的顾问队伍,走访相关政府主管部门。利用新华社国内部的部委报道小组就国家相关行业政策、市场趋势进行访谈。对数十家综合类和专业类媒体进行问卷调查。通过互联网、新华社及其他相关政府部门的信息中心调查产品的详细情况。

然后,得出结论:目前中国变压器市场为"买方市场",终极用户——各级电力企业对产品的影响作用远远超过"Nomex"纸的直接用户——干式变压器的生产厂家。政府正在大力推行城网、农网改造,而其中一些输变电行业中应用的高科技产品正是这一巨大改造项目的突破点。城网改造是国家重点建设项目,高科技产品更是重中之重,政府支持是"Nomex"纸推广活动成功的关键。目前"Nomex"在国内媒介中的认知度几乎为零,在调查的数十家媒介中没有一家知道杜邦的这个高科技产品。"Nomex"纸是当今欧美最为先进与流行的阻燃材料,具有体积小、重量轻的优势,是干式变压器首选的阻燃材料,在日本、韩国也广泛应用于"纸火锅"等生活用品中。

同时,也发现了公关难度和现实的问题:"Nomex"纸的直接用户及终极用户基本为国有企业,计划性强,对新的高科技产品不易接触,为信息导入增加很大难度。时遇政府机构改革,主管电力企业和变压器生产企业的部门较多,如:国家经贸委,国家计委,机械工业部,国家电力公司及其所属各大电网公司。这为选择与最终确定活动的合作方造成相当大的难度。由于媒介对"Nomex"产品的认知度低,需要向相关专业类与综合类媒体逐一介绍情况。为了扩大宣传广度与深度,最佳的新闻角度、专业的新闻切入点、适用的新闻材料是媒介工作的难点。"Nomex"纸是杜邦公司长期的科研成果,其专业性强,科技含量高。如何使用户、媒介对其技术性、权威性有充分的了解是这次推广活动的关键问题。

确立公关目标:加强与中国政府主管部门的沟通并向其传递信息——新一代的高科技产品干式变压器必将逐渐成为市场的主流产品。

目标受众是政府主管部门、输变电行业、变压器行业、其他(计委、经贸委)业内人士、电力行业、机械行业、研究人员、研究所、设计院、新闻媒体。

为达到以上目标,中国环球公关公司建议"Nomex"纸推广活动采用的策略为:"借势造势"。

经过与行业主管部门商讨,并进行了大量调研,证明目前我国输变电市场正在规范化轨道中良性发展。国家政府目前正在大力开展对城市及农村电网输变电系统的改造工程,并大量引进外资,积极倡导使用世界先进变压器。这种形势为"Nomex"纸深入我国输变电市场提供了恰当的时机。在活动中,要突出 H 级干式变压器的优良技术性能和广阔的应用前景,达到促使我国政府主管部门对产品的认可和加深广大最终用户对产品的认识。

1. 确定活动形式

根据大量的调研及以往高科技产品推广活动的成功范例,中国环球公关公司建议杜邦中国先进纤维部此次推广活动以"技术交流研讨会"的形式为主并配合以新闻发布会及新闻专访活动。研讨会的形式突出高科技产品在变压器发展中的重要作用,从正面宣传"Nomex"纸的同时也淡化了商业气氛。以研讨会的形式可以吸引大量的政府部门、专业用户、科研机构,提高活动的质量。

确定活动主题:"中国城市电网发展与城网改造技术研讨会"(变压器的推广与应用)。以我国城市电网发展与改造为题,集中体现杜邦中国先进纤维部关注中国城网改造的发展,并表达以自己的高科技产品为中国输变电事业做出贡献的愿望。

2. 分工与合作

中国环球公关公司经过大量的调查、磋商、筛选工作,为达到将重要信息直接有效地接触到终极用户——国内各大电力企业的目的,建议本次技术交流研讨会的主办方为中国电力企业联合会。中国电力企业联合会是国家电力公司下属的最大的企业协会,其会员包括了国家电力公司在内的所有大中型电力企业。国家电力公司第一副总经理时任中国电力企业联合会的会长。

选择杜邦中国先进纤维部作为活动的协办方。杜邦以其高科技先行者的形象作为此次活动的协办方,为此项活动的专业性提供了保障。

中国环球公关公司作为活动的承办方。作为新华社下属企业——中国环球公共关系公司与各级政府部门、媒介有着广泛、深厚的合作关系。十余年来,对高科技产品的推广及其对研讨会组织工作的丰富经验,是此次研讨会的成功保障。

确定活动内容:中国环球公共关系公司建议采用主体发言的形式进行专题讨论和现场问答。这样增加了研讨会的专业性和针对性。演讲内容以国家电力行业的发展现状和产业政策为主,并配以变压器技术的发展与革新,避免就"Nomex"产品本身谈"Nomex"。邀请国外专家现场发表关于国际领先变压器技术的论文并安排现场问答,增加了研讨会的国际性、专业性和权威性。

3. 项目实施

要塑造高科技产品的形象。在研讨会现场设置照片和实物展板,使产品的高科技形象更加直观。为了给与会者留下深刻而持久的印象,选用了以杜邦高科技产品为材料制作的手提包及安睡宝作为礼品。邀请美国ⅢEE协会变压器分会绝缘老化组主席在作为专家研讨会上就"Nomex"纸在干式变压器中的应用进行主题发言。

(1)新闻稿的撰写。为适应参加新闻发布会的专业媒体的需求,新闻稿的专业部分由新华社的专业记者撰写。新闻稿中的宏观部分由中电联的信息中心提供。新闻稿以国家产业政策及大量数字为依托展开,让受众感觉真实可靠。

(2)合理的会务安排。专题发言与现场讨论相结合。在闭幕词中,由中电联领导致谢杜邦中国先进纤维部。安排主办方、协办方在会场休息,闭幕式晚宴及会后合影时充分接触。

(资料来源:郭惠民.中国优秀公关案例选评[M].上海:复旦大学出版社,2014)

结合以上案例,请思考:

1. 公关策划目标有哪些类型?本案例中的公关目标是何种类型?

2. 公关策划的方法有哪些?本案例策划采用的是什么方法?

3．本案例体现了公关策划的哪些原则？

4．你认为本案例策划最精彩之处是什么？

5．试从公关调查的角度分析本案例的成功之处。

☞　**思考与练习**

1．公共关系实施的原则是什么？

2．公共关系实施控制对象有哪些？

3．请为学校或班级开展的某项公共关系活动撰写评估报告。

4．请找一份公共关系评估报告，评价该报告的优缺点。

第十章
公共关系的危机管理

☞ 学习目标

1. 掌握公共关系危机的预防
2. 掌握危机处理的基本程序、基本技巧
3. 掌握公关危机管理的基本概念和基本原则
4. 理解公共关系危机的类型和特点
5. 能根据危机管理计划开展危机预警工作
6. 能处理危机事件,控制危机事件过程中的信息传播
7. 能做好危机善后工作,提高危机预防与管理意识,临危不乱,提高危机处理能力

第一节　公共关系的危机管理概述

危机对于社会与组织来说是不可避免的,处理好危机,关系到一个组织的形象和社会信誉。正如美国著名咨询顾问史蒂文·芬克(Steven Fink)说:"应当像认识到死亡和纳税难以避免一样,必须为危机做好计划,知道自己准备好之后的力量,才能与命运周旋。"比尔·盖茨说:"微软离破产永远只有 18 个月。"公共关系的危机对社会组织造成危害,在组织正常运行过程中形成阻碍,甚至危及组织的生存和发展,给相关公众带来损失,给社会环境带来破坏。因此,危机的预防和处理成为了公共关系的重要组成部分。

一、公共关系危机的含义

《现代汉语词典》对危机的解释是:①危险的祸根,如危机四伏;②严重的困难的关头,如经济危机。即危机有双重含义:一是潜在的危险因素,二是潜在的危险因素已成为现实。

公共关系危机,是指影响组织生产经营活动的正常进行,对组织的生存、发展构成威胁,从而使组织形象遭受损失的某些突发事件。公共关系危机现象有很多,在组织正常

运行过程中形成阻碍也多：如管理不到位，防范措施不当，交通失事等引发的重大伤亡事故；地震、水灾、风灾、雷电及其他自然灾害造成的重大损失；由于产品质量或社会组织的政策和行为引起的信誉危机等等。对这些危机事件处理不当，将会对社会组织造成灾害性的后果。

危机公共关系，指组织对危机事件进行预测与防范、发现与处理以及修复与完善组织形象的一系列活动过程。从静态的角度来看，指灾难或危机中的公共关系；从动态的角度来界定，危机公共关系是公共关系在危机事件中的开发和应用，是处理危机过程中的公共关系。

二、公共关系的危机类型

从不同的角度划分，公共关系危机有以下的类型：

(一) 一般性危机和重大危机

从存在的状态看，公共关系危机可划分为一般性危机和重大危机。

1. 一般性危机

一般性危机主要是指常见的公共关系纠纷。从某种意义上说，公共关系纠纷还算不上真正的危机，它只是公共关系危机的一种信号、暗示和征兆。只要及时处理，做好工作，公共关系纠纷就不会转向公共关系危机，以至于造成危机局面。

2. 重大危机

所谓重大危机，主要是指企业的重大工伤事故、重大生产失误、火灾造成的严重损失、突发性的商业危机、人的劳资纠纷等。它是公共关系从业人员面临的必须及时处理的真正危机。如产品或企业的信誉危机、医院出现重大的医疗事故等等，公关人员必须马上应付处理，最好在平时就有所准备。

(二) 内部公关危机和外部公关危机

从危机同企业的关系程度以及归咎的对象看，公共关系危机可分为内部公关危机和外部公关危机。

1. 内部公共关系危机

发生在企业内部的公共关系危机称为内部公关危机。内部公关危机发生在企业之内。或者，这种危机的发生主要是由该企业的成员直接造成的，危机的责任主要由该企业内部的成员承担。内部公共关系危机具有下述特点：

第一，波及的范围不太广，主要影响本企业的利益。

第二，责任的归咎对象是本企业的部分人，因而相对来说容易处理。

最后，内部公关危机的客体主要以本企业的领导和职工为重点。

如，制造过程发生意外而引起的危机；产品或服务质量引起的危机；营销或广告行为引起的危机；劳资纠纷引起的危机；股东"用脚投票"（抛售股票）引起的资本市场危机；企业合并后的文化整合危机;商业秘密泄露而导致的危机;内部管理人员的丑闻引起的危机;企业重要管理人员的重大变故(如突然死亡等)引起的危机。

2.外部公共关系危机

外部公关危机是与内部公关危机相对而言的。它是指发生在企业外部影响多数公众利益的一种公关危机。本企业只是受害者之一。外部公关危机具有如下特点:

第一,危机波及的范围相对较广,受害者大多数是具体的社会公众。

第二,责任不在发生危机的某一具体的企业等社会组织及其成员身上。

最后,不可控因素较多,较难处理,需要有关危机的各方面密切配合,共同行动。

从这一角度具体划分公关危机的类型时,内部和外部是相对的。因为有些公关危机的发生,内部和外部原因都有,所承担的责任大小也相差不多。故对具体公关危机的划分与处理必须具体分析,恰当处理。如,谣言引起的危机;政府政策引起的危机;有关团体或机构公布某些信息而导致的危机;由于恐怖破坏活动引起的危机;涉及法律问题(如打官司)而引起的危机;涉及种族、宗教、文化差异、性别歧视等社会问题而引起的危机;涉及一些有争议的问题而引起的危机;敌意收购带来的企业重组危机;组织的计算机网络被"黑客"袭击而导致的危机;自然灾害或其他不可控因素导致的危机;环保问题引起的危机。

(三)有形公共关系危机和无形公共关系危机

根据危机给企业带来损失的表现形态看,公共关系危机有两种,即有形公关危机和无形公关危机。

1.有形公关危机

这种危机给企业带来直接而明显的损失,凭借肉眼即可观测到这些损失,如房屋倒塌、爆炸、商品流转中的交通事故等造成的人员伤亡或财产损失。2015年2月5日,广东惠州市惠东县平山惠东大道义乌小商品批发城4楼仓库突发大火,造成上亿元损失。这个危机就属于有形危机。有形危机的特点主要有:

第一,危机的产生与造成的损失大多数是同步的。

第二,危机造成的损失难以挽回,只能采用其他措施补救。

第三,有形危机的发生常常伴随无形危机的出现。

2.无形公关危机

给企业带来的损失表现得不明显的危机,称为无形公关危机。给任何一个企业的形象带来损害的危机,皆属于无形公关危机。如果不采取紧急有效的措施阻止,已受损害的企业的形象将使企业蒙受更大的损失。无形公关危机具有下述特征:

第一,危机开始的阶段,损失不明显,很容易被忽视。

第二,危机发生后,若任其发展,其损失将会越来越大。

第三,这种危机造成的损失是慢性的,可采取相应的措施补救。

第四,处理好这类危机要与新闻媒介多打交道,因而必须注意方式及方法。

三、公共关系的危机特征

（一）普遍性

危机的普遍性是指危机任何可能出错的环节都会出错，是不可避免的，这是危机的一个法则。这有以下原因：第一，由于人们主观认识的局限性和客观规律的隐蔽性，使人们认识规律、驾驭规律的能力必然会存在偏差，所以任何的错误都可能变为现实；第二，公共关系是一个层次众多的大系统，包括了许多彼此联系的复杂的子系统，是一个多输入、多输出、多干扰的主控系统，不确定因素的复杂性增加了危机产生的必然性；再次，信息传播是公共关系不可或缺的因素，公共关系过程是一个信息传播过程，更是一个控制过程。从信息论的角度看，就是信源通过信道向信宿传递并引发反馈的过程。信息传递的过程中由于噪音的干扰势必产生失真现象，失真即有误差，误差导致错误，错误导致危机；最后，任何策划和决策如以错误信息为基础，而且方案的执行过程也是一个信息传播的过程，信息经过多层系、多渠道、多阶段的传输之后，其失真现象必趋严重，导致系统的稳定性减弱，一旦震荡度加大，危机便接踵而至。因此，危机的普遍性的特征告诫人们应做到防患于未然，做到居安思危，思则有备，备则无患。

（二）突发性

公共关系危机事件往往是在瞬间突然爆发。它的发生常常是在意想不到、没有准备的情况下突然爆发，它是不可预见的或不可完全预见的。由于公共关系大系统是开放的，每时每刻都处在与外界的物质、能量、信息的交换和流动之中。其任何一个薄弱环节都可能因某种偶然因素而致失衡、崩溃，形成危机。

（三）破坏性

危机发生后，对组织、对社会都会造成伤害。对组织来说，它不仅会破坏正常的工作秩序，使组织陷入混乱，而且还会对组织未来的发展造成深远的影响，特别是人身伤亡的事故导致的危机。从社会角度看，组织危机会给社会公众带来恐慌，有时还会给社会造成直接的损失，如产品不合格或是机毁人亡的事故，或是污染环境等，会给人造成终生残疾或对生态环境造成较大的破坏。

阅 读 资 料

"蟑螂汤"

陶陶居的"蟑螂汤"曾经是广州人耳熟能详的一个故事，作为国有企业的陶陶居是广州的一个老字号企业，因为在一次饮食当中，顾客在第二次喝汤的时候，赫然发现汤中竟然有一只蟑螂。酒楼碰见这种情况一般的补救措施是撤下这碗汤，再换个别的东西，或者是把这一桌酒席打个折。但遗憾的是这几位顾客不同意这种常见的处理方式，他们要求赔偿交通费、精神损失费、医疗费……在争执中,楼面经理口不择言,不慎说出了:蟑螂是中药,那么蟑螂汤也就没有什么危害,同时,汤都是高温煲出来的,也不会有细菌……勃然大怒的顾客于是迅速地抱起这碗蟑螂汤来到《羊城晚报》,由于陶陶居的领导一直没有高度重视,甚至其办公室主任对采访的记者也态度粗暴,终于使陶陶居在这个"蟑螂汤事件"中一发不可收拾。这本来并不是一个多么难以处理的问题,甚至在这个过程中,顾客与报社都提供了陶陶居两次台阶,但遗憾的是他们选择了放弃,而终于使这只"蟑螂"越长越大,仅在《羊城晚报》的头版就"趴"了一个礼拜,并最终使陶陶居停业整顿。

(四)社会辐射性

进入信息时代后,危机的信息传播比危机本身发展要快得多。危机常常会成为舆论关注的焦点、热点,成为媒介捕捉的最佳新闻素材和报道线索。一时间可能谣言满天飞,对组织造成恶劣影响,有时候它会牵动社会各界乃至在世界上引起轰动。

危机在本质上或事实上对社会组织产生的破坏性是巨大的,必须尽力防范和阻止。但是既然危机爆发了,暴露了组织存在的问题,就是给组织提供了一个检视自我应对风险能力的机会,危机的恰当处理也会带给组织新的收获。从辩证法的角度来看:危机=危险+机遇。曾经有一则被美国公共关系协会推举为世界性公共关系范例的《35次紧急电话》,很能说明危机=危险+机遇。

阅 读 资 料

35次紧急电话

有她留下的一张"美国快递公司"的名片。据此仅有的线索,奥达克余公司公关部门连夜开始了一连串接近于大海捞针的寻找。一连打了32个紧急电话,向东京各大宾馆查询,但毫无结果。后来通过拨打国际长途,向纽约的"美国快递公司"总部查询,深夜,得知基泰丝父母在美国的电话号码。接着,又往美国拨打国际长途,找到了基泰丝的父母,进而打听到基泰丝在东京的住址和电话号码。几个人忙了一夜,打了35个紧急电话。

第二天一早,奥达克余公司给基泰丝打了道歉电话。几十分钟后,奥达克余公司的副经理和提着大皮箱的公关人员,乘着一辆小轿车赶到基泰丝的住处。两人进了客厅,见到基泰丝后就深深鞠躬,表示歉意。他们除了送来了一台新的合格的"索尼"唱机外,又加送了著名唱片一张、蛋糕一盒和毛巾一套。接着副经理打开记事簿,宣读了怎样通宵达旦查询基泰丝住址及电话号码,及时纠正这一次失误的全部记录。

基泰丝深受感动,她坦率地陈述了买这台唱机,是准备作为见面礼送给东京的婆家的。回到住所后,她打开唱机试用时发现,唱机没有装机芯,根本不能用。当时,她火冒三丈,觉得自己上当受骗了,立即写了一篇题为《笑脸背后的真面目》的批评稿,并准备第二天一早就到奥达克余公司兴师问罪。没想到,奥达克余公司纠正失误如同救火,为了一台唱机,花费了这么多的精力。这些做法,使基泰丝深为敬佩,她撕掉了批评稿,重写了一篇题为《35 次紧急电话》的表扬稿。

《35 次紧急电话》的表扬稿见报后,反响强烈,奥达克余公司因一心为顾客而声名鹊起、门庭若市。奥达克余公司将一桩坏事变成了好事,不仅挽回了公司的信誉,而且还提高了公司的认知度和美誉度。后来,这个故事被美国公共关系协会推荐为世界性公共关系的典范案例。

第二节　风险社会与公共关系危机

风险管理最早起源于保险业,后来被运用到金融领域,含有很强的计量因素,用于在面临各种风险时估算成本和收益;后来又逐渐被运用到医疗保健、环境保护等被认为是高风险的行业和领域。20 世纪八九十年代开始,风险管理被引入到公共关系中的议题管理和危机管理,尤其是在后者中,风险管理的流程、策略等被广为借鉴,成为危机管理的重要手段。

一、风险社会及特征

(一) 风险社会的内涵

德国学者贝克(Ulrich Beck)是最早关注并系统研究风险社会的学者之一,首次提出"风险社会"(risk society)这一概念。在其 1986 年出版的《风险社会:迈向一种新的现代性》一书中,贝克从生态危机入手,将生态危机视为工业文明下的重要社会危机,由此断言工业社会发展面临巨大困境,全球正处在与传统社会完全不一样的"风险社会"之中。风险社会有两个重要特点:一是风险的扩散具有不确定的逻辑性;二是影响社会风险的因素多种多样,诸如社会结构、社会制度及社会关系的发展等。在他看来,风险社会已经完全来临,而风险社会的到来给我们传统社会的风险治理机制带来了新的挑战。传统的社会风险治理机制主要侧重于对客观风险及灾难的预警、防范及事后处理,对主观的风险基本上是少有对策。但是现代社会风险的隐蔽性加强,对社会的冲击更多的是体现在对人类主观认知上,人类主观认知形态带来强烈的不确定性与群逐性,当人类对某类风险知识欠缺之际,在心理上表现出来的不确定性及不安全性会大大影响人类的判断力及认知能力,由此可能会引发不良后果。

而英国社会学家安东尼·吉登斯(Anthony Giddens)则透过人类社会不断呈现的风险图景,对风险社会理论进行了更加深入的研究。他认为,风险社会实际上指的是随着科学技术的进步和全球化的发展,使现今社会产生了许多不同于传统社会的风险和不确定因素,而这是现代化发展的一种结果。风险社会不仅仅表现为社会中风险的不断涌现,更重要的是它意味着人们需要根据规避风险的原则来组织社会。在吉登斯看来,风险社会是一个关注人类未来,尤其是规避人为风险和追求安全的社会。"我们所有的人都需要抵御风险的保障,但也需要面对风险并以一种积极的方式来对待风险的能力。"

风险社会中的种种因素,比如政治、经济、环境、生态等各种因素均会引起公共关系危机。而在当今信息化的时代,我们还需要特别关注公共危机的扩散效应,危机一旦发生,就会伴随各种载体迅速传播,政府很难进行"精准地"消解,这种扩散势必会引起连锁反应。

(二) 风险社会的特征

无论是从风险社会的理论描述看,还是从当今世界范围内一些国家出现的社会风险的实际情形看,我们都可以得出这样一个结论,即世界正处在一个矛盾频现、危机频发、风险丛生的风险社会之中。这个被称作"风险社会"的社会具有以下一些特征:

1. 风险危害的全球性

近些年来,不断加快的全球化进程,既给世界各国带来发展机遇,同时也孕育着许多风险和考验。正如吉登斯所说,现代化的根本性后果之一就是全球化。生活在全球化的时代,就意味着要面对更多的、各种各样的风险。贝克也认为,全球化对资本主义社会的主要影响之一,就是其具有极度的不确定性和高度的风险性,从而使当代发达资本主义社会成为一个"风险社会"。

在全球化背景下,风险的冲突点与始发点往往没有明显的联系,即使生活在远离风险源头的地方,有时也难以幸免被风险冲击而不得不承受风险的考验。正如传播学中所说的"蝴蝶效应",大西洋的蝴蝶一振动翅膀,便会掀起太平洋的汹涌波涛。

2. 风险形成的人为性

贝克认为,风险是人类活动和社会的一种反映,是生产力高度发展的一种表现。人为因素日益渗透到风险之中,成为风险形成的重要因素。而这种人为引发的风险也促进了风险社会的到来。风险社会存在的一个主要悖论是:风险往往是在试图控制它们的现代化进程中产生的。在现代社会中,人们面对的许多危险往往主要不是源于自然界,而是源于人类自己。风险犹如一个马力巨大而又失控的引擎,随着它的扩散,使得人们越来越多地生活在危机状态之中。

3. 风险产生的制度性

贝克认为,"现代制度的建立与运行大大提高了人们认识和应对风险的能力,但因制度系统的复杂性所带来的制度功能部分失效,最终又成为更多、更大的风险不断产生的制度性根源"。

这说明,虽然现代制度为规避风险提供了一定的制度保障,但风险却是与现代制度紧密相连的。风险社会的形成决不仅仅只是简单的某一经济、生态等社会现象所表现出的局部性问题,而是由社会制度、社会组织体系、社会文化、社会实践等综合因素带来的结果,是一种制度性的风险。

4. 风险发生的不确定性

风险社会理论说明,随着风险社会的到来,不仅会有经济、政治方面的风险,也会有文化、生态等方面的风险;不仅有区域性风险的存在,也会有全球性风险的发生。这些风险往往相互交织、相互渗透,呈现出一幅复杂多样的风险图景,而它们的出现,也愈加难以预测和预防。

当然,风险发生的这种不确定性,并不意味着人们在风险面前就必然无能为力,任其自然发展。其实,人们可以通过各种努力来预测风险,对未来可能发生的风险未雨绸缪,制定必要的预防与应对的方案和策略,从而将风险和损失降到最低限度。这也正是风险社会理论提出者关注风险、研究风险,进而希望最终克服和治理风险的目的之所在。

5. 风险后果的两重性

在风险社会理论中,对风险后果的认识存在着两种截然不同的观点。一种观点认为风险会对人类造成灾难性伤害,甚至是毁灭性打击,它具有极大的破坏性;而另一种观点则认为风险通常是人为因素的结果,是文化原因导致的,它体现了人与文化之间的矛盾。因此,解决这类矛盾正是应对风险的策略。从这种意义上讲,风险又具有积极意义,因为风险的存在意味着创新,意味着变革,意味着发展的机会。

6. 风险影响的广泛性

在现代化进程中,由于各种复杂的矛盾因素的作用,风险发生及其影响的领域越来越广泛,可以说涉及了经济、政治、文化以及社会生活的各个领域。不仅如此,风险还关涉到每一个人,如生存状况、食品安全、就业危机等。总之,风险所关涉的领域正在逐渐扩展,其影响越来越广泛,破坏作用也越来越大,引起了人们的深度关切。

了解风险社会的上述特征,对我们全面认识和正确评价风险社会具有重要意义。

二、公共关系危机管理

风险与危机有着密切的联系。风险是潜在性和可能性的危机。在某些诱因的刺激下,风险会失去控制而爆发,转化为危机。在风险社会背景下,人们对安全的呼声愈来愈强,如何搞好公共危机管理、有效保障公共安全已经成为摆在我们面前的紧迫任务。

危机管理的核心应当是如何把"事前管理"做好,如何从机制上避免危机的发生,如何在"危险信号"还没有变成"危机事件"时就将其平息。公共关系危机管理是通过对危机的产生、发展、变化实施一系列有效控制,从而使危机对组织的负面影响降低到最低限度。

(一)公共关系危机管理的定义

从广义的角度,公共关系危机管理是指公共关系从业人员针对组织自身情况和内外部环境分析预测可能发生的危机,然后制定出针对性措施,一旦发生危机,就能有条不紊地将危机化解,重新恢复信誉和市场的一套机制。从狭义的角度讲,危机管理就是危机处理,指对已经发生的公共关系危机事件的处理过程。

危机管理的建立可以使组织防微杜渐,将隐患消灭在萌芽状态,将危机爆发的可能性降低到最低限度。因此,危机管理具有预警、防范、化解的功能。

(二) 三"T"原则

著名的危机处理三"T"原则是英国危机公关专家里杰斯特提出的。三"T"即:①Tell your own tale(以我为主提供情况);②Tell in fast(尽快提供情况);③Tell in all(提供全部情况)。三"T"原则强调了处理危机时我们要正确、及时、客观公正地把握信息发布的重要性。

第一个"T"强调了危机处理时组织应牢牢掌握信息发布的主动权,其信息的发布地、发布人都要从"我"出发,以此来增加信息的保真度,从而主导舆论,避免发生信息真空的情况。从操作上说,应贯彻"发言人"制度,如果危机发生在外地,应该立即由特派专员赶赴现场,掌握第一手材料,以确保信息的真实性。

第二个"T"强调了危机处理时组织应尽快地、不断地发布信息。在危机处理过程中,危机管理小组需要在一个设备齐全的危机控制中心办公。里杰斯特说,这个办公室的设备应该有:①充足的通话线路。其中至少一条为专线,这样可以方便焦急的当事人亲属、新闻媒介以及其他外界团体第一时间给组织打电话。②足够的内线电话。③无线电设备。④处在危险情况下的各种装置的显示图,应标明:危险物质方位;安全设备位置;灭火水源系统或其他水源;其他灭火器材的储备;工厂通道的最新状况,尤其需明了哪条路不通;伤亡处理中心;工厂四周社区方位。⑤应能说明下列问题的显示图:危机影响波及范围或危险区域;应急车辆和人员调度;出现特别问题的区域;撤离区域;其他有关信息。⑥用于记录信息或其他任何需要发出指示用的笔记本、钢笔、铅笔。⑦雇员名录。⑧重要人物的地址及电话。危机处理的目的在于尽最大努力控制事态的恶化和蔓延,把因危险事件造成的损失减少到最低限度,在最短的时间内重塑或恢复企业原有的良好形象和声誉。赢得时间就等于赢得了形象,高效率和日夜工作是做到快速反应不可缺少的条件。

第三个"T"强调了信息发布应全面、真实,必须实言相告。越是隐瞒真相,就越会引起更大的怀疑。苏联在处理切尔诺贝利核事故时没有将全部真相公布于众,结果引起东欧乃至西欧国家更大的恐慌。

"Tell in all"实质上体现了危机处理的客观公正原则。危机事件发生后,特别是在事件发生初期,由于种种原因,传播的信息容易失真,为了避免公众的猜测、误解和有关危机事件的谣言造成新的危机事件,公共关系危机管理小组选出的发言人不仅要及时传递有关信息,而且还要使传递的信息十分准确,不隐瞒或省略某些关键环节。处理危机时要客观,尊重事实,如事实的真实性、评估的客观性、传递信息的准确性等。

(三) 三级组织三级管理

一般而言,危机管理组织架构的设置应实行三级组织三级管理的方式。

第一级为"危机管理委员会",是决策机构。由组织中有关方面的中高层领导组成,是一种兼职的矩阵式组织,它的主要职责是制定危机管理的政策、制作本组织的《危机管理手册》,配备危机管理办公室的人员,检查监督平时危机管理的工作,主持定期的危机管理工作会议,负责处理重大的危机事件等。

第二级为"危机管理办公室",是常务执行机构,由一定的专职人员组成。作为常设机构一般平时可由公关部或办公室承担。它的主要职责是负责危机管理各项工作的贯彻和落实,收集信息,监控市场,做好兼职人员的培训工作,负责处理一般性的危机事件,定期向危机管理委员会汇报工作。

第三级为"危机管理工作小组",对一些跨地区的组织来说属基层性的操作机构,或叫现场性的操作机构,也是一种矩阵式组织。而平时由一些兼职人员负责与总部的危机管理办公室保持业务联系,当然,也负责处理日常的一些投诉。

三级组织三级管理的架构图为:

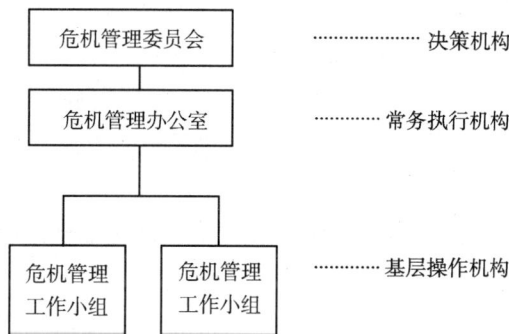

```
        ┌─────────────┐
        │ 危机管理委员会 │ ·················· 决策机构
        └──────┬──────┘
               │
        ┌──────┴──────┐
        │ 危机管理办公室 │ ·············· 常务执行机构
        └──────┬──────┘
          ┌────┴────┐
    ┌─────┴────┐ ┌──┴──────┐
    │ 危机管理  │ │ 危机管理  │ ·········· 基层操作机构
    │ 工作小组  │ │ 工作小组  │
    └──────────┘ └─────────┘
```

图 10-1

(三) 危机管理方案演习

1. 演习的目的

我们每个人对消防队的工作多多少少有些了解。消防队员为了在最短的时间做出反应,经常要举行演习。他们通过演习来提高自己的反应速度,强化自己的行为。危机管理与消防队员的工作相类似,需要演习危机管理预警方案。

第一,通过演习来强化危机意识。观念的建立有一定的过程,需要一定的时间。一个企业或组织可能会更换领导人;危机管理小组的成员也可能调到其他地方或别的单位;新的员工在不断地增加。这些情况很可能导致危机管理意识的削弱。为此,通过适当的演习,就可以建立或强化他们的危机管理意识。

第二,通过演习来检验准备工作。危机并不是经常发生的。也许,有的人在企业工作10年也难以遇到一次大的危机。因此,可能对应付危机来临的准备工作有些忽略。通过演习,可以检查和检验各部门应对危机来临的准备情况。

第三,检查企业或组织在真正面临危机时的协调程度。企业或组织的高层领导通常强调全局观念,强调各部门之间的协调与合作。但是,由于日常工作的琐碎以及工作本身的冲突,常常造成部门之间的协调存在或重或轻的问题。只有通过演习,才能检查企业或组织在真正面临危机时的协调程度。

第四,完善和修正危机管理方案。任何预警方案都是设想。这种设想本身可能存在不足。只有通过实际预演,才能发现其不足,才能修正和完善方案本身。

总而言之,对危机管理预警方案的演习是为了检验危机管理预警方案的可行性程度,修正不足。

2. 预防演习考虑的重点问题

(1) 企业是否有实施危机管理预警方案的资金和人力?

(2) 所遭遇的危险情况是否真正影响企业的最终目的?

(3) 所鉴别出的潜在危机其真实性如何?

(4) 企业现有的行为是否能够阻止危机的产生?

(5) 所制定的预防方针和政策是否经得住公众的考验?

(6) 企业是否具备行动所需的资源?

(7) 是否有采取行动的决心?

(8) 不采取行动的结果将会怎样?

3. 演习的步骤与安排

(1) 演习准备。成功的演习需要做认真的准备。演习之前的准备工作主要包括:

①思想准备。在演习之前,应该将准备演习的决定告诉员工,让他们深入了解企业或组织实施危机管理的重要意义。了解应付危机来临时的具体步骤、应遵守的原则等等。思想认识的深化是演习成功的保证。

②指挥机构。演习需要组织,需要指挥。为了保证演习能够像真正危机来临的那样,需要成立演习的指挥机构。一般而言,危机管理小组可以担任指挥机构的责任。如果要考察危机管理小组的水平,也可以适当聘请一些专家参与指挥工作。

③设计步骤。演习的指挥机构要设计整个演习的进行步骤,制定检查的标准和方法。尽管是演习,许多部门会表现出强烈的集体荣誉感和责任,他们仍然会对结果比较在意。因此,事先的评比标准要有助于工作的正常开展,减少不必要的矛盾发生。

④制定检查表格。为了使工作一目了然,执行和检查都便于操作,许多演习需要事先制定一系列的表格。需要特别指出的是,当进行危机原因分析时,编制表格的方法最为有效。在表格中,可以不断地加入其他企业或组织已经发生的危机及其原因,非常清晰地检查、对照自己的情况,使预演、危机原因分析等工作更加完善。

⑤演习评定小组。指挥机构和评定小组不同。前者主要负责演习的组织、指挥、协调,后者的主要任务是监督,检查相关部门是否协调、是否达到了要求。

⑥落实相关物资。演习需要许多设备和物质。因此,准备这些设备和物质就成为一项重要的准备工作。

（2）执行演习。通常，准备工作就绪，就可以进行演习。但是，并不是一定要等各部门完全准备好了再演习，也不是准备好了一定就马上演习。在演习的具体时间上，应该由指挥小组确定。演习的具体执行时间，应该是机密。因为真正的危机来临是不会事先告诉你的。

执行演习的过程，就是把蓝图变成现实的过程，如同设计师与建筑师的关系那样。在执行过程中，危机指挥机构要设计一些"图纸"上事先就有的意外，以检查随机应变的能力。比如，新闻发布会上可以提一些事先没有准备的问题；可以在救急一件事的同时，连续出现其他的意外，令危机参与人员防不胜防，检查他们连续救急的能力。或者，大家都认为危机演习已经结束之际，马上又来临危机。

（3）总结演习。演习结束后，要尽快地进行总结。这时大家还清楚地记得所发生的事情和采取的行动。需要进行总结的人或机构主要有：直接参与危机演习人员；作为观察人的专家；评定小组；指挥机构；高层领导等。通过对演习做全面的总结，修正不足的、不符合实际的以及程序不优化的地方。修正之后的方案，需要更新内容印刷、下发执行。

对于做得好的，一定要奖励；对于存在问题的，一定要指出存在的具体问题及解决措施、办法。切忌笼统的表扬和笼统的批评，笼统的表扬和笼统的批评不会解决实际问题。

将总结通过企业或组织的内部通讯印发，组织员工认真学习、讨论。还可组织大家就存在的问题提出建设性的建议，做到危机管理预警方案大家参与，集思广益。

第三节　危机公关策略

危机公关是当组织在事件中遭遇到信任、形象危机或某项工作产生了失误时，组织通过一系列的活动来获得社会大众的谅解与理解，进而挽回影响的一项重要的危机管理工作。

建立危机应急管理是此阶段的一项重要工作，即通过对有关公众对象和组织环境的监测，及时发现危机隐患，使组织在危机发生时能马上反应，帮助组织迅速采取针对性的措施，减少危机可能的影响。

阅 读 资 料

"泰诺"事件

1982年9月，有媒介报道，美国芝加哥地区有人因服用"泰诺"止痛胶囊死于氰中毒。"泰诺"是美国强生公司生产的一种家庭用药，主治头痛。该药销量很广，年销售额达4.5亿美元，占强生公司利润的5%。在此之前，随着新闻媒体的广泛报道，消息不断扩散，传说各地有250人因氰中毒死亡或致病（实际死亡人数只有7人）。不断扩散的消息引起了约1亿服用"泰诺"胶囊的消费者的极大恐慌。民意测验表明,94％的服药者表示今后不再服用此药。强生公司正面临一场生死存亡的巨大危机。怎么办呢?

危机发生后,该公司首先成立了一个委员会来处理这一危机事件。该委员会成员包括公司董事长伯克、一名负责公关的副总经理、其他的业务和管理专家,委员会每天开两次会,对处理"泰诺"事件进行讨论、决策。

第二,召开新闻发布会。与新闻媒介密切合作,迅速地传播公司的各种消息。强生公司坦诚对待新闻媒介,并表示,不论好消息还是坏消息都公布调查结果。

第三,宣布决定。比如公司决定5天内全部回收芝加哥价值近1亿美元的所有"泰诺"止痛胶囊,并花费50万元通知内科医生、医院、经销商停止使用该药品,向受害者进行赔偿。

第四,敞开公司大门,积极配合美国食品和医药管理局开展事故原因调查,在5天时间内对回收的胶囊进行抽检,并向公众公布检查结果。

第五,开展恢复声誉、重返市场的工作。强生公司请美国著名的博雅公关公司策划,开始恢复信誉、重返市场的工作。一系列策划活动取得了重大成功。事故发生后的5个月内,该公司就收回了该药原来所占市场的70％,一系列的成功策划包括事先实施美国政府和芝加哥发布的《药品安全包装新规定》;重金征求设计推出"泰诺"防污染止痛胶囊新包装;举行大规模记者招待会,发布消息,并通过卫星向全国转播。

第六,处理善后工作。

第七,总结、检查、评估。危机事件之后,委员会全面总结自己的工作,并把这一危机处理的情况写成案例,教育员工。该案例曾获得美国公共关系协会授予的最高奖——银钻奖,成为美国80年代最佳公关案例。

一、危机公关的基本原则

1. 及时性原则

危机公关的目的在于,尽最大的努力控制事态的恶化和蔓延,把因危机事件造成的损失减少到最低限度,在最短的时间内重塑或挽回企业原有的良好形象和声誉,赢得了时间就等于赢得了形象。为此,危机一旦发生,组织的所有成员都应立即投入紧张的处理工作。

2. 冷静性原则

公共关系危机发生后,处理人员应冷静、沉稳,不要因头绪繁多、关系复杂的事件使自己变得急躁、烦闷、信口开河等等。只有在遇到危机时冷静、沉稳,只有积极的心理,才能在处理危机事件的过程中应付自如,左右得道。

3. 准确性原则

危机事件发生后,特别是在事件初期,由于种种原因,传播的信息容易失真。为了防止公众的猜测、误解和有关危机事件的谣言,公共关系危机管理小组选出的发言人不仅要及时传递有关信息,而且还要使传递的信息十分准确,不隐瞒或省略某些关键细节。

4. 公正性原则

如何处理与受到危机事件影响或危害的公众之间的关系呢?在处理危机事件的过程中,公共关系危机管理小组要排除主观、情感的因素,公正、公平并正确地、坦诚地对待受损害的公众。

5. 客观性原则

遵循公正性原则的同时,还要讲客观。处理公共关系危机事件的客观性原则,包含了很多方面的内容,如事实的真实性、评估的客观性、传递信息的准确性等。

6. 灵活性原则

由于公共关系危机事件随着情况的发展会不断地发生变化,可能原定的预防措施或抢救方案考虑不太周全,因此,为使企业的形象和声誉不再继续受到损害,处理工作必须视具体情况灵活地运作。要随客观环境的变化而有针对性地提出有效的措施和方法。

7. 全面性原则

公共关系危机事件涉及企业内部和外部的诸多方面。在处理具体的公共关系危机时,应遵循全面考虑的原则,即既要考虑到内部公众,又要考虑到外部公众;既要注意对公众现在的影响,又要注意对公众未来的潜在的影响等等。在处理危机事件的过程中,要排除主观、情感的因素,公平地、正确地、坦诚地对待受损害的公众,同时还要注意事实的真实性、评估的客观性、传递信息的准确性。

8. 公众至上原则

这是公共关系的核心原则,也是危机处理的核心原则。没有这条原则,那么,小危机也会转化成大危机。

9. 维护声誉原则

维护声誉这是危机处理的出发点和归宿点。组织的声誉是组织的生命,而危机的发生必然会对组织的声誉带来影响,有时甚至是致命的。因此,在处理危机时,要注意维护组织的声誉。

二、危机公关的基本程序

通过上述典型案例可以看出,公共关系危机处理的基本程序是:

1. 深入现场,了解事实

危机发生之后,危机处理小组应在高层领导人的带领下,亲临危机事故现场,指挥抢救工作,并委派专业人员调查事故,落实弄清危机事件发生的时间、地点、原因、人员伤亡、财产损失等情况。中外成功的危机公关案例都有一个共同的特点:领导人亲赴第一线,给人一种敢于负责、有能力、有诚意解决危机的形象。危机发生后,要尽快采取一切措施来降低损失。对于"损失",既要看有形的,又要看无形的,可以说,失去市场、丢掉发展的机会是最大的损失。

2. 分析情况,确定对策

掌握了危机事故的第一手资料后,在高层人员的直接参与下,深入研究和确定应采取的对策、措施,即制定危机处理方案。确定的对策既要考虑如何对待投诉公众,如何对待媒介,如何联络有关公众,如何具体行动,更要考虑如何抓住蕴含的机遇,恢复声誉,重返市场。

3. 联络媒介,引导舆论

危机事件发生后,各种传闻、猜测都会发生,媒介也会纷纷报道。这时组织应委派"发言人"主动与媒介联络,特别是首先报道事件的记者,务必尽可能以最快的速度来召开新闻发布会或记者招待会,以"填补信息真空",掌握舆论主导权。国外一个危机专家曾说过"危机中传播失误所造成的真空,很快就会被颠倒黑白、胡说八道的流言所占有","无可奉告对于公众的理解就是默认"。

在新闻发布会上,一方面向新闻界介绍危机有关情况,公布公司正在采取的措施;另一方面,恳请新闻媒介密切配合,防止不利的消息和舆论。多次的新闻发布会上,新闻发言人代表组织"以我为主"公布消息,使信息传递口径统一。

4. 组织力量,有效行动

这是危机处理的中心环节之一。公众媒介和舆论不仅要看企业在新闻发布会上的宣言,更要看企业的行动。第一,组织力量亲临一线,安抚受害公众,解决公众的当务之急;第二,争取其他公众、社团、权威机构的合作,协助解决危机;第三,寻找、创造机遇,重塑组织形象。

5. 总结调查,汲取教训

危机管理小组应对危机处理情况做全面调查评估。它们包括对客户和消费者的善后工作,如赔偿、安慰、关怀等。对危机事件当事者来说,如收集、整理、分析媒介对危机事件的报道等等,进行危机处理的效果调查,同时将危机处理的评估结果向董事会和股东报告,向公众和媒介公布,通过总结检查,改进企业或组织在危机管理方面存在的具体薄弱环节,并将一些经验教训写成书面教材,教育企业或组织的员工,修正危机管理计划,唤起全体人员对危机的重视。

阅 读 资 料

通顺店真要一文钱一斤卖胡麻油?

《乔家大院》剪辑:在平息包头高粱霸盘事件后,乔致庸与孙茂才、高瑞三人来到了市场考察,无意中听到了几个岁数大的市民在窃窃私语。大家来看以下对话:

这些老人闲来无事,七嘴八舌地讲起来:"这复字号可不比从前啦,这些年,世风日下,人心不古。""像当年复字号老掌柜乔贵发那样,你买一斤胡麻油他给你一两一的事,再也不会有了……"一个老人说得起劲,将手中拐杖敲得咚咚响:"告诉你,就这一阵子,复字号卖的胡麻油都不香了，掺了假！"旁边一老人附和道："是这样！ 昨晚上我媳妇儿还说呢，怎么这复字号通顺店的胡麻油一股陈年棉籽油的味儿！"

乔致庸听得又惊又怒，向几位老人一躬到地。刚要走，唯见一老人赶上几步拉住他又叮嘱道："年轻人，我多说一句啊，你现在跟复字号做生意可要小心点了……"乔致庸连连称谢。

乔致庸怒冲冲地和孙茂才赶到复字号通顺店时，偌大的店堂冷冷清清几乎没人，唯见一个无赖身分的伙计正和一位老人拉扯争执。老人一见乔致庸他们进来，赶紧道："官爷瞧瞧，这里的胡麻油不香，我不愿意买，这伙计就这样扯着我。"那伙计一点不怕，继续扯着老人蛮横道："老东西，你胡说八道什么呢？ 说我麻油掺假不香，就是败坏本店的名誉，我要揪着你理论！"乔致庸气极了："还不放手，一点规矩都不懂吗？"那伙计脸一横："关你何事？ 你是哪里来的葱啊？"孙茂才喝道："放肆，这是乔东家，叫你们掌柜出来！"乔致庸满脸通红，回身对老人拱手道："老人家，让您受委屈了，在下是山西祁县乔家堡的乔致庸，本店的东家。这个伙计刚才对您无礼，是乔致庸用人无方，我这里给您赔罪了。"老人心颇善，赶紧道："哎哟，这可当不起。乔东家，其实这位小兄弟也没怎么着我，您别责罚他。"

正说着，通顺店的李掌柜赶了出来，一见乔致庸，吓了一大跳，赶紧道："东家，您来了？ 对不起，这张二狗是新来的……"乔致庸不理，对张二狗道："你懂不懂规矩？ 客人来买东西，当然要货比三家。你的货不好，人家当然可以不买。你怎么能这样对待客人？ 你学过徒吗？ 复字号里怎么会有你这样的伙计？ 你马上辞号！"那张二狗大惊，但仍很强硬地哼了一声，转身跑走。老人看这架势，反而跺跺脚为张二狗求情："乔东家，可别这样，不能因为我一个老而无用的人，砸了那位小兄弟的饭碗！"乔致庸回头道："老人家，家有家法，店有店规，怠慢您了，先请回吧！"老人叹息而去。

不多会儿，通顺店的几位掌柜和伙计都到了后堂。乔致庸看着他们，道："你们都给我听着，这些日子全包头的人都在讲，乔家复字号通顺店里胡麻油都不香了，现在你们给我一个说法！"当下鸦雀无声，几位掌柜互相对看，众伙计则低头默然不答。乔致庸哼了一声："你们不讲也行，那我只好请你们全部出号！"

乔致庸厉声道："你们以为是我砸了你们的饭碗？ 错了，主顾是我们商家的衣食父母，你们把他们都得罪了，是自砸饭碗。"众伙计还是不说话，但内心摇动，齐齐看着掌柜们。二掌柜胡大海看着众人，终于低声道："……去年店里有一批棉籽油没有卖掉，我们几个人贪图小利，把它兑进胡麻油里。这事是我和老胡、老赵、老马几个老人干的，跟别人没有关系。该打该罚，东家您就看着办吧！"乔致庸盯着他道："很好，其他人没事了；你们几个，今天就去柜上算账出号。"众人大惊，纷纷开言请求放过他们这一回。乔致庸丝毫不为所动，痛声道："你们把乔家复字号的老招牌做砸了，就该负责。"

……"茂才兄，现在我明白了，复字号为什么会到今天这个地步。我们不能马上走，不清理门户，不将复字号的诚信之风建立起来，复字号就是躲过了今日的危局，明日还是要一败涂地的！"

不一会儿,顾天顺和通顺店的大掌柜李顺就被乔致庸一起喊到了总号。顾天顺道:"东家,通顺店出这样的事,我是大掌柜,要负首责!"李顺则赶紧道:"东家,虽说事情不是我干的,可我是通顺店的掌柜,我有失察之罪!"乔致庸怒极,道:"你岂止失察,你简直就是奸商!那么多人在你眼皮子底下干出这样的事来,你难道一点也没发觉?就是真不知道,也是渎职!"顾天顺面子上下不来,道:"东家,我说过了,通顺店出这样的事,我负全责!"乔致庸也不搭理他们,沉默半晌,突然对李顺道:"你多找几个人,连夜写出告示,天亮之前贴遍包头城!"李顺一下子没明白:"贴告示?"

乔致庸点头道:"对!你就写:乔家复字号名下的通顺店卖胡麻油掺假,复字号总号决定将这批胡麻油以每斤一文的价钱卖给人做灯油!"李顺大惊,脱口而出:"一文钱一斤?那不等于白送……"乔致庸看他一眼,继续道:"对,一文钱!再给我写,只要到通顺店买过胡麻油的客人,都可以到店里全额退银子;不但如此,我们还要九折卖给他们不掺假的胡麻油,向他们赔罪!"李顺满头是汗:"可是东家,这样的话,通顺店可就赔大了!"顾天顺看了他一眼,没好气道:"到了这会儿你还替东家想这个?照东家说的办!"李顺赶紧点头,擦着汗快快去了。乔致庸余怒不息,对顾天顺道:"你今晚上也别睡了,盯着他们,明天一大早,一定要让全包头的人都知道这个消息!"

第二日清晨,包头大街小巷出现了一张告示。众人三五一群地围着看,纷纷议论。

"谁要是买了通顺店掺假的胡麻油,可是占了大便宜了,又能退钱,又能九折买到不掺假的胡麻油!""老店就是老店,犯一回错就这么较真,还是这样的老字号信得过!"

商人们也在交头接耳。"别看乔东家年轻,这一手了不得,有气魄!以前我都不敢跟复字号做生意,可以后还就得跟这样的老字号做生意!""听说他还很年轻啊,原来复盛公和达盛昌两家一直在斗,那邱天骏也是老狐狸了,和他交手不到三下,便弄趴下了,现在在复字号面前乖得很!"邱天骏和崔鸣九路过,刚好听见。崔鸣九欲发作,邱天骏拉了他一把,笑了笑很快离去了。

复盛公号大掌柜室,二掌柜小心地问道:"通顺店真要一文钱一斤卖胡麻油?"顾天顺发泄般怒道:"你就甭问了,他是东家,赔了银子是他的!他都不心疼,我们心疼什么?"很快通顺店赢得了很好的口碑。

三、危机公关艺术与技巧

1. 不同阶段的协调技巧

从时间上看,危机管理工作分为危机来临前、危机处理中和危机后期三个时段。在不同的时段,沟通协调工作的要点不同,技巧有别。

(1) 危机来临之前。危机来临之前的沟通协调工作要遵循重在平时的原则。目的是为危机发生后的沟通协调做准备。国外危机管理专家指出,在危机时,你要与各级政府部门和顾客打交道,如果你不认识政府有关部门中的任何人,或者你从来也没有与顾客组织进行过交谈的话,你就会遇到困难了……你必须与那些将来在危机时需要进行沟通的关键集团、组织、政府部门事先建立沟通网络或桥梁。

要做好必要的准备工作。比如,对方的单位地址、电话、传真、电子邮件地址、重要人物的家庭住址等要准备好。要进一步确认在特殊情况下与谁联络。平时的沟通协调要以组织角色为重点,切忌只与个别人保持联系。多数情况下,发生危机的组织是希望得到组织的帮助而不仅仅是个人。通常,组织的力量大于个人的力量。

(2)危机处理过程中。国外危机管理专家曾总结出五项适用于各种危机的沟通原则。这些原则适合我国企业或社会组织开展危机处理以及沟通协调工作。危机中沟通技巧如下:

第一,控制事态。危机发生时,必须尽早控制,避免事态进一步恶化。例如,如果某个问题影响了某种产品,应立即指明这一点,这样就使得产品的其他用户停止使用它。利用这种方式,可以减少目标公众的规模,从而减少损失。控制物质损失时可以利用诸如“这只对某某有影响”的话。

第二,开诚布公。要做到坦率、忠实和直率。要告诉人们事实真相。如果能做到坦白地向人们说明真相,那么就能尽快地摆脱困境,应该少用一些具有保护性的法律用语,例如,“在调查没有完全完成之前,我们不做任何评论”。这些话听起来缺乏感情,仿佛是在隐瞒自己的罪过。多数情况下,诚恳容易得到人们的同情和原谅。1999年,在克林顿遭弹劾的过程中,他的诚恳和坦率有力地帮助了他自己。

第三,承担责任。在危机处理过程中要勇于承担责任,不要企图回避问题、推卸责任或者闪烁其词。要依据法律条款进行认真的权衡。有时出于法律上的原因,可能不用承担全部责任,但仍然可以说:“某公司承担主要责任,我们将进行全面调查,与有关部门合作,或者做其他能办到的事情。”应注意的是,在危机当中,法律争端或策略不应该支配危机管理决策的制定。有时,法律上赢得了胜利,也许失去了良好的形象,失去了人心。

第四,表示同情。当以最清楚的方式阐述企业或社会组织对产品、商标等问题的控制的时候,不要轻视那些受到危机影响的公众。要利用简短而有效的、持积极态度的声明表示出真诚的关心和对受害人的同情。如果某位顾客和职员受伤或死亡,可以说:“我代表某某公司向他及他的家庭表示同情;或说某某公司对于受害的顾客们表示深切的关心。”

第五,积极行动。最后,公司对发生危机做出的反应是采取一系列积极的补救行动。告诉公众你准备如何就发生的事件采取行动。作为一个普遍的规律,不要反复重复过去发生的事情,要向前看。已经发生的事情就是过去的事情。你计划将来怎么做?大部分人都希望了解你现在是如何反应的。

(3)危机后期。当把采取的一系列行动告诉公众之后,人们关注的往往是效果怎么样?因此,在危机后期,要迅速通过适当的方式和渠道传播采取行动之后的效果,尤其是好的效果。通过具体的行动,继续表示对受害人及其亲属的关心、同情、安慰、帮助。同时危机管理小组要及时总结、交流对危机的处理情况,并收集所有反馈信息,为调整协调和沟通措施提供依据。

2. 不同对象的危机对策

不同的危机有不同的对象。公共关系危机处理没有固定的模式。由于公共关系危机具有不同的类型、性质、特征以及面临的环境的差异性,因此,这里所谓的"对策",从某种意义上说,仍然是一种原则性的提示,一种理论上的思路。

运用科学有效的调查手段,查明情况,判断危机事件的性质、后果及影响,分析所涉及的公众对象及其关系,是制定公共关系危机处理具体对策的前提。不同的公众对象构成不同的公众关系,因而应采取不同的对策。

(1) 组织内部对策如下:

①迅速成立处理危机事件的专门机构。假如企业已成立危机管理小组,可在该小组的基础上增加部分人员。如果事先没有设置与危机管理小组相似的专门机构,需要立即成立。这个专门小组的领导应由企业负责人担任。公关部的成员必须参加这一机构,并同各有关职能部门的人员组成一个有权威性、有效率的工作班子。

②了解情况,进行诊断。成立专门机构后应迅速而准确地把握事态的发展,判明情况。确定危机事件的类型、特点,确认有关的公众对象。

③制定处理危机事件的基本原则、方针、具体的程序与对策。

④急告需援助的部门,共同参加急救。

⑤将制定的处理危机事件的基本原则、方针、程序和对策,通告全体职工,以统一口径,统一思想认识,协同行动。

⑥向传媒人士、社区意见领袖等公布危机事件的真相,表示企业对该事件的态度和通报将要采取的措施。

⑦危机事件若造成伤亡,一方面应立即进行救护工作或进行善后处理;另一方面应立即通知其家属,并尽可能提供一切条件,满足其家属的探视或要求。

⑧如果是由不合格产品引起的危机事件,应不惜代价立即收回不合格产品,或立即组织检修队伍,对不合格产品逐个检验。通知有关部门立即停止出售这类产品。

⑨调查引发危机事件的原因,并对处理工作进行评估,奖励处理危机事件的有功人员,处罚事件的责任者,并通告有关各方。

(2) 受害者对策如下:

①认真了解受害者情况后,诚恳地向他们及其亲属道歉,并实事求是地承担相应的责任。

②耐心而冷静地听取受害者的意见,包括他们要求赔偿损失的意见。

③了解、确认和制定有关赔偿损失的文件规定与处理原则。

④避免与受害者及其家属发生争辩与纠纷。即使受害者有一定责任,也不要在现场追究。

⑤企业应避免出现为自己辩护的言辞。

⑥向受害者及其家属公布补偿方法与标准，并尽快实施。

⑦给受害者安慰与同情，并尽可能提供其所需的服务，尽最大努力做好善后处理工作。

⑧在处理危机事件的过程中，如果没有特殊情况，不可随便更换负责处理工作的人员。

（3）新闻界对策如下：

①如何向新闻界公布危机事故，公布时如何措辞，采用什么形式，有关信息怎样有计划地披露等，应事先达成共识，统一口径。

②成立临时记者接待机构，专人负责发布消息，集中处理与事件有关的新闻采访，向记者提供权威的资料。

③为了避免报道失实，向记者提供的资料应尽可能采用书面形式。介绍危机事件的资料应简明扼要，避免使用技术术语或难懂的词汇。

④主动向新闻界提供真实、准确的消息，公开表明企业的立场和态度，以减少新闻界的猜测，帮助新闻界做出正确的报道。

⑤必须谨慎传播。在事情未完全明了之前，不要对事故的原因、损失以及其他方面的任何可能性进行推测性的报道，不轻易地表露赞成或反对的态度。

⑥对新闻界表示出合作、主动和自信的态度，不可采取隐瞒、搪塞、对抗的态度。对确实不便发表的消息，亦不要简单地"无可奉告"，而应说明理由，求得记者的同情和理解。

⑦不要一边向记者发表敏感言论，一边又强调不要记录。这种习惯很不好。

⑧注意以公众的立场和观点来进行报道，不断向公众提供他们所关心的消息，如补偿方法、善后措施等。

⑨除新闻报道外，可在刊登有关事件消息的报刊上发歉意广告，向公众说明事实真相，并向公众表示道歉及承担责任。

⑩当记者发表了不符合事实真相的报道时，应尽快向该报刊提出更正要求，并指明失实的地方。向该刊提供全部与事实有关的资料，派重要发言人接受采访，表明立场，要求公平处理。特别应注意避免产生敌意。

（4）上级领导部门对策如下：

①危机事件发生后，应以最快的速度向企业的直属上级部门实事求是地报告，争取他们的援助、支持与关注。

②在危机事件的处理过程中，应定期汇报事态发展的状况，求得上级领导部门的指导。

③危机事件处理完毕后，应向上级领导部门详细地报告处理的经过、解决方法、事件发生的原因等情况，并提出今后的预防计划和措施。

（5）有业务往来单位的对策如下：

①危机事件发生后，应尽快如实地向有业务往来的单位传达事故发生的消息，并表明

企业对该事件的坦诚态度。

②以书面的形式通报正在或将要采取的各种对策和措施。

③如有必要,还可派人直接到各个单位去面对面的沟通、解释。

④在事故处理的过程中,定期向各界公众传达处理经过。

⑤事故处理完毕,应用书面形式表示歉意,并向理解和援助的单位表示诚挚的谢意。

(6)社区居民对策如下:

①社区是企业生存和发展的基地,如果危机事件给社区居民带来了损失,企业应组织人员专门向他们致歉。

②根据危机事件的性质,也可派人到每一户家庭分别道歉。

③向全国性的大报和有影响的地方报刊发致歉信。主要内容包括:向致歉对象的有关公众表达歉意;公众想要了解的事项;明确而鲜明地表示企业敢于承担社会责任、知错必改的态度。

④必要时,应向社区居民赔偿经济损失或提供其他补偿。

除上述关系对象外,还应根据具体情况,分别对与事件有关的交通、公安、市政、友邻单位等公众采取适当的传播对策,通报情况,回答咨询,巡回解释,调动各方面的力量,协助企业尽快渡过危机,使企业形象的损害控制在最低限度。

案例分析一

"常德事件"

三株药业集团于1993年正月初八正式创业,当时注册资金仅30万,共有员工18人。1993年总经理吴炳新完成了"三株口服液"的研制和鉴定,1994年5月产品开始投放市场,进入市场当年,三株的销售达到了1.25亿元,上缴国家税金2100万元。三年内,三株快速成长为横跨全国十几个省,拥有600多家子公司、2000多个办事处、15万员工的大集团公司;在中国范围内建起了最大的市场营销网络。但1998年的飞来横祸几乎在瞬间葬送了这家声震全国的民营企业。在三株人看来,他们最致命的麻烦并不源于企业在过快扩张之后出现的管理滞后,也不是企业被胜利冲昏头脑导致的决策失误,而是来自一次典型的外部突发危机——"常德事件"。

"常德事件"的台前主角是个叫陈然之的常德人。他到常德中级人民法院状告三株,称其父陈伯顺于1996年6月购买了10瓶三株口服液,服用后引起高蛋白过敏反应,并导致其父两个月后死亡,因此他要求三株赔偿其经济、精神损失300万元。这就是当时所谓的"八瓶三株要了一条人命"。而这位"冤死"的陈伯顺在生前又是怎样的情况呢?他时年已77岁,并在"服药"(然而最终也没有充分证据证明其确实服用过三株)当年,就已经先后两次因心悸住院,诊断出患有冠心病、心衰、肥大脊柱炎和肺部感染等多种疾病而被下病危通知单。明眼人都明白,这并不是一起案情很复杂的纠纷。

然而此案的公审日,即 1998 年 3 月 31 日,对于三株来说,却是黑色的。法庭上,双方均出示了大量证据,并进行了激烈的法庭辩论。辩论后,法院休庭 15 分钟。然而就在这短短 15 分之后,三株做梦也没想到的事情发生了:在证据不足、疑点很多的情况下,常德中级人民法院居然宣读了长达 6000 字的判决书,认定陈伯顺之死系服用三株口服液所致。同时判定三株公司赔偿 29 万元,没收三株"非法"获利 1000 万元。而更令三株人没想到的是,常德中院个别人居然在刚刚做出一审判决,不等三株上诉,自己就急急忙忙将盖有法院印章的判决书主动寄往国内外各大新闻媒体。于是,这一爆炸性的消息迅速被媒体在全国炒作起来。那一段时间,"喝三株能喝死人"弄得几乎妇孺皆知。

三株几乎被常德一审败诉及其引发的媒体炒作打垮了。在四面楚歌中,三株产品的社会形象可谓一落千丈。在这种情况下,还有谁敢再服用三株呢?更要命的是,当时不仅没人敢买三株,也没人想卖三株。一下子,三株就积压了 7 个多亿的退货,而且经销商在这时开始拒绝回款,对三株可谓是雪上加霜。吴炳新说:"这次事件使我们的销售额从七十多亿一下子就跌到了十来亿,给我们三株造成的直接损失就达到四十亿,至于间接损失在几百亿以上。在那之前,我们企业有 15 万职工,主要是分布在各地的销售队伍。一审败诉,退货单像雪片般飞来,我只好请他们回家,总共有 13 万人下岗,连总部的 1000 多人也回家了 900 人。当时我准备从银行拿出三亿存款养活他们,但也支持不了多久,因为所有工厂都停产了。此外留下的人,我们也只好降薪,再加上其他企业以高薪来挖人,所以我们流失了大批人才。现在搞保健品的,基本上都是我们三株的。"

(资料来源:常德事件[J].中外管理,2000(6))

结合以上案例,请思考:

1. "常德事件"的处理过程中三株公司犯有哪些失误?从该事件中我们得到了哪些教训?

2. 三株公司该如何处理该事件呢?请你提出解决的办法和措施。

案例分析二

"尼美舒利事件"

2010 年 11 月 26 日,一则关于"2010 年儿童安全用药国际论坛"的报道称尼美舒被利用于儿童退热时,对中枢神经及肝脏造成损伤的案例频频出现。一种化学名为"尼美舒利"的儿童退热药,被推上药品安全性疑虑的风口浪尖。此事被称为"尼美舒利事件"。

至 2011 年 2 月中下旬,媒体报道称全国多地大药房已开始下架"尼美舒利颗粒"等含有尼美舒利的药物。

2011 年 3 月,一封被称为"强生打击尼美舒利"的匿名绝密邮件的出现使得整个事件变得更加扑朔迷离。邮件称这场引发骇人听闻的安全性恐慌的事件或是一场阴谋,某跨国药企策划这场商战,意在排挤对手,帮助旗下同类药品抢占市场份额。随后,康芝药业发表声明,有"一些别有用心之人通过各类媒体散布并无端扩大'尼美舒利颗粒'的副作用,从而达到恶意诋毁'瑞芝清'产品声誉的目的"。为此,康芝声称已经向有关部门举报。

2011年5月20日,国家食品药品监督管理局发布通知:修改尼美舒利说明书,并禁止尼美舒利口服制剂用于12岁以下儿童。康芝药业将因此受到很大冲击。

结合以上案例,请思考:

在"尼美舒利"用药事件再次炒得沸沸扬扬之际,康芝药业的这份状纸,更像是一次维护形象的公关策略。康芝药业如何更好地处理该事件呢? 请你提出解决的办法和措施。

☞ **思考与练习**

1. 公共关系危机事件具有哪些特点?

2. 公共关系危机事件的类型有哪些? 试举例说明。

3. 处理公共关系危机事件的程序是怎样的,为什么要进行危机管理方案的预演?

4. 公关危机的对象不同,处理方式又发生怎样的变化?

5. 通过网络、报刊等媒体,收集整理一个公关危机的案例,并完成以下操作练习:

(1) 列出该公共关系危机产生的原因,要求3条以上。

(2) 如果你是该事件中的公共关系主管,你如何处理? 请列出你的处理方案,要求5条以上措施。

第十一章
公共关系与医患关系管理

☞ **学习目标**

1. 了解医患关系的定义和特点
2. 了解医患冲突的定义、分类和具体表现
3. 理解医院内部管理是构建和谐医患关系的保障
4. 理解依法处理医患纠纷是解决医患问题的法律保障
5. 掌握建立医疗风险防范和解决机制

近年来,中国的医患纠纷不断增加,医患矛盾持续激化,从公共关系视角来看,医院与患者之间的沟通不到位是导致纠纷产生和激化的重要原因之一。希望通过公共关系建设,探寻促进医患沟通的解决方案,从而增进社会的和谐。

第一节　公共关系与医患关系

公共关系是社会组织为营造良好的发展环境而主动开展的各种协调本组织与相关公众之间关系的活动,它能够帮助医院准确把握组织现状与环境和相应的公众认知的差距,能有针对性地改进组织行为并制定相配合的沟通方案。

一、医患关系

和谐的医患关系是指医患双方的相互理解、相互信任、相互支持、真诚沟通,共同完成战胜病魔的协作关系。医患之间的诚信是生命相托,是分量最重的契约。2009 年 12 月 10 日,当时卫生部长陈竺在《人民日报》刊登《体制不合理系医患对立根本原因》一文中是这样描述的:医患关系实质是利益共同体,因为"医"和"患"不仅有着"战胜病魔、早日康复"的共同目标,而且战胜病魔既要靠医生精湛的医术,又要靠患者战胜疾病的信心和积极配合。

（一）医患关系的定义与特点

1. 医患关系的定义

医患关系应有广义和狭义之分,广义的医患关系是指"以医师为主体的医疗者一方的群体包括护士、医技人员、医务行政管理人员等,与以患者为中心的患者一方的群体包括与患者有直接或间接关系的患者家属、亲属、监护人及其所在工作部门、单位等,在医疗活动中所建立的特殊人际关系"。狭义医患关系是指"医师与其所诊治的患者之间特定的医患个体之间的关系"。医患关系实质上就是医院与其患者公众之间的关系,建立和维系医患之间的和谐、赢得患者的信任和支持是医院发展之必须。

医患关系是一种在社会生活中普遍而又特殊的关系。之所以说普遍,因为它是每个人的一生中难以避免的一种关系,即使是医生,也可能要扮演患者的角色;而之所以说它特殊,因为它来得快,去得也快,病人在踏入医院的时候自发成立,离开医院的时候则自动结束,往往也没有一个正式和明确的契约。

2. 医患关系的特点

在临床实践中,医患关系现实地成立并具体展开,体现了以下特点:

（1）直接性。在临床领域,患者的目的,就是要直接接受医务人员的诊断和治疗,解除病痛;医务人员的任务,就是直接接触患者,运用自己的医学知识、技术和医疗设备,对患者进行诊断和治疗,实现自己对患者的诊疗权。医生直接对患者实施诊断和治疗,护理人员对患者直接实施辅助诊断和治疗,管理人员直接接受患者的医药缴费,为患者提供直接的管理服务。

（2）紧迫性。患者来医院看病,大多是有实际痛苦才来的,有的疾病十分危急,必须立即治疗,否则有生命危险。患者生病不会选择时间的,随时随地都有可能生病,发生生命危险。患者生病的这种随机性特点,与医院管理的时间性、医务人员上班休息的时间性存在冲突。医务人员也需要依法得到休假,不可能日夜值班。有一项调查显示,城市医院里的医务人员,大多一天工作10小时以上。除了上班为患者服务,还要做科研,搞试验,出成果,没有太多的闲暇时间。可是,并不是所有的患者都知道这些情况,都理解医务人员的实际处境。这也成为医患纠纷冲突的一个实际原因。

（3）暂时性。一般情况下,生病是暂时的,而不生病才是正常态。这就决定了人作为患者在医院里与医方构成医患关系的机会是暂时的,不会长久。这种暂时性伴随着陌生、恐惧、焦急,为医患纠纷和冲突埋下了伏笔。遇到危险时,人的情绪受到刺激,行为举止具有攻击性。因此,患者出现激烈争吵的行为属于正常范畴,医务人员要理解他们的处境,理解他们的实际困难。对于医务人员来说,与每一位患者的关系是暂时的,但对每一位患者都保持一颗人道主义的心,却是永恒的,不能改变。

（4）利益性。临床实践中,医患双方的利益需求有所不同。患者的最大利益需求就是得到诊断治疗,恢复健康状态,同时享受医院的多项服务,而且物有所值。医务人员的诉求是诊断正确,治疗有效,体现医学价值,同时得到患者承认,患者积极缴费,肯定医务人员的劳动价值。患者与医务人员利益需求有所不同,因两者的不一致性产生了冲突。如果医务人员也视患者的生命和健康为自己的最大价值,真正体现人道主义精神,医患双方就没有什么实质性的冲突了。但是,在现行卫生体制下,医务人员不得不通过创收维持自己的生存实现自己的发展,不得不考虑自己劳动的收益。这种利益需求冲突,为医患纠纷和冲突产生埋下了隐患。要进行新的卫生体制改革,加强医务人员的职业道德教育,关键的就是要让医务人员真正实现价值观的转变,自觉将人道主义价值观作为自己的行动指南,将患者的生命和安全看得高于一切。只有这样,医患双方的和谐才有了共同的基础和发展的动力。

二、医患关系的公关管理

社会的发展,社会组织与其相关公众之间的联系日益紧密,公众的态度影响着组织的生存和发展,所以,自觉、主动地协调好本组织与相关公众之间的关系,为组织发展营造良好的公众环境已成为现代组织管理的重要内容,公共关系就承担着这样的管理职责。

医院属于公共事业单位,但行业之间的竞争同样日趋激烈,医院要能够在日益复杂的环境中生存发展,就必须建立和维系医患之间的和谐,赢得患者的信任和支持。然而和谐的医患关系不是自发形成的,需要自觉的管理和协调,医院公共关系扮演了重要的角色。医院公共关系是指医院运用传播和沟通手段,与公众建立起来的相互了解、相互信任和相互支持的依存关系,以及为建立这种关系开展的管理活动。医院公共关系构成要素是医院、公众和传播沟通。具体说,医院公共关系就是建立医院与患者之间的沟通机制,医院通过有效的传播将自己的宗旨、政策、行动告诉患者,让患者更快、更多、更好地了解自己;同时将患者的意见、建议和需求及时反馈给医院。医院则根据患者的意见和需求调整自己的政策和行为,以满足患者需求,赢得患者的肯定,在患者心目中树立起良好的形象,由此改善患者对医院的态度,使患者从对医院的敌意、偏见、无知等消极态度转变为同情、认可、理解等积极态度。

公关管理是公关意识支配下的行为,作为一种深层次的思想观念,公关意识是对公关活动本质的反映,对公关活动起着规范和指导作用,实施公关管理首先要树立和完善公关意识,医院和医务人员应具备的公关意识有:

(一)重视形象的意识

医院形象是患者等各方面公众对医院的总体评价,这种评价源于医院的各种行为和各项工作的效果。医院形象就像一面旗帜,对内教育引导、规范医务人员的言行,对外影响患者,决定着患者对医院的态度以及患者对其政策和行为的理解、支持和认同程度,左右着医患关系的发展方向。良好的形象是医院的无形资产,是医患和谐之源头。医院要树立形象意识,主动塑造良好的形象,医务人员要重视形象,自觉维护好形象,赢得患者,提高美誉度,扩大知名度。

（二）沟通协调的意识

沟通协调是公共关系的本质属性,也是公共关系的手段,社会的文明程度越高,沟通协调在处理各类关系中的作用就越重要。医患之间通过信息、观念、情感等方面的沟通,减少误解,增进相互理解,通过利益的协调,消解双方对立性因素,使医患双方各得其所,各负其责,密切关系,促进合作。某种意义上可以说,医患关系就是医患之间的信息沟通和利益协调关系,沟通协调理应成为现代医院管理的重要内容。

（三）为大众服务的意识

大众利益第一是公关的基本原则。对于医院来说,患者对其具有决定意义,医院因患者而存在,以服务他们体现价值,故而医院的一切工作必须围绕患者大众展开,了解患者需求,尊重患者权利,时时处处为患者的利益着想。然而患者对医疗服务满意的要求永远是在发展提高之中,只有具备强烈的公众服务意识,才能做到不断提升服务水平,拓展服务空间,创造条件满足患者不断变化的要求。

公共关系管理是一种柔性的管理,特点是以组织自我完善为前提,以真实真诚为原则,以信息沟通为手段,以满足公众需求为目标,通过建立良好的组织形象赢得公众的赞誉,获得公众的支持。公共关系这一种独特的管理,带来新的思维和做法:组织需站在公众的立场审视自身行为,为别人着想,从自身做起,化解矛盾,构建和谐的医患关系,公关管理彰显出其有效性。

第二节　医患冲突的公关管理

2012年3月的一天,哈尔滨医科大学附属第一医院医生的办公室内,一男子持刀砍向医务人员,导致一人死亡,三人受伤。即将要赴香港攻读博士学位的实习医生王浩死于非命,令人叹息。2013年10月9日,上海交通大学附属仁济医院急诊脑外科一名医生被患者及家属殴打致昏迷;2013年10月20日,辽宁省沈阳医学院奉天医院,患者砍伤医生后跳楼;2013年10月21日,广州医学院第二附属医院重症监护室发生一起医院暴力事件;2013年10月25日上午,温岭市第一人民医院发生一起1死2重伤(正在抢救)的恶性伤医事件。2014年2月25日,南京口腔医院护士被打事件等暴力、冷暴力事件频发,不禁引起我们的反思:医患关系究竟是怎么了?由医患冲突产生的矛盾主要表现有哪些?如何进行公关管理?

一、医患冲突

社会和谐、温暖的医患关系已成昨天,目前呈现在社会公众面前的是剑拔弩张的对立关系。当人们思考其发生"天翻地覆"转化的原因时,必须从公共关系层面去探究深层次的问题。可以说,当今的医患关系已经成为社会复杂矛盾的"寒暑表"。

(一) 医患冲突的定义

要分析医患冲突或者医患纠纷,就有必要对其概念做出界定。医患冲突或者医患纠纷,其实是由于医患之间的信任缺失(有调查显示,70%的患者在就医时不相信医生或半信半疑,96%的医生则感觉病人不太信任自己),医患双方在相互的关系中出现一种或几种原因的不和谐,导致相互间争议,引起冲突,最终需通过医院专门分管部门调解,有时甚至通过第三方或者法院才能得以解决。

(二) 医患冲突(医疗纠纷)的分类

医疗纠纷包括医疗事故性医疗纠纷和非医疗事故性医疗纠纷。

1. 医疗事故性医疗纠纷

医疗事故性纠纷通常是由医疗过程中医方产生的过错和过失引起的。医务人员的误诊误断,医护人员在护理过程中的过失,管理人员的硬性要求使用或不使用某种医疗措施等医疗活动产生的事故后果,导致对病人造成伤害,从而引发的医疗纠纷。据某市级医院医务部门统计数据显示:2006—2011年,该院因医疗事故引发的医疗纠纷分别为12、14、15、18、24、29起,呈逐年上升之势。

2. 非医疗事故性医疗纠纷

非医疗事故性纠纷一般是指患者对医疗费收费情况不了解或医方收费不当,医疗服务合同存在欺诈,药品、医疗器械存在质量问题,侵犯患者的知情同意权、选择权、名誉权,非法行医(医方对外承包的各科室)等引起的医疗纠纷。有时,由于患者单方面的不满意,对正确的医疗处理、疾病自然转归和并发症缺乏基本医学常识,也可以引起纠纷。此纠纷亦称为医疗侵权纠纷,即医方对患方的医疗行为及后果是否存在侵权及侵权责任的争议。某市级医院医务部门调查统计显示:2006—2011年,6年间非医疗事故纠纷分别为1、3、5、7、11起,呈逐年上升趋势。尤其是2010年、2011年发生恶性医疗纠纷共计3起,职业"医闹"介入医疗纠纷。

医疗纠纷不论由何种原因引发,都对医患双方关系造成巨大的伤害,不仅影响了医院正常医疗活动,也损害了病人的身心健康。医疗纠纷呈逐年上升的趋势,不得不引起我们的高度重视。

(三) 医患冲突的具体表现

1. 医患冲突中患方的表现形式

日益紧张的医患关系已经发展成为当今社会各界高度关注的热点问题。医患关系由诞生初期的医生与病人之间的简单关系演变成今天的卫生从业人员、医疗卫生服务机构乃至卫生管理机构与患者家属群体之间的复杂关系;由早期的对医务人员的信任和尊重异化为今天的明显冲突;医务人员由早期的"白衣天使"被妖魔化为今天的"白狼"。医患关系非偶然性的表现为医患纠纷、医患冲突,其具体表现形式可分别从患方角度和医疗服

务提供方角度进行总结,患方的表现可归结为如下几类:

(1) 患方出于对提供医疗服务的医务人员个人不满意,向部门负责人举报;

(2) 患方出于对提供医疗服务的医务人员个人或者部门不满意,向单位主管部门及院领导举报;

(3) 患方出于对提供医疗服务的医务人员个人不满意,辱骂、威胁医务人员;

(4) 患方出于对医疗费用过高,治疗期间不配合及时缴费、故意拖欠、恶意逃费,且对医务人员催缴费用产生抵触,甚至煽动同期接受治疗的患者与医务人员形成对立;

(5) 患方对治疗服务态度、治疗花费等不认可,围攻科室治疗场所及医院医疗纠纷主管部门办公场所,要求院方赔偿;

(6) 患方对治疗服务态度、治疗效果、治疗花费等不认可,殴打医务人员造成伤害甚至暴力剥夺医务人员生命;

(7) 患方对治疗服务态度、治疗效果、治疗花费等不认可,打砸、毁坏医院设备;

(8) 病人经过治疗后病故,病人家属不认可,在医院摆设灵堂、医院门前摆放花圈、棺木等,聚集人群围攻、威胁医院领导,干扰正常医疗秩序;

(9) 患方出于各种原因,对医疗过程和结果不满意,将意见上诉至专门仲裁委员会,要求裁定赔偿,或将医疗机构起诉至法院,要求法院裁定赔偿;

(10) 患方出于各种原因,对医疗过程和结果不满意,不愿经过法院裁定。

2. 医患冲突中医务人员的表现形式

在当前医疗环境下,医院和医务人员为了自保和盈利,逐渐形成了医患关系冲突中相对立的另一方,主要表现有:

(1) 自我防御性医疗。自我防御性医疗包括医疗过度和保守医疗。现在很多医生因为怕被患者及家属起诉、受到患者及家属的人身攻击,宁可多做检查,宁可多用药,而不轻易下结论、出诊断,无形中增加了患者负担,更激化相互间的矛盾。医生们害怕受到伤害或成为被告,回避收治高危病人,回避高危病人手术及难度较大的特殊处置,带有推脱责任性质的转诊和会诊等。电视剧《医者仁心》中的一句台词足以引起人们的认真思考:"医生都开始保护自己了,谁来保护患者呢?"

(2) 从业挫折感明显,职业道德水平下降。由于医患之间信任危机,相互间防御性意识增强,从业以后面对患者时缺乏应有的尊重,中国医师协会 2002 年和 2004 年针对医疗执业环境对医生群体两次进行调查,结果显示,感觉良好的只占 5.18% 和 7.1%,较差的占 47.35% 和 37.3%,极差的占 13.32% 和极差的 11.1%;2011 年初,北京市海淀区公共委对下属六家二级医院中 1000 名医护人员的对整体职业环境满意度进行随机抽样调查,题目设计为满意、较满意、较差、很差四个选择档。结果表明,1000 名被调查人员中,对医疗执业环境满意和较满意的仅为 25%,较差者多达 46%,很差者占 29%,显示形势较中国医师协会前几年的调查结果更为悲观。近年来,医务人员不愿意子女学医已经成为普遍现象,也引起了广泛的社会思考。2008 年 5 月 13 日《联合早报》刊登的一项针对子女职业选择的调查显示,中国大陆有高达 95％的医务工作者不愿意自己的子女从事医疗工作。究其原因,首先主要是医学学习投入大、风险大、压力大、收入相对较低。其次,医学毕业生就业形势更为严峻。在中国医学教育培养体系下,本科入学时就可选择学习医学,造就了众多本科学历的医学毕业生,他们的医学知识和实践操作经验的积累相对不足,虽然相当一部分人本科毕业后选择报考研究生继续深造,但仍然有半数以上的学生没有这样的机会,现在医院选择毕业生时大多选硕士生、博士生,本科生缺乏竞争力。

二、医患冲突的公关管理

造成医患纠纷的原因繁多且复杂,其中之一是医患双方的信息不对等,医患之间沟通效果欠佳。研究认为,沟通虽然不能从根本上解决医患纠纷,却是促成问题解决的必要方式。首先,沟通可以帮助医院辨明问题所在,并从患者或医生的言论中得到启发,开拓思路并保证改革方向的正确性。其次,沟通是宣泄不满情绪的重要方式,在不满情绪转化成为暴力行为之前将其发泄掉,对于减少纠纷具有重要作用。最后,沟通是增进理解的第一步,通过沟通增进理解,提高医患双方的换位思考能力,是实现医患之间长期和谐的重要条件。双向对等的公共关系模式强调沟通的重要性,充分的沟通是建立有效公共关系的基础。因此,医院公共关系的发展将有助于良性医患关系的建立。具体来看,医院可以强化环境监测职能,倡导服务和关爱患者的全员公共关系活动,综合使用多种媒体,引导社会观念发生改变。当医患冲突发生了,应按照危机公关的基本程序进行处理。非常关键的步骤是处理与患者沟通及应对媒介等步骤。

(一) 及时沟通

当医患冲突发生之后,医院领导应及时与患者及其家属进行沟通,了解他们的诉求,认真对待患者及其家属的投诉,妥善处理相关问题,采取灵活多变的策略果断地应对和处理危机,最大限度地降低危机造成的恶果。

(二) 联络媒介,引导舆论

在现代社会,医患冲突的事件时有发生,特别是处在新医改时代的医疗机构,有可能一次偶然的普通医疗纠纷事件会被人恶意理解和传播,从而引起更大的意外和不可预料的后果。如果一旦成为事件当事单位,我们应该有充分的应对医患冲突的事件应急准备和完善的处理程序,其中,在信息化时代如何做好公关尤其重要。

医患冲突的事件不同于一般的新闻,它常常具有极大的负面影响。在媒体高度发达的今天,舆论引导不当,会受到媒体强烈的质疑或批评,轻则使当事单位形象受损、失去公信,重则引发群体性事件,破坏社会稳定。当前一些地方和单位在突发事件舆论引导应对上主要存在一些错误做法:一是封锁消息,怕影响形象,影响社会稳定;二是一味辟谣和否认,怕公布事件真相;三是反应迟缓,敷衍塞责,认为没有必要向公众解释或让公众知道,要求媒体待原因查明或处置妥当后再报道,待媒体炒作之后才出来辟谣和解释;四是鸵鸟政策,是一种不敢面对问题的懦弱行为,害怕难以说清或害怕说错而逃避;五是忽视网络舆论和网络民意。之所以存在以上错误做法,是一些地方的领导干部在认识上存在误区:一是担心突发事件公开,会造成公众恐慌,影响社会稳定;二是认为事件原因还在调查中,难以说清或害怕说错;三是"家丑不外扬"思想在作怪;四是认为没有必要向公众解释或让公众知道;相信"谣言不攻自破""身正不怕影子斜""谣言止于智者"等说法。但事件的发展并非如人意。所以要注意以下方面的处理:

医患冲突的事件发生后,应对引导媒体时要把握好以下几个原则:

(1)时间原则。传言止于信息公开,第一时间没有权威信息就等于放弃舆论引导,后面再去说要花费百倍的工夫。谁第一时间发布新闻,谁就掌握了舆论的主动权、事件处理的主导权。不求全,只求快,但必须准。

(2)坦诚原则。面对重大突发事件和舆论热点,政府和主流媒体要勇于触及敏感问题和矛盾,及时、准确、实事求是地做好权威发布。掌握了舆论引导的话语权,才能有效地引导舆论。因为社会在进步,隐瞒消息已不可能,不用正确的信息占领传播空间,就会被不正确的信息占领。对于媒体,不应当躲避而是要面对,一定要有真诚的态度。的确存在有少数责任感不强的媒体,但负责任的媒体还是大多数。公开透明远好于隐瞒。因为"面对的其实不是记者,而是记者身后的社会、公众,甚至你的各级领导,当事单位应当通过媒体寻求全社会的理解和支持"。

(3)统一口径和以"我"为主原则。突发事件发生后,负责事件处置的政府部门和单位应迅速研究事件和舆论走向,确定合适的宣传口径。指定新闻发言人将统一口径的事实公之于众。

(4)留有余地原则。留有余地,是为了可进可退,不陷入被动。

面对医患冲突的事件,应对媒体,引导舆论,要做好以下几个方面:

(1)面对记者要有信心。面对冲突事件,如果不接受采访的直接后果是记者听不到当事方的声音,必然使记者选择随机性的群众采访,他们将听到更多的杂音,舆论引导将可能失控。因此,一定要消除顾虑,增强信心,从容面对记者,善待、善用媒体。要尽量满足记者的采访要求,尽力协调有关部门接受采访。面对记者的采访,统一口径,临危不乱,言无错失。

(2)面对媒体要讲诚信。诚信是做人的根本,更是各级政府赢得群众信任的根本基础。因此,医患冲突的事件发生后,当事部门一定要向媒体和公众说真话。不清楚的信息就说不清楚,不要含含糊糊地说,一定要待调查核实后再回复,决不能信口开河,随意编造来糊弄记者。面对记者,作为政府官员只有"是""不是""不清楚"的回答,切忌"可能是""大概是""也许是吧"等等模棱两可的表态。

(3)正确应对现场记者。医患冲突的事件发生后,现场接受采访要讲究一定的艺术。如果确实涉及敏感问题,在回答记者采访时,既不能简单地回避,也不能盲目地应付,以免引起记者反感。要在处置的同时,拟好对外发布的材料,并迅速报经主管部门组织审查后用一个口径答访,用书面材料代替随口答访,将记者的思路引导到正面关注上来。让记者真正了解事件的全过程,不纠缠事件原因或仅仅关注某个不足的细节。对现场,如果需要隔离的要立即进行隔离封锁,并向记者做好解释工作。对个别不配合的记者,切不可简单粗暴,更不可随便扣人扣器材甚至驱逐、打骂记者。要知道侮辱记者就是损害媒体威信,会遭到媒体强烈的反击,引起更大的舆论风暴。

(4)正确应对记者的问责。医患冲突的事件发生后,如果医院对所发生的事情具备监管责任,就要敢于认错。重大突发事件追根到底都有其深层次的原因。当当事单位确实负有行政责任的突发事件发生后,不接受采访,不尊重事实,只会让媒体和公众看到当事者的心虚,甚至认为是当事单位故意所为。必须有勇气承认管理工作并不是尽善尽美,要特别清醒地认识到,一个敢于承认错误的单位才有勇气改正错误,才会得到公众的理解和继续信任。因此,突发事件发生后,面对记者和公众的问责,不仅不能回避,更要明确表态,只有先承认了错误,记者和民众才相信你会积极处置。

(5)正确应对假(不良)记者。医患冲突的事件发生后,无论是哪里的记者前来采访,不管是真记者还是假记者,都要对其身份真假进行核实,注意防范不良记者和假记者借机敲诈。一方面要勇于面对,不要害怕负面影响。要敢于接受采访和报道,尤其是争取主流媒体"先报",确保及时、准确公开信息,用坦诚的态度和科学的方法进行准确的报道,占据舆论的制高点,让新闻"卖点"迅速贬值。另一方面要请宣传部门与其周旋。医院对个别不良记者要依法向其上级主管部门投诉,甚至可以争取党报党刊对其进行曝光。另外要在交涉协商时注意录音录像取证,请相关部门出面严正交涉,及时纠正和制止其不实报道和敲诈行为。

阅 读 资 料

南京护士被打事件

2014年2月27日下午,南京市玄武警方举行发布会,通报南京口腔医院两名医护人员25日凌晨遭两名公职人员殴打事件案情,并有视频显示。

24日晚,医院告知董芳泽(患者,女,24岁)有重症抢救病人需要住进其病房,在该病人住进后,董芳泽觉得病人及照料者皆为男性,不方便,于是联系父母。其父母董安庆、袁亚平在电话联系院方要求将后入院患者调离女儿病房,未果,后来到医院。25日凌晨,在病区护士站与当班护士协商无果情况下,袁亚平隔着护士工作台使用折叠伞打了护士肩部和腰背部各一下,并走进护士站抓住陈星羽衣领,将其拉出护士站。董某稍后赶到,与前来制止的医护人员发生推搡,后被人劝开。

随后有医院内部人员微博爆料称陈星羽瘫痪。警方遂通报案情。

据警方消息,"被打护士恢复较好,目前正在南京鼓楼医院接受治疗,并非网传瘫痪"。

玄武公安分局局长在发布会上称:"……首先我们要谴责打人这种粗暴(行为),……殴打女同志,这是极端错误的",并透露:从我们最新了解的情况,陈星羽肢体恢复得比较好,不是外界传说的"要瘫痪了"或者"造成瘫痪",没有那么严重。

另据医院消息,被打护士陈星羽目前情况正在好转,双上肢恢复正常活动,但是双下肢肌力恢复不明显,突出表现为神经系统症状,存在外伤性脊髓损伤的可能。发布会后医院官方失言,但仍有医院内部人员微博爆料坚称陈星羽瘫痪。

面对两种不同的声音和结果,事件引起大家广泛讨论,在医患关系日益紧张、杀医事件不断增加的今日,带来的更多是质疑,比如质疑为何"轻轻一敲"就瘫痪了? 很多网友都表示是医院内部爆料人员故意夸大病情、博取同情。

这些问题的根源在于,一方面是民众理性的缺失,一方面是民众医学常识的缺失,民众不会去思考,人体脊髓的脆弱,还有应激状态发生的原理。

此事发生正值全国政协会议召开。

在政协委员温建民发布意见,说已费尽周折探望到陈星羽,称真相是已经瘫痪,并在媒体前面多次提到受害人"被保护得很好""你懂得的"。此后事态有了急剧转变。

3月5日晚,南京警方和卫生部门发布通告称:陈星羽瘫痪。

通告解释:因情况未稳定、治疗未终结,需要进一步动态观察明确诊断,司法鉴定仍不具备法定条件,所以之前不能下瘫痪结论,现在经多方面会诊,"患者目前存在的双下肢瘫痪(双下肢肌力二级),是由于外伤导致脊髓过性损伤和急性应激反应共同作用所致。辅助检查发现的心包和胸腔少量积液,可基本排除外伤因素导致"。

至此,袁某被撤职、刑拘,其丈夫董某受到被记大过、撤职等处分。

4月10日,南京市卫生局官方微博"健康金陵"称,南京口腔医院被打小护士陈某已经基本康复。微博中称,小陈护士经综合治疗,下肢肌力已经基本恢复正常,下一步将继续进行双下肢功能康复训练。

(资料来源:http://baike.baidu.com/link?url=5Uy5bfZl-W23Uhep2R9Dl7Uc1US0ZEXJmOse-v-I4LTEYeLx1GtudV0BxEsqM7fdqfjbvlGZDgBmHlABk6Un8K#reference-[4]-12665422-wrap)

第三节　医患和谐的公关构建

构建和谐医患关系的根本措施在于加快医疗卫生事业的发展,并着重于解决当下存在的群众"看病难"和"看病贵"的问题。公关管理与其他管理方法不同,它以组织自我完善为前提,以真实真诚为原则,以信息沟通为手段,以满足公众需求为目标,通过建立良好的组织形象赢得公众的赞誉,获得公众的支持。这种独特的管理,带有一种新的思维和做法：组织需站在公众的立场审视自身行为，为别人着想，从自身做起，化解矛盾，构建和谐的医患关系。

一、医院内部管理是构建和谐医患关系的保障

构建和谐医患关系的关键在于医护人员。医患和谐是医患双方共同的企盼，也需双方共同努力，但公共关系倡导的是眼睛向内。医院作为公关主体，首先要正视并克服自身的不足，从分析自身问题入手，从练就内功做起，除此之外，还要自我宣传，即不仅要做好，而且还要说好；不仅要言行一致，而且要言行并重，公共关系是科学性和艺术性的结合，90％靠自己做得好，10％靠宣传。

医护人员应具备以下素质：首先，应具备良好的业务技术和职业道德，以获得病人的信任；其次，应从感情上充分理解和尊重患者，同情和关注受病痛折磨的病患；第三，要注意作为医患人员应有的形象和礼仪，使患者对医院产生舒适感和信任，进而对医院产生诚信、有责任的形象；最后，要掌握一定的沟通技巧，避免言谈举止间对患者造成误会，进而产生医患之间的矛盾。各级医疗机构应坚持以下几个原则：首先，坚持医疗机构的公益性质，合理用药、检查和收费，以最低的成本为患者解除病痛；其次，建立阳光医疗费用制度，做好收费咨询的工作，减轻患者经济压力。第三，规范就医程序，提高医护人员工作效率，使看病过程中的"三长一短"现象，也就是挂号时间长、取药时间长、缴费时间长和看病时间短的问题彻底得到解决；第四，加强对于医护人员的监督，加强医务人员的医德建设，严禁收受红包和接受宴请等不良风气；最后，对医疗机构的药品采取集中招标采买，杜绝药品的促销及回扣现象。

（一）建立医疗风险防范和解决机制

加强医患沟通，不仅仅要从形式和内容上，也要注意技巧，注意规范化机制的建立和使用，应努力实施以预防为主的针对性沟通与告之、书面沟通与告之以及协调同意沟通与告之等制度。只有完善了这些全方位的沟通解决与风险防范机制，才能在医患矛盾发生的第一时间做出及时反应并有效解决有关问题。

（二）提升医务人员的职业责任感

医护人员的职责是："不断增加医学知识的储备，不断提高业务水平，不断钻研医疗技巧，能运用高超的医疗技术消除患者的病痛折磨。在医疗活动中尊重患者的权利，了解患者的需求，提供人性化的医疗服务并给予患者足够的关怀和照顾。"

构建和谐医患关系，提升医护人员职业责任感是关键点，医护人员应提高职业技能，加强职业修养，同时注重在服务过程中态度的展现等方面，逐渐树立负责任的形象。医疗技术水平是医疗卫生事业根本，医务人员要不断丰富自身专业知识，与时俱进，同时注重个人修养，注重与病人之间的沟通方式。也就是说既要不断提高业务水平和医学水平，也要不断增进对病人的人文关怀。只有这样，医疗事业才能取得进一步的发展

与完善,医患双方才能建立起和谐的医患关系,从而增强当今社会对医疗卫生事业的信心和信任。

(三)做好医疗信息的公示和收集

对医疗信息进行及时、阳光的公示,就医疗效率、质量及费用等方面的信息,向社会进行及时的公示。要明确国家对于相关治疗收费标准的规定,对各种医疗卫生收费列出清单,以便患者核对,阳光消费。另外,对于一些高额的手术费用和药品费用,应该事先征求患者及其家属的同意。对于医务人员的服务态度和服务质量,应定期地让患者参与评估,增强沟通,增进理解,逐步改善医患关系。

(四)及时化解矛盾

在出现医疗纠纷时,医护人员要端正态度,提高认识,做好接待和解释工作,不能以冷漠或蛮横的态度面对患者及家属,避免冲突升级。对于患者反映的客观存在的问题,要认真对待,并用最快速度向上级报告,以能够得到有效控制。在事情调查清楚之后,应该按照事实和规章进行处理,维护公平正义,避免拖延、推卸责任等造成的矛盾进一步激化。及时上报上级领导,依照规章制度认真、主动地帮助问题得到解决。医院的领导和相关部门在弄清事情原委后,要根据规定及客观事实进行及时处理,避免因拖延和推诿造成矛盾激化。

(五)建立医院公共关系部门灵活应对各种医患纠纷

医患冲突是不可避免的,同时又是灵活多样的。其影响能力波及范围都各有不同,因此应对方式也多种多样。医务人员应当提高自我沟通能力以便更好地与患者沟通,减少医患纠纷的发生,使得医患关系更加和谐化。但是如前所述,并非提高医务人员的沟通能力就可以化解所有医患纠纷。有很多医患纠纷还涉及许多其他方面的问题,需要其他相关职能人员参与合作才能够将医患纠纷更好地处理化解。因此,为了使医院能够更好地应对医患纠纷,更好地进行医院建设,更好地树立医院形象,医院需要建立自己的公共关系部门。医院可以设置专门的职能人员进行公共关系工作,也可以从行政人员中安排一部分职员兼任公共关系部门的职责。

(六)打造细节,完善服务

细节决定成败,公关无小事。医患和谐存在于细节之中,医院的一项便民措施,医生的一个微笑、一声问候、一句叮嘱、一点关爱这些看似微不足道、举手之劳的细节,却是医患和谐的润滑剂,带给患者巨大的亲切感和亲和力,将和谐变成了可感知、可触摸、可享用的实际,也为医院的形象增添了光辉。医患关系的和谐始于细节,打造细节方能成就和谐医患关系,医院和医务人员在自己平凡的岗位上,在日常的工作中做好做细身边每一件小事、实事,就是对医患和谐最好的、最直接的诠释。

良言一句三冬暖，恶语伤人夏日寒

病房里有一患者李老伯被诊断为"肺部结节待查，多发性肝囊肿"。李老伯问分管床位的年轻住院医生小王："我的病是什么病？有什么问题？还要做哪些检查？危及生命吗？"小王医生说："肺部结节多为以前患过肺结核了，也有可能是肺淋巴结炎后期，也可能是原发性肺癌，还有可能是转移性肺癌，但现在还需进一步检查血液和各种癌症指标，看其指标如何才能确诊，如果是结核有可能是复发，有传染性，影响他人的，是要送到肺科医院隔离治疗。如果是炎症，治疗不好也会影响肺功能，呼吸会衰竭而死亡的。如果是原发性肺癌，是要手术切肺，放化疗也会伤肺伤身，体质下降，也会虚弱而死的。最有可能的是转移性肺癌，那就没治了，活不了几天了。"患者李老伯听后闷闷不乐，家属来了问李老伯是何原因，李老伯说："医生分析我的病症都是重病，没几天可活了，不要再浪费钱了，就别治了。"家属一听说："你前一阵子还是生龙活虎、精神抖擞的，怎么病还没确诊就活不了几天了？"气鼓鼓的家属找到解释病情的年轻小王医生，"你怎么这样说话，把老人家吓得要死，他平时就胆小，你也不和我们家属先沟通，老人死了你要负责的。"小王医生辩解道："李老伯问我病情，我只是将存在的可能性告之，没说他要死了。"家属说："你就是确诊病人要死了，也不能告诉他呀！与我们沟通一下，哄也要哄他快快乐乐到天堂。更何况诊断不明时来吓唬病人。好人也经不起吓呀！"气得家属拽着小王医生要到医务科去论理，情急之中拉坏了小王医生的衣服，小王医生也不示弱，抓住家属的胳膊，双方推推嚷嚷地要动起手脚了。小王医生怒目圆睁地说："你是来陪患者看病，还是来捣乱打架？"家属也气急败坏地说："没生病也给你气出病，小病也气出大病，大病更会出人命，这是治病救人还是专送人进火葬场？"两人争论声越来越大，要不是周围的人拉开，看来双方都要大干一场。这件事惊动了主任医师，他把李老伯和家属请到了医生办公室，大家坐下后，他根据患者病情全面分析了一下，指出目前肺部结节的性质还要进一步检查。从医学现状来说，肺结核用抗痨药物能治愈，炎症也可用抗生素消除。若是原发性肺癌也是早期的，采用微创手术，结合放化疗和中西医治疗也能康复。而此肺结节目前不考虑转移性肺癌，可以排除了。此时患者才露出宽慰舒心的笑容。家属在旁嘀咕："这才对嘛，本没有什么病，就被吓了半死，患者也不懂得那么多的医学知识，总不能把可能的坏处都告之患者。"

待患者和家属回病房后，主任医师对小王医生说："小家伙你分析的事都对，但资料不全时要尽快找到确诊的依据，医生的嘴边千万不能时时挂着死亡的词语。我们是治疗救人的，即使是不治之症，无法回天，也要尽力帮助患者快乐地度过临终的时光，这就是'良言一句三冬暖，恶语伤人夏日寒'。"

二、媒体正确引导是构建和谐医患关系的平台

媒体是舆论引导者的身份决定了他既是道德的捍卫者，又是道德的践行者，他们的社会责任是媒体职业道德的核心价值和道德自律的目标指向。媒体报道要有利于解决实际问题，要对社会有积极意义，这就对媒体的视野和社会责任提出了更高的要求。所以承担起建构和谐医患关系的平台和桥梁是新闻媒体不容推卸的社会责任。医疗卫生服务关系到人民群众的切身权益，它是全社会关注的热点，更是新闻媒体宣传报道的焦点。医疗机构要高度重视与新闻媒体的沟通联系，及时向权威媒体提供全面、准确的信息，让新闻媒体及时了解真实情况，发挥积极的舆论导向作用。对于新闻媒体揭露出来的医疗卫生服务中确实存在的客观问题，医疗机构应当正确对待，不护短、不隐瞒，积极主动地应对新闻媒体和患者的质疑并拿出切实有效的措施。医院宣传部门要坚持学习新闻传播知识，学着跟新闻媒体打交道，提高正面宣传医院形象的能力水平，以客观实际、积极主动的态度应对医患纠纷事件，携手新闻媒体共同建构和谐医患关系。

当下，部分媒体对医疗纠纷的报道缺乏专业和客观的评价，以偏概全，或者以较偏激的观点对人们的思想产生误导。在这种误导下，媒体舆论将医疗事故责任全部归于医疗机构是有失公正和客观的。因而，正确引导舆论的方向，有利于缓解医患纠纷。媒体应当向社会传播正能量，充分曝光医疗界的"阳光面"，将医护人员的付出与奉献，以及医护人员在医疗卫生领域的艰难突破及时传达给群众，让群众对医疗卫生更有信心。而对于医疗机构的监督，新闻媒体也应当合理把握好一个度，客观如实的报道，不刻意炒作个别医疗事件，以做一个对社会有责任感的新闻媒体的标准严格自我要求。

(一) 加强对医疗卫生行业的正面宣传

当今战斗在一线的广大医护人员为维护人民群众的健康做出了重大贡献，虽然医疗卫生服务行业存在一些不正之风，但为患者无私奉献、尽心尽力的医护精神仍然是我国医护人员队伍的主流。目前，我国的医疗卫生体制或许还存在了一些问题和缺陷，但是国家在不断探索医疗卫生改革之路，不断提高医疗卫生队伍的素质，竭力为群众解决"看病难"和"看病贵"的问题。因而，作为新闻媒体，应对医疗卫生行业进行正面宣传，避免一些不客观误导，从而减少医疗矛盾的发生和激化。

(二) 加强对媒体工作者的职业道德教育和政府监管

新闻媒体为吸引读者，采写新闻求新求异，甚至为了迎合观众情绪，以不全、不实的新闻误导群众，致使群众对医护人员的看法有所倾斜。新闻媒体工作者应当坚守基本的职业道德，有责任将事实客观、真实地报道给群众，既不能以偏概全，更不能带有情绪和倾向性。尤其对于医疗纠纷，因原因复杂多样，容易造成较大的社会影响，更应该科学分析和正确引导。对于因为虚假医疗广告造成的医疗纠纷，政府应该加强监管新闻媒体的工作，以增强新闻媒体工作者的自律性、责任感和职业道德建设。当然，完善相应的法律法规，

对于造成严重不良后果的新闻媒体可以进行处罚,甚至可以追究其法律责任。

三、加强医患沟通,增进医患理解

据统计,80%的医患冲突直接由双方沟通不畅所致,即使剩下的20%与医疗技术有关的医患冲突,也都与医患沟通不到位密切相关。医学的专业性很强,医患之间客观存在着信息不对称,医院必须以主动的态度实施与患者的有效沟通。首先是要履行医疗告知义务,增大医疗服务信息的公开性和透明度,让患者明白就医相关信息,了解越多,信任越多;其次是要建立患者意见表达机制,利用各种方式,主动征求患者意见,虚心接受患者批评,妥善处理患者投诉,掌握患者态度,了解患者需求;最后是需开展健康教育,普及医学科学知识,提高患者对医疗行业和医生工作的认知,引导患者理性就医,增强患者对医生的理解和尊重。

四、依法处理医患纠纷是解决医患问题的法律保障

法律已经明确规定了医患之间的权利和义务,所以说法律属性是医患关系能保持正常化的重要属性之一,法律属性和伦理属性相对于对医患关系的区别是其更具有约束性,并且法律法规也是解决医患矛盾的保障和基本。对于"医闹"等违法违规、扰乱社会秩序的行为,医院必须通过正当途径进行解决,不可以暴制暴,也不能为息事宁人而一味妥协。要通过法律手段来解决,必要时可请当地执法机构出面处理。针对由医疗过程中产生的责任事故而导致的医患纠纷,必须抓住经济赔偿问题这个重点。

阅 读 资 料

ICU护士"手扇"女童脸

事件:2013年5月31日,经媒体报道,贵阳一名两岁先天性心脏病女童在贵州省人民医院接受手术后次日死亡。女童家属报警,调取ICU病房的监控视频得知小孩死前遭到护士猛扇耳光。当事医院立即做出反应:道歉、开除当班护士、先行补偿死者家属20万余元。贵州省卫生厅也介入此事,认定当班护士严重违反护理规范。

视频上网后,有网友提出质疑,影视制作人"龙鬼eric"称"一眼就看出加速和剪辑的痕迹"。血管专家张强医生表示,医学上常用的拍打唤醒动作并无不妥,但视频有明显的短片重复和加速处理,"再轻柔的动作看起来也很粗暴"。

对于医院的处理方式,北京协和医院医生谭先杰认为,这是大事化小、小事化了的行为。"医院为什么要和解?为什么医院、卫生厅、护士长都有发声,然而当事护士却沉默至今?如果给她一个宽松的环境,不给她任何维持医患稳定的压力,她应该是能说真话的。"

某些媒体真的需要反思一下。缝肛门、八毛门、贵州护士扇患儿事件,哪一件不是媒体存在问题,哪一件不是引爆各种反医舆论?谁能为这名"扇耳光"护士说句话!有些

部门在医患纠纷发生后,基于维稳迁就退让,一开始就要求医疗机构尽快赔钱了事、破财消灾。这种"和稀泥"的做法无法真正解决医患纠纷,只会使得医患互相猜忌和敌视。如果相关部门在处理医疗纠纷过程中能严守法律程序,那么医患双方都不会有意见。

(资料来源:http://news.hxyjw.com/yihuan/show-119770)

(一)完善相关法律法规建设

当今的社会是法治社会,依法治国是当今中国政府的一项基本国策,处理医患纠纷也应该以法律为基础。当前国家对这方面的立法相对滞后,面对医疗纠纷,人们常常无法可依,当医患之间就解决医疗纠纷的方案彼此不能达成共识时,往往寻求其他方面的帮助,甚至采用暴力手段,发生流血冲突。所以政府应加快完善解决医疗纠纷的相关法律法规,刻不容缓。

(二)及时科学地划清法律责任

当医疗纠纷发生时,必须及时、科学地划分责任,医疗机构和医务人员应该积极主动地参与进来,对照诊治过程的记录文件、病例等各种证明文件,明晰诊治细节,本着公正、实事求是的原则,分析原因,找出根本问题所在,并给出一个能够使人信服的全面具体的责任划分说明,给患者一个交代,给社会一个交代,也给自己一个交代。一旦患方存有异议,双方不能达成一致,那么可以建议其一道参与检查,或向医疗事故鉴定委员会等第三方权威中介机构移交相关证据进行鉴定,科学划分医患的责任归属后,再协商赔偿的问题。

在医疗纠纷的处理过程中,患方一般是处在强势主动的位置,而院方则比较被动。院方要改变这种局面,做到双方平等、有理有节地处理纠纷,就要采取以下措施。首先,用事实和道理讲清赔偿"底线"的合法合理性;其次让患方明白医院的社会定位和公益属性,患者提出的要求应合情合理,无理要求是不会得到满足的。要在社会上营造一个公平正义的医患氛围,做到以理服人。

(三)运用法律程序解决问题

当遇到比较严重的医患纠纷事件时,为了防止矛盾激化,为降低后果的严重性,应该运用法律程序解决。对于医患纠纷的取证和调查,要聘请专业的法律顾问进行,对纠纷的前因后果要做到细致而全面的了解,查找形成纠纷的主客观因素,找清医患双方各自应当承担的责任,将法律法规、医学常识、规章制度等方面切实地结合起来,做到合法、合理地解决医患纠纷。

案例分析一

医闹的烦恼

刚从车上下来,医院院长王军就被一帮患者亲属围在了办公楼下。这种场面,王军是越来越熟悉了。不知道为什么,最近来医院吵闹的患者是越来越多,吵闹的程度也越来越激烈,王军的心里有些纳闷。刚开始,他还以为是偶然现象,就像商品销售迎来了旺季。可私下里一打听,才知道这些人是有人特意组织的。在那一刻,王军明白了,自己也遇到了媒体上所说的"医闹"。此后,每当遇到在医院大吵大闹的患者,王军就注意辨别,在一群群所谓的"患者亲属"当中寻找熟悉的面孔。果不其然,有那么几次,他都能够当场认出哪些是"医闹"。

这些人在医院,每当看到有患者同医务人员出现摩擦,他们就凑上前去,以索取高额赔偿为诱惑,冒充亲属替患者"向医院讨公道",以各种手段胁迫医院,其最终目的就是要医院给患者赔付巨款,他们再从中提取很大比例的劳务费用。王军还了解到,潜伏在自己医院门口的"医闹"群体逐渐形成了有组织的群体。医院是8点上班,他们是7点半上班,比医院还早;"医闹"组织者会给请来的滋事人员,每天20元钱,遇到赔付的,还会给不同比例的提成。刚开始的时候,王军也和这伙人据理力争,甚至还做患者亲属的工作,但是,这些人根本不讲道理,就是要无理取闹,把医院闹得筋疲力尽。明明知道患者身后有"医闹"撑腰,还抓不住"口实",在三番五次的来回较量中,王军感觉自己招架不住了。为此,医院专门召开会议,讨论问题的解决,保卫科长参加了,医务科长参加了,门诊办主任也参加了……但是,大家讨论来讨论去,就是没有很好的办法。有人给王军出主意说,这已经超出了正常的医患关系范畴,属于刑事犯罪的范畴,应该找公安部门来解决。于是,医院就主动找公安部门沟通。但是,公安部门态度有些消极:首先,"医闹"的身份界定困难;其次,他们的行为没有超出必要的范围。很显然,他们不愿意蹚这浑水。有时候,他们实在闹得凶了,公安部门赶到现场也只是袖手旁观。在很多执法人员眼里,人家病人都死了,还不允许到医院闹闹?持这种思想的大有人在。为此,王军专门向卫生局汇报过这件事情。在自己一口气说完之后,没想到这位负责人并不吃惊,反而还告诉他一个消息,别的医院也已经出现过这样的事情了。这位负责人说,卫生局已经和市公安局协商过,正在寻求统一的解决办法,"你先回去等等"。

在回医院的路上,王军的心情舒缓了很多,他憧憬着自己能很快过上平静的生活,能把精力投入到医院发展当中。医院要购买一台大型的螺旋CT,钱从哪里来?还要引进两位水平很高的专家教授,给什么样的优惠待遇等等,这些都让自己心焦。但是,在短暂的舒缓之后,王军的心情又变得沉重了起来。他想起了昨天的一件事,胸外科刘大夫找他说,"医闹"那边有人说,如果医院不赔偿他们100万元,就让她小心自己的孩子。他们甚至连自己小孩所在幼儿园的地址都给说出来了。这两天,小孩都不敢去上学了。刘大夫向王军哭诉说,自己确实尽了最大努力,病人的死亡确实也是疾病的自然转归,是意外因素导致的,你说我该怎么办啊?是啊,刘大夫该怎么办?医院又该怎么办?王军也不知道该怎么办了。又过了些时日,卫生局那边仍旧没有动静。王军有些按捺不住,就给那位负责人打电话。这位负责人说,卫生局一直在和公安部门沟通,但是进度缓慢,至今还没有一致的意见,"你再等等"。虽然这一结果,王军早有预料。但是,自己的压力越来越大,他还是希望能够听到哪怕是仅有的一丝希望。

挂上电话，王军把手中的笔往桌上一掷，心里有些不高兴。怎么事情就这么难解决呢？难道，今后见着"医闹"，真的要绕着走，躲着走？王军心里有些悲哀，感到在医患关系中，自己才是弱势群体。现在的"医闹"，不找医生，也不找医务科，就是找院长。以前，哪里听说过"医闹"，只知道医患关系紧张。没想到，最近几年，各地都陆续出现了"医闹"，而且事态发展越来越严重。听说，有的医院成立了"棒子队"，专门和这些人对打，虽然效果不错，但是医院的形象也降低了，社会影响很糟糕。通过媒体，王军了解到，很多地方请警察进驻医院，帮助解决医疗纠纷。但在自己看来，这种做法表面上好像能起到作用，但只是治标之举，说不定还会恶化医患关系。虽然只是"治标"，但是，王军也决定先采取这种做法，走一步算一步吧。他想到的一个妙招是"警民共建"，把共建单位的民警请进医院，设置了警务室，并且让人写了很醒目的几个大字，在很远处就能看到。

尽管这是"没有办法的办法"，但是，除此之外，自己还能怎么办呢？

结合以上案例，请思考：

1. 医患冲突现象反映了什么问题？
2. 医闹现象的根源是什么？

案例分析二

医院侵犯患者知情权，败诉赔偿数万元

朱某某、封某某系夫妻关系，结婚7年未有生育。2006年9月9日，二人到重庆市某区人民医院就医，并与人民医院签订了"试管婴儿辅助生育治疗协议和须知"（以下简称"协议和须知"）。2006年9月25日，朱某某向某区人民医院交纳了检查费8400元，同日该医院对朱某某进行了采卵手术并采集了其丈夫封某某的精子。医务人员在观察了封某某的精子后，认为适宜按照IVF技术进行治疗，遂按照IVF技术操作，但是最终治疗未获得成功，双方因此发生纠纷。在协商未果的情况下，朱某某、封某某将该医院告上法庭，认为该医院侵犯了他们的知情权和选择权，提出赔偿各项损失共计5万余元的诉讼请求。

原告认为，双方在治疗方案实施前约定通过"单精子卵腔内注射"技术（以下简称"ICSI技术"）实施人工辅助生育，但是被告某区人民医院擅自改变治疗技术方案，实际采取了"体外受精和胚胎移植"技术（以下简称"IVF技术"），并未向患者及其家属告知，结果导致治疗失败。被告在治疗的过程中违反协议约定，擅自改变治疗手段且造成失败的后果，侵犯了原告的知情权和选择权，应该承担侵权损害赔偿责任。被告某区人民医院辩称：IVF技术和ICSI技术都是人工辅助生育的技术手段，两者有不同的适应证。原、被告之间并没有明确约定采取何种技术。我院根据原告当时的情况决定采取IVF技术符合医疗常规，因此在治疗过程中不存在任何过错，医院不应承担赔偿责任。

法院经审理查明，在当时的医疗条件下，人工辅助生育存在多种治疗技术，IVF技术和ICSI技术都是人工辅助生育的技术手段，但在原、被告双方签订的"协议和须知"中，并没有明确约定被告某区人民医院将采取哪一种技术为原告进行治疗。经过法庭对当事人提交的证据质证，查明原告朱某某交纳的检查费为8400元，与人民医院举证的ICSI技术的收费标准中前三项相加的数额相符，而原告交费时ICSI技术的收费项目中最后一项相应的医疗措施尚未进行。被告某区人民医院的诉讼代理人在庭审中亦认可人民医院按照ICSI技术的收费标准收取了原告封某某的医疗费。被告某区人民医院举证的2006年9月9日"IVF促排卵治疗记录单"中也记载了"拟行治疗"为"ICSI"。因此，虽然原、被告双方书面没有明确约定采取何种技术进行治疗，但是法庭综合分析以上证据做出认定，原告已知悉存在两种不同的治疗技术手段，其交费的行为应当认为是对治疗技术方案做出的选择，人民医院收费的行为应当认为是对原告选择的确认，因此亦可以推定，原、被告之间已经就采取ICSI技术进行人工辅助生育治疗达成合意，人民医院有义务按照ICSI技术为原告进行治疗。法庭经审理认为：我国《合同法》第60条规定："当事人应当按照约定全面履行自己的义务。当事人应当遵循诚实信用原则，根据合同的性质、目的和交易习惯履行通知、协助、保密等义务。"医疗服务合同以为患者治疗疾病为目的，医院一方应当以足够的勤勉和高度的注意谨慎行事，又由于医疗行为具有高度的专业性，因此医院在履约中具有较高的裁量权。但医院与患者在医疗服务合同关系中是平等的民事主体，且医疗行为的实施结果会对患者的身体造成直接影响，若完全不考虑患者的选择权明显有失公平。在医疗服务合同中，医院负有对医疗方案的说明义务，而患者享有对医疗方案一定的知情权。在实施医疗方案之前，除非在紧急情况下，医院有义务就该医疗方案向患者或其代理人进行充分的说明。患者有权充分了解医疗方案可能给自己带来的后果，有权对医疗方案进行选择。

对患者知情权和选择权的尊重应体现于存在两个以上治疗方案的场合，医院应该就几种不同治疗方案的利弊对患者进行充分说明，并以患者的决定为准选择治疗方案。本案中人工辅助生育存在ICSI、IVF等多种治疗技术。原告、被告已经约定采取ICSI技术，如果医务人员在治疗过程中认为原告的状况更适合采取IVF技术，在条件允许的情况下，应当向原告予以说明，并就治疗技术方案的改动征求原告的意见。

法院最后据此做出如下判决：被告重庆市某区人民医院自判决生效之日起5日内一次性向原告朱某某、封某某赔偿医疗费人民币1.5万元；驳回原告朱某某、封某某的其他诉讼请求。

一审宣判后，重庆市某区人民医院不服，向重庆市第一中级人民法院提起上诉。人民医院的上诉理由是：一审判决认定事实错误，上诉人实施的是双方约定的人类辅助生育技术，双方签订的协议中并无IVF技术和ICSI技术的约定，被上诉人的交费方式不能佐证无约定事项的成立；且交费与治疗过程表明被上诉人支持并同意根据医疗原则确定的IVF方案的实施。朱某某、封某某服从一审判决，未对人民医院的上诉理由予以书面答辩。重庆市第一中级人民法院经审查认为：被上诉人朱某某、封某某现虽无直接证据证明双方约定采取 ICSI 治疗技术，但其所提交的 2006 年 9 月 25 日的交费单据表明，人民医院是按照 ICSI 技术的收费标准收取的医疗费；电话录音及朱、封二人致人民医院医务处的信件中均提到他们原来是要求采取 ICSI 技术进行治疗；人民医院提交的 2006 年 9 月 9 日"IVF 促排卵治疗记录单"中亦记载了拟行治疗为 ICSI。上述间接证据相互印证，可以认定朱、封二人与人民医院口头约定采取 ICSI 技术进行人工辅助生育治疗，人民医院应当按照双方的约定全面履行医疗服务合同。履行医疗服务合同时，在非紧急情况下，医院在未经过患者或其代理人同意的情况下，擅自改变双方约定的医疗方案，侵害了被上诉人的合法权益。在本案中，人民医院为朱某某、封某某治疗过程中，在未出现需要紧急抢救等非常状态的情况下，未经朱某某、封某某同意，擅自改变治疗方案。人民医院的行为，属于履行合同义务不符合约定，由此造成合同相对方的损失，依法应当承担赔偿损失的责任，一审法院对责任和具体损失的认定是正确的，据此所做的判决并无不当。人民医院上诉理由不足，故不予支持。据此，重庆市第一中级人民法院判决：驳回上诉，维持原判。

结合以上案例，请思考：

1. 沟通在医患关系中有什么重要的关系？

2. 患者的知情权作为医院该如何更好地维护？

☞ **思考与练习**

1. 医患关系的定义是什么？

2. 医患关系的特点是什么？

3. 如何构建良好的医患关系？

4. 医患冲突发生后如何有效地处理？

第十二章
公共关系伦理与道德

☞ **学习目标**

1. 掌握公共关系伦理的特点，能根据公共关系伦理的界限判定相关事件
2. 理解公共关系诚信
3. 掌握公共关系从业人员的知识结构
4. 掌握公共关系从业人员的能力结构

第一节　公共关系伦理

伦理是指社会性的道德行为规范，底线伦理是一种基本的、最低限度的伦理。公共关系伦埋，是处理公共关系过程中利益各方相互关系的准则。与利益相关者打交道，每一方都有自身的期望和要求，利益冲突在所难免。因此，伦理问题广泛存在于公共关系活动之中。

一、伦理关系的普遍性

伦理关系的普遍性是指它的普遍存在，即普遍存在于人类社会的一切生活当中。在人类社会中的一切社会关系中，伦理关系是最古老而稳定的关系，它对于人类社会的群体生活来说，是最为基本和重要的关系。伦理关系是人的社会关系的一种特殊形式，是人们在社会联系中形成的。

伦理关系就是一根无形的纽带，紧紧地把人们连接在一起。人类社会的种系繁衍，在很大程度上得力于伦理关系所构成的作用力的推动。同样，在人的所有行为规范中，道德规范是终极的标准。在人类社会的发展过程中，由于社会分化为不同的群体，每个群体都会根据自己的特殊需要制定或确立特定的行为规范体系。但是，它所拥有的所有行为规范，都必然包含着道德的内涵，或是把道德规范作为最根本的依据。

二、伦理关系的具体性

伦理关系的具体性是指它的性质和内容，这种具体性是与伦理关系的普遍存在性联

系在一起的。伦理关系是普遍存在于一切社会生活领域当中,在每一个社会生活领域及其一切方面,都有着不同的性质和内容。所以,在性质和内容上会有非常强的具体性。例如,伦理对医院公共关系的影响就包括以下:

（一）医院伦理精神对医院公共关系的价值起引导作用

医院伦理精神是医院在管理活动和自身发展过程中,结合医院自身特征逐渐形成和培养起来的为全体医护人员所认同的一种主导性群体道德意识和精神意识。这种群体意识是医院发展目标、信念追求、价值标准和行为取向的集中表现。医院伦理精神一旦形成,就会成为稳定而持久的因素,对医院在一定阶段内的医疗服务和管理行为起着维系和巩固的作用,促进医院管理功能的实现。

医院公共关系切实有效的开展,需要在诚实、正直、合作、公平、正义等方面有良好道德的人去指导、操作和运行,需要遵守公众利益原则、客观求实原则,科学地开展公共关系活动,这样才能树立良好的医院形象,达到医院公共关系的工作目标。建立积极健康的公共关系道德主张,需要社会包括政府、医院和个人的积极关注,发挥道德批判和价值引导作用。医院伦理精神对积极健康的公共关系构建,具有不可或缺的价值批判和引导作用。

（二）组织成员伦理道德水准对医院公共关系的制约

医院公共关系活动的伦理道德主体是社会组织,而组织又是由个人组成的,组织成员的伦理道德修养、道德意识、道德目标、价值观念等构成了组织的伦理道德水准。由于每个个体都具有自己的道德观念,且其教育程度、理解能力、成长背景等各不相同,无疑会影响组织的道德水准。要使高尚健康的道德意识发展趋势原则在每个人身上都有所体现是一个具体化的过程,要求社会和个人的共同努力。个人通过教育和进修来达到提高自身道德水平的目标。医院公关活动成功与否,与其说受组织道德水准的影响,还不如说是受医院职工道德水准的制约,医院职工只有自觉遵守公关道德规范,不断完善自我,才能保证医院公关活动的成功。

总的来说,人的一般伦理关系,在人的一切社会关系中,唯有伦理关系是完全内在于人的关系,其他关系或多或少地属于外在于人的异己性的关系,会或多或少地作为压迫力量作用于人。

三、公共关系伦理的特点

（一）公共关系的内涵具有丰富的伦理属性

对利益关系的调整是人们道德活动的基本内容。公共关系本身正是为谋取组织和公众关系的最佳境界及和谐应运而生的,因而本质上是道德活动,必然在利益协调中表现出深刻的伦理内涵。

公共关系以伦理观为核心重构现代价值观,为社会组织的存在价值和角色体现定位。公共关系从社会整体视角对企业的价值观进行重构。它不把追求片面的自身利益最大化当作目标,而把互利共生、协调发展作为目标。

(二)公共关系的底线伦理是"真实"

底线伦理是一种基本的、最低限度的伦理。公共关系不仅是指一个组织与其公众之间的传播与沟通的关系,同时也是一种组织与公众之间的伦理关系,这种伦理关系的基础底线是"真实"。

"真实"这一公关底线伦理的确定主要源自于三个方面的原因。

首先,源自于公关历史的追思与公关现状的思考。公关的历史追溯到美国19世纪的报刊宣传运动,从那时来看应该是公关自己主动找上了伦理。自公共关系的奠基人也即公共之父艾维·李提出《原则宣言》以来,人们普遍认为只有讲究"真实",公共关系才会有生命力。但是,一百年以来人们却发现,围绕着公关所带来的问题,特别是危机公关,几乎都涉及伦理的基本问题,如"真实""责任""信任"等等。公关中的欺诈是令人恐怖的,如果公关的欺诈会得到业内的一致认可,那么,公关就得承担起巨大的信用成本。

其次,源自于公关理论本身的思考,这可以体现在两个方面。一是关于公关管理的目标是"形象"还是"信誉"的分歧。在"形象"与"信誉"这两个概念的使用上划分得较明确的是当代国际公关理论大师格鲁尼格。格鲁尼格认为,形象有时可以是指传递出去的一个信息,有时它指人们对一个组织的看法(一种认识)或评价(一种态度),大多数的情况下,"塑造形象"这一概念包含着这样一个简单的观念,即良好的宣传可使人们对一个组织有好的看法,它也会让人感觉公关人员可以为组织说好话,而人们也会相信这些话,以致组织无须关注对公众的责任。因此,格鲁尼格认为最好用"信誉"来代替"形象"这一概念,而信誉从本质上来看是包含了人们所记住的一个组织的行为或行动。如果我们要想为一个组织树立一种良好的信誉,我们就必须建议组织其行为要对公众负责。因此,信誉不仅是公关追求的结果,也是一种行动传递的最准确、最可信、最有效的信息,因为它本身就是一种行动的过程。二是将社会基本伦理规范在公关实践中具体运用的思考,即如何从传播伦理中独立出公关自身对伦理的主动应对而不是被动地适应,"真实"应该是公关这种职业良心的基本体现。

最后,源自于公关管理意义的考虑,这可以包括三个方面。其一,管理必然涉及成本与产出的关系,而"真实"这种伦理资源的成本往往是最低的,而收益是长期的,公关真实的意义就在于不论你说不说真话,对方都会通过某种渠道来查你,因此,说真话不仅可以树立正派的形象而且还有保险的价值;其二,"真实"是公关主体与媒介合作的基本条件,因为媒介的基本职业要求即坚持"真实性";其三,"真实"是公关主体与公众及社会之间达成共识的基础,因为在很多时候公众需要的只是你对我的尊重,你并没有欺骗我。从道德主体角度来分析,公关需要追求的是公众的信任,而信任的基础即在于真实。而且,"真实"这种最易形成共识的资源同时也最符合公关的职业特色,所以,"真实"自然成了公关伦理的起点与基础,即底线伦理。

四、公共关系伦理的界限判定

公众是评价组织公关行为是否符合道德并抵制公关伦理失范的非常重要的力量。通常情况下,组织人员的伦理敏感性比较低,相比对伦理感兴趣的公众而言,更不容易感知到非伦理行为的结果。只有出现非伦理行为的时候,人们才会意识到伦理存在的价值和必要性,才知道其重要性。非伦理行为,是指形式上合法但对社会环境和绝大多数社会成员产生负面影响的行为。

在整个公共关系领域,与社会上其他方面一样,对于什么是合乎伦理的行为缺乏一致意见。关于什么样的行为才是符合伦理标准的问题,理论界由此争论产生出两大派别,即依据行为的动机或过程判定伦理标准的道义论(Deontology)和依据行为的结果判定伦理标准的目的论(Teleology)。道义论认为,某一行为是否合乎道德取决于该行为本身内在的正当性。道义论集中于行为的规范,强调从出发点和意图应该是正确的或良好的角度判断行为本身,核心在于行为本身必须在本质上是绝对正当的。目的论集中于行为的结果,核心的伦理标准在于行为的结果所包含的正面和负面的对比效应,认为行为它正当与否,应取决于该行为带来的正面结果是否超过负面结果。如果结果更多地表现出正面、积极和令人满意的效果,那么就符合伦理规范。

第二节 公共关系职业道德与诚信社会

公共关系是一种客观存在的社会状态,是一个组织赖以生存和发展的公众环境的情形和状况,它在现代社会发展中承担着推动社会进步、完善各类社会组织、为两个文明建设服务的历史重任。这一基本特征决定了公共关系活动既是一种社会活动,同时又是一种道德活动,包涵着丰富的道德伦理意蕴。所以,在建立当今的社会秩序、加强全社会诚信建设的今天,对于公共关系人员的职业道德建设,就显得非常重要。同时,对于树立我国良好的国际形象,赢得在世界竞争中的有利地位,也有着重大的意义。

一、公共关系职业道德

"德"是中国优良传统的灵魂。从很多我们朗朗上口的古语中就可以看出:《周易》曰:"天行健,君子自强不息。""地势坤,君子以厚德载物。"老子《道德经》曰:"道生之,德畜之。""道之尊,德之贵。"孔子在《论语》中对刑与德进行比较:"道之以政,齐之以刑,民免而无耻。道之以德,齐之以礼,有耻且格",强调以德服人。在古代,"道"表示事物运动变化的规律或人们必须遵循的社会行为的准则、规矩、规范。"德"即"得",指人们认识"道"、遵循"道",内得于己,外施于人。外施于人称为"德"。

道德的非制度化,要求人们自觉地履行对他人、对社会的责任。职业道德,是对从事一定职业的人们在职业活动中所形成发展起来的道德意识、道德规范以及道德行为的总称。随着社会的不断发展,知识更新速度加快,信息化程度越高,社会需求复杂多样,对人才的基本素质和智能结构的要求越来越高。

公共关系道德是指在公共关系实践中形成的用以调整社会组织与其相关公众关系的行为规范或准则的总和。

公共关系与道德之间存在着必然的联系。公共关系的发展需要遵循道德的规范和原则,需要借助道德的力量。而一定的道德要想走向更为广阔的领域,特别要使自己成为调节当今社会下社会组织、企业与其公众、消费者间关系的准则或规范,也必须研究公共关系,并以公共关系作为其特殊的实践领域。

公共关系道德具有三个主要特征:

第一,公共关系道德有其特殊的调节范围。公共关系道德主要用于调节两大方面的关系:一是调节社会组织与其内部成员之间的关系;二是调节社会组织与其外部公众之间的关系。凡发生在法律效力之外的社会组织与其内外部公众间利益方面的矛盾、摩擦,都要依靠公共关系道德予以调节。

第二,公共关系道德有其独特的功能。作为公共关系重要的辅助手段和力量,公共关系道德在实现社会组织的目标中,其功能主要表现在三个方面:一是协调关系,创造良好的人事环境。人际关系的和谐是事业成功的重要因素之一,实现组织的人事关系和谐必须依靠公共关系道德进行调节。二是塑造形象,赢得良好的组织声誉。形象、声誉是组织发展的重要的无形资产。社会组织良好的形象之中也包括其道德形象。一个公司、一个企业,若不顾公众利益,假冒伪劣、坑蒙拐骗,是没有良好形象和声誉的。三是争取合作,着眼于获得理想的社会效益。社会组织自身的发展,并非孤立的现象,要依赖他所处的生态环境,要靠公众及相关的社会关系的理解、支持与合作,因此就必须遵循互惠互利的道德原则,就必须坚持"全心全意为人民服务"的宗旨,就必须着眼于获得理想的社会效益。否则,社会组织的自身发展也无从谈起。

第三,公共关系道德内容的规定具体鲜明,有较强的针对性和可操作性。社会道德规范一般较为笼统和原则,公共关系道德则具有较为明显的职业活动特点。拿爱国主义这一规范来说,它是一切人在个人与本民族关系中要普遍遵循的规范。但在公共关系道德中,它就被赋予了职业活动的特点。

公共关系的核心是塑造组织的良好形象,而良好形象的塑造离不开公众的理解与支持。因此,公共关系的工作更应受职业道德所约束。但在现实生活中,违背公共关系职业道德规范和行为准则却时有发生,如:

一企业生产国产的平板电脑,从 2002 年 10 月开始,为更好地做好服务工作,掀起了两个"风暴",其一是客户服务"网络建设风暴",该平板电脑企业除在产地设立客户服务总部外,还在全国建立 9 个客户服务大区,28 个省级客户服务中心,320 个办事处级的维修服务中心,并拟在办事处覆盖不到的县,以及在发达乡镇建立 2200 个以上的特约客户服务站点。该厂家投入了数千万资金为各客户服务中心、服务站点配备各种综合测试仪、频谱仪等先进维修设备。另外，该厂家通过客户服务人员"培训风暴"使所有维修人员达到了三级维修水平，并使所有的销售人员达到了二级维修水平，其人员共有900人。不光这样，该厂家还投入了大量广告进行宣传，使他们的服务理念能深入人心。该厂家想从服务上赢得客户，是显而易见的，也应该是行之有效的，其结果究竟如何？

有一位用户，今年3月份买了该品牌平板电脑，刚用了两个月，显示屏就出了问题，拿到该品牌平板电脑服务部，工作人员一看说这是人为受潮，不属于免费保修范围。该用户据理力争，没有效果，只好掏钱来修，服务人员说："可以，450块钱。但我们不能保证给你修好，维修之前，我们要签个协议，如果修不好，也恢复不到现在的状态，我们不负责任"。这个用户一听，说："你们怎么能这样做服务呢？"对方说："这是我们的规定，你修不修？"这个用户说，他再考虑考虑，考虑了几天，觉得还是要修，就又一次来到维修中心，接待的人换了，于是把情况又说了一遍。"维修费300元，签协议。"300元，怎么又变成300元了？协议签了，用户心里有说不出的难受。更可气的是，维修前，只是显示屏有问题，这一修最后成为不能再用的模型，有了协议，你无话可说。

还有一个用户，掏4000块钱买了该品牌平板电脑，结果经常出毛病，还老修不好。用户要求退机，服务人员说，已经过了退货时间，坚决不退。后来几经争论，服务人员答应退，但要折价，最后一算，只能退1900元，顾客非常生气。

从以上案例可以看出：

第一，该企业组织缺乏社会责任感。作为企业，有责任向社会提供高性能、高品质的产品和良好的服务，但是该平板电脑企业在这两方面尤其后者做得不尽如人意。

第二，公关宣传没有一切从事实出发。一方面，在服务人员专业不专业、服务意识尚欠缺的情况下推出"服务风暴"。另一方面，在推出"服务风暴"的宣传活动中，没有全面、客观地报道组织的服务情况。

第三，组织忽视公众的利益。没有从用户的根本利益出发，使客户的利益受到侵害。

第四，没有注重社会效益，缺乏形象意识。企业组织在服务活动中的不良行为往往会带来不良的口碑，社会认同感低，满意度差，有损于企业的形象。

二、公共关系与诚信社会

诚信，对于每个社会成员而言，是立身之本。古人云"人无信，不知其可也""民无信不立"，诚实守信是建立和谐人际关系的基本道德准则。在社会主义条件下，广大人民群众的根本利益是一致的，人们之间应当是互帮互助、平等友爱、诚实守信的新型关系，这是社会主义本质所决定的，也是社会主义优越性的具体体现。诚信，对于社会单位、社会事业而言，是立业之本，是一个重要的伦理范畴，它是一个侧重于道德主体自我修养的根本原则和道德规范，是衡量人们行为之是非善恶的基本标准，一直以来被奉为处世之道和修业之本。现代市场经济，既是法治经济，更是信用经济、诚信经济，因为市场经济条件下，企业具有谋求利益最大化的内在属性,如果对企业经济活动缺乏有效的约束和规范,企业就可能以失信行为来谋取不义之财。如当前道德世界所呈现的无序失衡集中表现在公关活动中诚信资源的缺失,经济方面有悖诚信现象较为突出,具体表现有:见利忘义,大搞虚假宣传,假冒伪劣产品充斥市场;金融风险高居不下,企业之间逃废悬空债务屡见不鲜;上市公司操纵股市违规募资,股市黑幕等等。

从理论上讲,可以通过建立和健全法制来约束和规范企业行为,使其循规蹈矩。但实际上法律对很多行为的管束是有限的。因为现代市场经济条件下日益扩展的市场关系逐步构建了彼此相互联系、相互制约的信用链条并维系着市场关系和市场秩序,所以市场经济也是信用经济、诚信经济,这也是市场经济的内在属性。换言之,诚实守信是现代企业的生命线。有诺不守、有约不履,不仅破坏经济秩序,影响市场的正常运转,同时,也会加大企业交易成本,影响企业信誉,从而影响企业生存与发展。

著名企业家包玉刚认为:"纸上的合同可以撕毁,但签订在心上的合同是不可以撕毁的。"诚信以主观的形式存在于主体内部,又以客观的要求贯通于主体与客体多重交互作用的外在关系之中,规约并维持它们共同发展。在组织与相关公众之间,一旦失去这种精神力量的维系,原有的公共关系就会走向衰退或解体。如三鹿奶粉事件:2008年9月8日《兰州晨报》等媒体以"某奶粉品牌"为名,爆料毒奶粉事件;2008年9月11日凌晨3时,新华网曝光三鹿毒奶粉的始作俑者;20时50分,中国卫生部发布消息,高度怀疑三鹿牌婴幼儿配方奶粉受到三聚氰胺污染,三聚氰胺可导致人体泌尿系统产生结石;21时30分:石家庄三鹿集团股份有限公司发布产品召回声明,称自检发现2008年8月6日前出厂的部分批次三鹿婴幼儿奶粉受到三聚氰胺的污染,而在此前,三鹿始终辩称"我们所有的产品都是没有问题的"。2008年9月12日,卫生部先后表示联合调查组已赶赴奶粉生产企业所在地,受污染奶粉致婴幼儿泌尿系统结石事实初步认定;次日,国务院做出六项专题部署,包括立即启动国家重大食品安全事故I级响应机制,对患病婴幼儿全力开展免费医疗救治,全面检验检查所有婴幼儿奶粉,治理整顿奶粉市场,严肃处理违法犯罪分子和相关责任人等。

而三鹿集团及相关党政部门在毒奶粉事件发生后,他们隐瞒、迟报信息并收买媒体大搞所谓的"危机公关"。面对不得已召回的问题产品的大量积压,他们陷于现实利益与道德良心的悖态抉择,最终动摇、放弃了诚信底线,让问题产品继续流入市场,虽然三聚氰胺含量有所减少,但危害却依然存在。经济活动中任何违背诚信的短视行为早晚都会带来主体形象的贬值,甚至还会导致企业生命走向终结。三鹿的决策者们以为金钱可以摆平一切,从而漠视了消费者生命健康和公关职业道德底线的存在,其肆意践踏诚信之的行为切断了自己通向公众的心灵之路,最终只能是失信于公众,断送自己的前程。三鹿事件表明:无论是企业、政府还是媒体,在公共关系活动中都必须坚守"诚信"这一底线伦理。

人们之间只有坦诚相待,才能化解各种矛盾,使人们各尽所能,各得其所。反之,若背信弃义,言而无信,尔虞我诈,弄虚作假,必然造成人与人之间的隔阂与不信任。因此,以诚信为重点,正确处理义与利、竞争与协作的关系,培育社会主义新型人际关系,妥善处理好人与人之间、个人与社会之间的关系,是构建和谐社会的重要内容和任务。

阅读资料

同仁堂——苦甜"非典"方,亏本赚形象

2003年2月底3月初,广东省爆发"非典"(SARS)疫情,板蓝根需求量剧增。4月,疫情扩大到北京,北京市民人心惶恐,在这人命关天的关口,中医药专家站了出来,在媒体公布了一些推荐的旨在预防"非典"的多种中医药方;随后,北京市购买中药人数剧增,在4月8日、9日达至高潮,市场供应呈现严重不足。面对如此局面,北京市政府发出号召,要求北京各大医药企业积极行动起来投入到抗击"非典"疫情的行动之中,保证北京市抗击"非典"药品的充足供应。知名百年老字号——同仁堂作为国有大型医药企业,积极响应政府号召,几乎供应了北京市场近一半的"非典"中医药方,又一次成为光芒四射的明星。然而,令人意想不到的是,如此大量供应"非典"方,在大家想象中应该受益颇多的同仁堂却称自己反而亏了本,此为何故?虽说此次行动对同仁堂而言并非单纯经济活动而不乏政治意义,然而与此同时,同仁堂作为上市公司,经营上的一举一动都要充分考虑到公司的损益平衡和资本市场股东的利益。在"非典"时期,同仁堂究竟经受了怎样的多重压力、考验和选择呢?

调整生产大量供应"非典"方

在同仁堂党组及时召开内部紧急动员会议后,同仁堂全员行动,机关处室干部也纷纷下到一线,到同仁堂的61家药店帮手,解决药店的人手不足问题。

然而,由于市场需求量超过同仁堂日常供应量的10倍左右,而且抓药程序复杂,药品供应严重不足,在此种情况下,同仁堂报北京市药品监督管理局批准,获准直接将药材煎制成汤剂出售。自4月13日起将两条国公酒的生产线改为抗击"非典"瓶装代煎液的生产线,有效地满足了消费者需求,同时也减少了市民的熬药之累。同仁堂集团宣传处金永年处长称,这两条生产线第一天的生产量为2万瓶,其后每天以10万瓶的速度供应。

随着政府和专家引导,市民抗击"非典"需求向多方面转化,同仁堂也从26日起停止保质期为7天的"非典"方代煎液的生产,恢复国公酒的正常生产。据金处长介绍,这股"非典"方的需求热潮直到4月28号左右才渐趋平稳。在这期间,同仁堂的61家药店供应了北京市场几乎近一半的"非典"方。

苦心支撑不赚反亏?

对于同仁堂在提供"非典"方期间造成的损失,金处长介绍说,一方面是由于药材价格的涨价失控,另一方面是因为要遵守国家对"非典"药品的限价令。

在提供"非典"方期间,同仁堂药材用量比平日突然高出十几倍,后期采购量更是越来

越大,而不少药材的市场价格水涨船高,同仁堂在"非典"方上已明显入不敷出。到4月底,"非典"方中几种用量比较大的药材价格猛涨,"苍术"从原来每公斤5元涨到26元,"贯众"从每公斤1元涨到8元,过去每公斤40元的金银花甚至被炒到了260元。政府发布"非典"方限价令后,实力不够的药店赔不起纷纷停售"非典"方,同仁堂虽然也感到压力越来越大,但是仍从政治高度看待抗击"非典"行动,抱着"舍我其谁"的心态苦心支撑着局面,一方面承受着巨大的体力上的劳累保证着北京市场"非典"方的充足供应,另一方面承受着药材价格疯长的压力按国家的限价提供药方。截止到5月7日,同仁堂共售出了近300万副"非典"方,由于各店的采购价格不统一,目前还不能确切统计出具体的亏损数字,但是不赚反亏是很显然的。

除了在供应"非典"方上的损失,同仁堂在国公酒上的损失是另一隐痛。据悉,国公酒与乌鸡白凤丸、六味地黄丸同为同仁堂的三大王牌产品,春秋两季是其销售旺季。而在"非典"方供应期间,同仁堂的这种畅销药酒在市场上销售断货。不过,供应"非典"方对同仁堂仍然具有积极意义。在这场人与天的斗争中,百年老字号先谋势再谋利的行为赢得了众人的信任和尊重,表现出了治病救人的赤诚,塑造了有良心的商家形象。在社会发生危机、国家和人民有危难的紧要关头,企业是否能够挺身而出,不仅表现出企业的社会责任感,也表现出了企业的实力。作为行业品牌价值第一的绩优蓝筹股,同仁堂的举动虽说在经济上有所损失,从长远看却为自己积累了形象分,于此而言,股东们当不会不予理解和支持。

如今,从"非典"方中抽身而出的同仁堂及时跟进市场需求,调整产品结构,加大了抗病毒类药品如板蓝根冲剂、清湿解毒儿、清热解毒口服药等的生产量。据金处长介绍,仅2003年前4个月,板蓝根冲剂的生产量就相当于过去两年的生产量。看来,虽说在"非典"方中同仁堂有不少损失,但板蓝根的超量销售会给同仁堂带来前所未有的赢利。

第三节　公共关系职业规范

在一些行业外的人看来,公共关系工作对人的要求就是"俊男靓女"加"口若悬河",这其实是对公共关系工作的极大误解。公共关系工作是一项专业性很强的工作,对其从业人员也有特殊的要求。俊男靓女固然好,口若悬河亦所求,综合素质若不佳,两者齐备也枉然。作为一名专业的公关从业人员,首先应具备合理的知识结构和专业技能,其次应有较强的综合能力,此外还必须有良好的心理素质和道德素质。根据《国际公共关系道德准则》和《中国公共关系职业道德准则》中的要求,当今公共关系人员在其职业活动中应该遵循以下要求:

一、公共关系从业人员的知识结构

公共关系从业人员应具备必要知识和专业技能,公关理论和实务知识更是成为公关人员的必要条件。要成为一名合格的公共关系从业人员,需掌握以下几方面知识。

(一)公共关系的基本理论知识

这方面的知识主要有:公共关系的基本概念、职能作用,公共关系的由来和历史沿革,公共关系的核心概念和基本理论,公共关系的三要素及其相互关系,公共关系工作的基本程序等。

(二)公共关系的基本实务知识

公共关系是一种实践性强、重视经验积累的职业,当然也重视公关基本实务知识和技巧。事实上,公关调研知识、公关策划知识、公关谈判技能、公关传播方法等,是每个公关从业人员都应该掌握的实务知识。

(三)相关学科专业知识及开展特定公共关系工作所需的专业知识

公共关系从业人员为了更好地开展工作,还应该掌握一些相关学科的理论知识。与公共关系学科联系最紧密,对公关理论和实务影响最大的学科有管理学、传播学、社会学、心理学,而市场营销学、广告学、人际关系学则因为与公关学科的理论和实务有相当的交叉,非常具备借鉴意义。除此以外,公共关系从业人员在接受特别的委托公关业务如国际市场公关、行业公关时,还要了解相应的地区文化传统、风俗习惯以及特定行业的基础知识。

二、公共关系从业人员的能力结构

公关人员应具备较强的综合能力,主要包括以下能力:

(一)表达能力

包括口头表达能力与书面表达能力。口头表达是公关工作中实现信息沟通交流最主要、最直接、最迅速的传递手段:有在特定场合对公众发表专题讲话,以争取公众,创造和导向舆论的演讲形式;也有在人际交往中与个别公众面对面沟通,进行解释、说服等的交谈形式;还有为争取组织利益而与其他组织采取的谈判形式。为此,公关人中要掌握口头表达的规律和艺术,能充分借助面部表情、动作体态等辅助语言,增强口头表达的说服力、亲和力和感染力。书面表达,就是写作能力、文字能力。公关人员在工作中涉及写作的范围非常广,从日常的信件函牍、公文告示到公关计划、调查报告、总结报告,从新闻稿、演讲词、广告语到公关手册、公关策划书,都需要公关人员有深厚的文字功夫和写作技巧。

因此,公共关系人员要熟练掌握包括新闻、信函、计划、总结、分析报告等各种类型文体,同时要注重严谨的逻辑思维和朴实流畅的文风。

（二）社交能力

公关人员工作的主要内容是直接面对各个方面的人物,就得去迅速建立双向的有效沟通,赢得好感、认同与合作。这就要求公关人员必须具备较强的与人打交道的本领,即社交能力。只有这样,公关人员才能在各种社交场合从容应付,广交朋友,广结良缘,树立自己的良好形象,也为组织赢得更多的发展机会。

（三）组织管理能力

公共关系人员要善于调动、组织和协调组织内外公众的力量和关系;善于制定公共关系工作的日常计划和专题计划,并适当、有效地组织实施与评价;善于组织和参与各种有关的、公共关系原理与实务常见的会议与活动,并恰当有效地选择和运用多种传播手段,推动组织预期目标的实现与完成。

（四）自控应变能力

公关人员的公关活动时常会遇到各种意想不到的突发事件和问题,要能做到镇定自若、头脑清醒、正确判断、机智应变,迅速解决问题。

（五）创新能力

公关工作在某种程度上讲就是以变促变,不同时间、不同地点、不同对象,同一内容的工作方式也会不尽相同。因此,公关人员的工作是一种富于创造性、创新性、开拓性的工作,它要求公关人员思维活跃,激情勃发,摒弃陈规与陋俗,不断开创公关工作的新境界。

二、职业道德精神

（一）具有较强的政治观念和良好的专业素质

公共关系工作者应当努力提高自己的政治水平、文化修养和公共关系的专业技能。良好的政治观念是公共关系工作能够健康进行的保证,不管在什么国度,公共关系工作都要在不损害别国利益的前提下尽力地维护自己国家的利益。在中国,首先应当拥护社会主义制度,自觉遵守国家的宪法、法律、政府的法规制度和社会道德规范。

（二）具有较强的社会责任感

作为公共关系人员,有责任向社会提供良好的服务,不能做出对社会不利的事。公共关系工作者开展公共关系活动,首先要注重社会效益,努力维护公共关系职业的整体形象,不得利用贿赂和其他不正当手段影响事件的真实、客观的报道;不能为了私人利益而散布假信息以从中谋取利益,骗取公众的信任,影响公共关系工作的信誉。

（三）具有坚持实事求是的原则

有关宣传一定要坚持实事求是,一切从实际出发,不能因企业或者个人需要而违背真理;公关传播不能凭空捏造,不得参与任何冒险行动或承揽不道德、不忠实甚至有损于人格尊严与诚信的业务,在所有的公共关系活动中,应当力求真实、公正地从事相关的活动。

(四) 具有把大众利益放在首位的原则

公共关系工作者在从事相关活动,一定要重视广大群众的利益。在任何情况下,公共关系从业人员必须为我国的社会主义事业服务,首先应考虑大众的利益,同时也应该考虑自己所在组织的利益,不能有意损害国家利益,以及其他公共关系工作者的信誉,对不道德、不守法的公共关系组织及个人要及时制止,并通过组织采取相应的措施。

案例分析一

周恩来的代表作

周恩来总理是一个非常成功的外交专家,也是成功的公共人士。1971年春,美国乒乓球队与其他4个国家的乒乓球队应邀来华访问。周恩来与美国代表团成员一一握手后,作了讲话:"你们作为前来中华人民共和国访问的第一个美国代表团,打开了两国人民友好往来的大门。"周恩来问大家:"你们住得怎么样?习惯中国菜的口味吗?还有什么问题要提?"

科恩(19岁,洛杉矶圣莫尼卡的大学二年级学生)马上站了起来,他长发披肩,穿了件西装,没打领带。科恩略微欠欠身子,大声说:"总理先生,我想知道您对美国嬉皮士的看法。"

大厅里静静的,人们都望着周恩来。周恩来看了看科恩那飘垂的长发,说:"看样子您也是一个嬉皮士。"周恩来继而把眼光转向大家:"世界上有的年轻人对现状不满,正在寻求真理,在思想变化的过程中,在这种变化成型以前,这是可以允许的。我们年轻的时候,也曾经为寻求真理尝试过各种各样的途径。"周恩来又将眼光转向科恩:"要是经过自己做了这些以后,发现这样做不正确,那就应该改变,你说是吗?"周恩来略略停顿,又补充一句:"这是我的意见,只是一个建议而已。"

科恩是大学二年级学生,学的是历史和政治学。他原以为在这个最革命的国家,听它的总理评价嬉皮士,一定会听到那种"资产阶级""颓废的""没落的生活方式"之类的训词,结果出人预料,周恩来并没有用革命大道理训人,还表示十分理解当代青年的思想。科恩不由自主地为周恩来所折服,敬佩而信服地听着。

周恩来这番话,在第二天(1971年4月15日)几乎被所有的世界大报与通讯社报道。4月16日,科恩的母亲从美国加州威斯沃德托人通过香港将一束深红色的玫瑰花送给周恩来总理,感谢周恩来对她的儿子讲了一番语重心长的话。事后,基辛格评价说:"这整个事件是周恩来的代表作。"

结合以上案例,请思考:

1. 试分析周恩来总理回答科恩提问时的语言特点。

2. 结合上述材料,谈谈公共关系伦理与道德对事件的影响。

案例分析二

白云山制药厂

广州白云山制药总厂十多年前还是一个产品单一的小厂,年产值不到 20 万元。现在它已经发展为生产药品上百种、年产值超亿元、上缴税利千万元的大型骨干企业。

白云山制药总厂是我国国营企业中率先建立公共关系部的企业。作为一个营利性组织,该厂注重以公共关系求发展,每年都要拨出总产值的 1% 作为"信誉投资"。这笔投资为白云山制药总厂带来了巨大的社会效益和经济效益。

白云山制药总厂的公关部门负责与社会各界建立并保持良好的关系,负责关系到企业信誉的各项公关事务,包括向社会开放工厂,向来访者播放企业录像、赠送精美刊物,与学术界、卫生界进行信息交流,通过邮购药品的往来书信同顾客进行交流,通过遍布全国的 800 多个销售网点及时反馈消费者的需求意见等。通过这些工作的有效开展,使白云山制药总厂获得了公众的支持和信任。

白云山制药总厂十分重视信誉投资。该厂充分利用大众传播媒介帮助企业树立形象。该厂着重抓球场广告和电视广告,同时采取"有奖问卷"等形式在报纸上刊登公关广告。该厂设有专职人员与新闻界联系,经常提供稿件给新闻界,并经常邀请新闻单位的工作人员出席该厂举办的重大活动。

白云山制药总厂还积极举办各种形式的公共关系专题活动,赞助社会福利事业和文化体育事业。1985 年该厂与有关部门协商,共同组建了广州白云山足球队,接着又组建了广东省第一个轻歌剧团——白云山轻歌剧团。随着广州白云山足球队的"南征北战"和白云山轻歌剧团的各地巡回演出,该厂的知名度大大提高。该厂还邀请厂内外有名的老药师、研究人员、经济师、离退休管理人员组成顾问团,通过顾问团沟通与研究部门、竞争对手的联系。此举不仅获得了许多宝贵的医药信息,还在很大程度上提高了白云山制药总厂的声誉,增强了公众对该厂生产的药品的信赖感。

1991 年秋,白云山制药总厂在甘肃等地推出了"金秋好时光大抽奖"活动。该活动的广告词中写道:"'把健康送往千家万户,把爱心洒向人间'是白云山的经营宗旨。每逢佳节倍思亲,在中秋节来临之际,白云山人十分挂念甘肃的父老乡亲。金秋时节,天气转凉,容易感冒、咳嗽,容易诱发心脏病,请多多保重……"这则带着浓厚人情味的广告,沟通了甘肃众多消费者与千里之外的"白云山人"的感情,该活动使白云山制药总厂的形象印在了无数公众的脑海中。

如今,白云山制药总厂已发展为全国三大制药企业之一。该厂以信誉投资获得巨大的社会效益和经济效益的公关战略,引起了国内外许多企业的关注和效仿。

结合以上案例,请思考:

1. 白云山制药总厂抓经济效益为什么首先要注重社会效益?

2. 如何理解产品质量、产品信誉与企业信誉之间的关系?

3. 假如你是某企业的负责人,你将采取什么样的策略?可以借鉴白云山制药总厂的哪些经验?

☞ **思考与练习**

1. 公共关系伦理的特点有哪些?

2. 公共关系从业人员的知识结构有哪些?

3. 公共关系工作者职业道德精神包括哪些?

参 考 文 献

[1] 居延安.公共关系学(第五版).上海：复旦大学出版社,2013.

[2] 薛可,余明阳.公共关系学——战略、管理与传播.北京：科学出版社,2010.

[3] 李道平,等.公共关系学(第二版).北京：高等教育出版社,2013.

[4] 周安华,苗晋平.公共关系理论、实务与技巧(第四版).北京：中国人民大学出版社,2013.

[5] 王虹,严光菊.医院公共关系学.西安：西安交通大学出版社,2012.

[6] 陈先红.公共关系学原理.武汉：武汉大学出版社,2008.

[7] 陈先红,何舟.新媒体与公共关系研究.武汉：武汉大学出版社,2009.

[8] 周晓,宋常桐.公共关系与现代礼仪.北京：清华大学出版社,2011.

[9] 余永跃.公共关系学通识教程.武汉：武汉大学出版社,2007.

[10] 费明胜.公共关系学.广州：中山大学出版社,2009.

[11] 杨华玲,李宏,祖洁.公共关系学.北京：北京理工大学出版社,2012.

[12] 刘崇林,邢淑清.公共关系学.北京：北京大学出版社,2012.

[13] 胡学亮.公共关系案例评析.北京：中国传媒大学出版社,2008.

[14] 陈百君,张岩松.现代公共关系学.北京：经济管理出版社,2009.

[15] 张云.公共关系——理论、实践与案例.上海：华东师范大学出版社,2012.

[16] 马志强.现代公共关系案例教程.上海：上海交通大学出版社,2012.

[17] 何伟祥.公共关系原理与实务.大连：东北财经大学出版社,2009.

[18] 杨俊,邵喜武.新型实用公共关系案例与训练.合肥：中国科技大学出版社,2010.

[19] 蔺洪杰.公共关系原理与实务.北京：中国人民大学出版社,2009.

[20] 李占才.公共关系学概论.上海：上海交通大学出版社,2009.

[21] 何伟祥.公共关系原理与实务(第三版).大连：东北财经大学出版社,2009.

[22] 张岩松,包红君.新型现代公共关系实用教程.北京：清华大学出版社,2008.

[23] 刘晖,刘丽君,郭宾雁.公共关系理论与实务.北京：机械工业出版社,2012.

[24] 白巍.公关论.北京：中国经济出版社,2009.

[25] 孙迎光,韩秀景.组织形象塑造——现代公共关系理论与实践.上海：上海三联书店,
2009.

[26] 黄禧祯,刘树谦.公共关系学通用教程案例集.北京:北京理工大学出版社,2012.

[27] 齐小华,殷娟娟.公共关系案例研究.武汉:武汉大学出版社,2009.

[28] 朗群秀.公共关系学(第二版).北京:科学出版社,2012.

[29] 杨再春,林瑜彬.公共关系理论与实务.北京:机械工业出版社,2012.

[30] 艾伦·森特,等.森特公共关系实务(第七版).谢新洲,等,译.北京:中国人民大学出版社,2006.

[31] 格里·麦卡斯克.公关败局.肖董,译.上海:上海远东出版社,2007.

[32] 桑德拉·奥利弗.战略化公共关系.李志宏,译.北京:中国市场出版社,2008.

[33] 阿尔·里斯,劳拉·里斯.公关第一,广告第二.罗汉,虞琦,译.上海:上海人民出版社,2004.

[34] [美]弗雷泽·P.西泰尔.公共关系实务(第十版).潘艳丽,陈静,等,译.北京:清华大学出版社,2008.

[35] 胡百精.危机传播管理——流派、范式与路径.北京:中国人民大学出版社,2009.

[36] 邢颖.中国公共关系二十年:理论研究文集.北京:北京大学出版社,2007.

[37] 张依依.公共关系理论的发展与变迁.合肥:安徽人民出版社,2007.

[38] 中国公共关系网编委会.最具公众影响力公共关系案例集.北京:企业管理出版社,2014.

[39] 唐绪军.中国新媒体发展报告.北京:社会科学文献出版社,2013.

[40] 罗子明,张慧子.新媒体时代的危机公关——品牌风险管理及案例分析.北京:清华大学出版社,2013.

后　记

　　本书付梓之际,公共关系业已迎来了它在中国植根发展的第四个"十年"。2008年北京奥运会和2010年上海世博会的成功举行,都以世界级的国际公共关系理念和实践推动了中国公共关系实现跨越式的发展。未来十年,信息技术数字化、数据化将对公共关系行业产生深远影响。以移动电话、平板电脑为代表的移动个人终端成为公关运作的新媒介,整合传播手段和优化新媒体技术将是公共关系成功传播的主旋律。

　　面对新一轮中国全面深化改革和国际政治经济形势的变化,中国公关业必将进入一个结构调整期。中国公共关系在如何从经济市场领域走向社会治理建设领域,如何从企业服务领域走向公共服务领域,在政府公关、民意沟通、危机管理,以及国家软实力建设、公共外交等领域尚有巨大空间和潜力。伴随着中国经济的高速增长,在国际市场上的地位逐渐提升,越来越多的中国企业和品牌走出去,公共关系能发挥怎样的作用,中国公关市场如何与国际公关市场接轨,这都需要公共关系业界和学界进行前瞻性的思考和测量。

　　伴随着经济、文化和信息技术的发展,社会对专业公共关系人员的刚性需求将越来越多,对和谐社会的"元细胞"——每一位公民——的公共关系素养也将有更高的要求。公共关系的专业化、规范化、普及化,都要求公共关系培训和教育有更长足的发展,当然这就需要公共关系教材建设能做到很好的配合。

　　自1985年公共关系学列入我国大学课程以来,国内不少高校都将公共关系学列为本科必修课或选修课,公共关系理论和教材也在不断地创新和完善。公共关系应用范围广,实践性强,我们希望能够沿着公共关系基本原理、体系的主线,试图从更多的角度对公共关系应用领域的一些具体问题进行探讨、解析。本书涵盖理论知识全面,集合学术观点权威,吸收研究成果较为前沿。内容编排循序渐进,在结合时代特点和时事热点的同时,关注行业动态,引入公关实践中的新问题。希望对于具体"问题"的研究能够使公共关系这棵大树不仅主干坚实,而且更加枝叶繁茂。比如,基于目前我国信息技术的飞速发展和创新,我们在第六章以较大的篇幅介绍了公共关系的传播方式、媒介的变革,新媒体和大数据的应用,以及公共关系的整合传播;基于经济全球化、国际化视角,在第十章具体描述和探讨了风险社会与公共关系、危机管理的关系和解决之道;基于公共治理视角,尤其是近年医患关系的紧张,在第十一章重点探讨了公共关系与医患关系的关系、医患关系的公关管理和构建；基于近年网络公关失范，甚至假公关、黑公关频出的问题，在第十二章再次回归到公关本质的探究，并进一步讨论了公共关系道德的维护与诚信社会的建设。本书中阅读材料和案例分析部分除沿用个别典型案例，我们更多地引入了近三年国内公关界较具代表性的、能反映我国公关事业的现状和进展的新案例、新成果，并试图在这本书里能将公共关系的理论、实务和案例有机结合在一起，力求在开阔视野的同时，能够在培养意识、增强能力、提高素质上对读者有所帮助和启发。

本书由博士生导师黑启明和系主任韩晓莉两位教授担任主编，王大红副教授和万晓光讲师担任副主编，其他编者也均为从事公共关系专业教学和研究的一线教师。具体分工是：第一章由黑启明、万晓光撰写；第二章、第六章由万晓光撰写；第三章、第四章由涂爱仙撰写；第五章由黑启明、续鸣撰写；第七章由韩晓莉、涂爱仙撰写；第八章、第九章由续鸣撰写；第十一章由王大红、胡爱华撰写；第十章、第十二章由胡爱华撰写。最后由黑启明审阅定稿。

感谢许许多多未曾谋面的国内外专家学者，他们的思想和著作给了我们启迪和教益，我们在书中多有征引。本书凝结着我们全体编者的心血及在公共关系教学工作中的所思、所感。本书虽然作了一些新的探索和尝试，仍有许多不足之处。能否真正给读者以助益，还需要教学实践的检验，我们也真诚地期待读者朋友们的批评和意见！

黑启明　于求是园

2016 年 1 月 31 日